げんきな日本論

橋爪大三郎×大澤真幸

講談社現代新書
2391

Sociology of Japanese History
Hashizume, Daisaburo & Ohsawa, Masachi
Kodansha Co. Ltd., Tokyo 2016

まえがき

日本は最近、元気がない。

経済のせいだ、と思っているひとが多い。

そういう問題ではない、と思う。

自分たちがどこから来て、どこへ行くのか、それがわからないから。いま何をすればいいか、わからないから。そう、歴史の方向感覚を失っているからだ。

＊

歴史なら、学校で習った。

でも、ただの暗記科目だったのではありませんか。

自分がいまを生きていることと、関係がありましたか。

歴史とは「物語」。いまがいまであることを支えている、大事な出来事の積み重ねである。でもしばしば、歴史学者が、このことを忘れている。歴史を教える教員が、このことをわかっていない。歴史の専門家が、歴史を理解していないのだ。

日本の歴史は、明治のところで、ぶっつり切れている。それより前の出来事は、明治以降と結びつかないまま、事実だけが並んでいる。これでは、歴史とは言えない。

＊

本書は、日本の歴史をテーマにする。

でも、ふつうの歴史の本とは、まるで違う。

歴史上の出来事の本質を、社会学の方法で、日本のいまと関連させる仕方で掘り下げるからだ。本書を読み進むにつれて、読者のみなさんは、まったく見違えるような新鮮な世界が、目の前に開けて行くのを感じられるだろう。

それは、著者の二人にとっても同様である。橋爪大三郎がまず、18の疑問を用意した。そして、好敵手・大澤真幸と論じあった。二人にとってこの対談は、わくわくする刺戟的な体験だった。誰も（たぶん）考えたことのないようなことを、たくさん語ることができたからである。

そう、本書は、日本列島で起こったあれこれの出来事が、人類史のなかでどういう意味をもつのか、普遍的な（＝世界の人びとに伝わる）言葉で、語ろうとする試みである。

＊

日本人が、どこから来て、どういう価値観と行動様式をもっている人びとなのか、自分の言葉で説明できる――これこそ、二一世紀を生きる日本人の、元気の源でなくて何だろう。

ゆえに本書のタイトルは、『げんきな日本論』である。これを土台に、明治維新をとらえなおし、いまの日本を考え、グローバル世界をしっかり生きていく。それは、読者の皆さん一人ひとりの宿題である。

橋爪大三郎

はじめに

橋爪　こんにちは。
　久しぶりに大澤さんと対談ができるので楽しみで、昨晩はよく眠れませんでした。

大澤　ホントですか。光栄ですね。

橋爪　今回のテーマは、日本論です。
　読者の皆さんは日本人がほとんどでしょう。日本人なので、日本のことならよく知ってるよと思ってしまい、あんまり掘り下げて考えないんです。でもやってみると、こんなに興味ぶかい。そのあたりを、社会学者としてみっちり議論したい。

大澤　そうなんです。日本で暮らしていると、空気のように自然で、たいていのことはちっとも不思議にみえない。でも社会学で見直してみると、不思議なことがいっぱいある。
　この不思議さの根源は、なにかと言うと、長い時間をかけてできあがった日本人のエートス（行動様式）なんです。きのう今日の話ではなく、日本人の無意識に深く食い込んでいる。それを自分で、まずよく知っておくということが、大事になります。

連立方程式としてみる

大澤　日本は、理論的には、ちょっと変則なんですね。

橋爪　変則？

大澤　はい。社会学をいちおう専門にしていると、社会とはこういうもの、という基本的な観念があるじゃないですか。それに照らすとちょっと、いや、かなり変則なんです。

日本で生ずる現象を一個ずつみると、わりにどこにでもありそうなことがらが多い。でも、総合してみると、日本社会は全体として、不思議なことになっている。

方程式がたくさんあって、一個一個はそれほど複雑な方程式になってないんですよ。偏微分方程式とかじゃなくて、一次か、せいぜい二次方程式ぐらいの、中学生でも解けそうな方程式です。ところが、方程式の数がやたらと多くて、おかげで解がわからなくなってしまう。方程式に喩(たと)えるとこんな感じです。

例えば、日本はわりにすんなり速やかに近代化したことになっているでしょう。非西洋社会の中で、最も近代化が速やかだった、と。確かにそうです。しかし、日本人の個々の行動を見ると、ずいぶんプリミティブなところがある。無文字社会のようなシンプルな社会によくあるタイプの行動様式がいっぱいあるのですよ。文明化した近代社会、つまり最高度に複雑な社会のはずなのに、どうなってるのか。部分部分は、とてもシンプルでプリミティブなのに、全体としてみると、複雑。これはなんか変則だなあと思う。

橋爪　私の妻は中国人なのですが、「まんが日本昔ばなし」をテレビで見ていて、これはおかしい、と言うんです。「意地悪なおじいさん、おばあさん」が出てくる。中国には、意地悪なお年寄りが出てくる民話はないらしいんですね。老人は尊敬しなくちゃだめじゃないか。これは儒教の影響で、中国人の固定観念でしょうが、でもそう言えばすむのか。日本の民話だって、日本人の固定観念をなぞっているだけ、かもしれない。

大澤　ほんとにそうですねえ。

橋爪　日本人が当たり前だと思っていることが、よく考えると、おかしい。不思議だ。と気がついておどろくことが大事です。それはさっきの言い方だと、方程式が一個見つかった、ということなんです。

ストーリーをみつける

橋爪　この本は、よくある「日本人論」と、まるで違ったものになる。

内容から言えば、日本人じゃなくて、むしろ外国の人びとに読んでもらいたい。日本社会とはどういうものか、合理的に、客観的に、見取り図が描いてあるんだから。

大澤　外国の人に理解できるように語るということは、結局、普遍的な概念をもって説明するということですからね。結局、日本人自身にとっても、そのように語ることができなければ、自分をほんとうに理解したことにならない。

橋爪　そこでこの本のタイトルは、「げんきな」日本論、にしました。

大澤　そうなんです。日本人はこのごろ元気がないですからね。

橋爪　明治の日本は、元気だった。ナショナリズムに目覚めた。文明開化で、富国強兵で、欧米列強に追いつけで、突っ走った。で、昭和の戦争で失敗して、一回コケた。そのあと、経済で巻き返しをはかって、いい線を行ってるなと思ったらまたコケた。

大澤　そうですね。ある時期まで、経済だけは自分たちの特技だと、半分は自嘲しつつ、自分たちの拠り所にしていたわけですが、その経済でさえも自信を失いかけていた、日本人の心の支えになっていない。

橋爪　元気って、自分なりのストーリーを見つけることだと思う。

このストーリーは、「大きな物語」とは違うんです。物語ではなくて、科学的な検証にたえる。そして、自己理解につながる。自分を再発見できるでしょう？

大澤　ここで、僕が注目しているＮＨＫ放送文化研究所の「日本人の意識」調査の結果を紹介しておきます。これは、一九七三年から五年ごとに行われている調査なんですが、その中に「日本は一流国だ」「日本人は、他の国民に比べて、きわめてすぐれた素質をもっている」といった日本人の日本に対する自己評価を問う質問があるんです。それをみると、日本人の自己評価は、八〇年代頭まではものすごい勢いで上がっているのですが、そこをピークに下がり始め、おもしろいことに、バブル期も下がり、バブルが崩壊した九〇年代も下がり、ちょうど二一世紀への境のところでボトムになる。

ところが、二一世紀になるとV字回復して、急に自己評価が高まるのです。「自信がもどってきてよかったね」と言いたくなるところですが、これはどう考えてもおかしい。経済も政治も不振で、自信が回復する客観的な根拠はないのですから。僕は、これは、むしろ極端に自信を喪失していることの裏返しの表現と見ています。考えてみると、ほんとうに自信がある人は意外と謙虚です。逆に、自信が極端になくて不安なとき、人は過度に自信がありそうなそぶりを見せたり、からいばりしたりする。二一世紀になってからの日本人は、まさにこれ。まだ二〇世紀末までは、ちょっと余裕があったのですが、今では、虚勢をはるしかないような自信のなさです。

全体の流れ

橋爪　今回も、打ち合わせなしのぶっつけ本番なんですが、あんまり筋書きがないのもどうかと思って、あらすじを用意しました。

大澤　拝見いたしました。とてもすばらしい。

橋爪　全体が、三部構成です。

大澤　僕らとしては、普通の歴史学の時代区分にこだわるつもりはありませんが、だいたい、各部がそれぞれ古代、中世、近世に対応していますね。

橋爪　それぞれ、六つずつの疑問に分かれていて、全部で一八。どんな疑問があるのか、読者の皆さんは、目次をご覧ください。これを順番に、私が司会進行役で、大澤さんに質問していく、みたいなやり方でいいですか。

大澤　といいますか、橋爪さんが設定された疑問を軸に、橋爪さんご自身の見解を聞きつつ、僕の意見も言う、という感じで進めましょう。

橋爪　じゃあさっそく、始めましょう。

目次

第二部　なかほどの日本 ―― 107

第三部　たけなわの日本 ―― 259

第一部　はじまりの日本

1 なぜ日本の土器は、世界で一番古いのか

日本の自然

橋爪　最初の疑問は、なぜ日本の土器は世界で一番古いのか？

土器のことは少し後回しにして、まず考えたいのは、日本の自然です。

日本は、いくつか島があって、わりに狭い場所に人間が住んでいる。ある時期からずーっと住み続けていて、あまり移動しない。こういう場所に住んでいる人びとは、どういう特徴があるのか。それを、地理的条件や自然条件から、考えてみたいんです。

一〇年ほど前、イスラム諸国からジャーナリストがやって来てね、彼らに日本社会について、一時間の講義をすることになった、英語で。一時間ですよ。あまりに短い。

大澤　それは大変ですね。

橋爪　で、どうせならと、トピックを二〇ぐらい用意して、なにが聞きたいか手を挙げてもらったんです。ひとつを五分か、一〇分で話して、時間が来たら終わり。「皇室」や「明治維新」「サムライ」にまぜて、「日本の自然」も入れておいた。そしたらそれにも、手が挙がった。

話したのは、日本は山地が七〇％。みんな、オーと言う。降水量は、年間約二〇〇〇ミリ。また、オーと言う。森林の被覆率が六〇％だと言うと、目を丸くしている。砂漠から来ていて、森林なんかないんだから。

説明しながら思ったんですけど、こんな場所が、世界中にあるだろうか。先進国では珍しい。日本だけなんだ、と気がついた。

大澤　確かに。なるほど。それはさすがですね（笑）。

橋爪　なぜだろう。理由は簡単で、日本の山地って、利用価値がほぼゼロなんです。それで開発されないから、海沿いの平地に、集まって住んでいる。

住みやすいか、住みにくいかと言うと、住みやすいんだと思う。

平均気温とか、四季があるとか、飲める水があるとか、条件に恵まれている。照葉樹林帯で、ドングリとかクルミとか、ヤマイモとか、生きていけるだけの条件がある。

大澤　なるほど。

橋爪　あと、タンパク源になる、大型哺乳類がいるか。イノシシやシカぐらいしかいない。でも、いないよりいい。

代わりが、海だと思うんです。貝塚があるぐらいで、貝が手に入る。タンパク源になる。あと、魚もいて、ある程度温暖な気候だから、住みやすい。

大澤　なるほどね。

橋爪　しかも日本の水系って、細かく分かれていて、大きな平地がない。この点が、中国などと違う。対極的なんです。

日本は行き止まり

橋爪　もう一つだけ言うと、ユーラシア大陸の端っこで、行き止まりです。ここまで来た人びとが、どこかに出て行くルートがない。出ていく動機もない、という場所なのです。

イギリスも島国じゃないかと言うかもしれないが、ちょっと違う。日本みたいに行き止まりだが、居心地がいいとは言えない。民族大移動にも巻き込まれているでしょう。

大澤　なるほど。最初から、面白い指摘ですねえ。

確かに、日本列島は、住むことができる場所についてはそれなりに心地よいのでしょうが、山と森林で可住面積の比率が小さいのが特徴ですよね。可住面積の比率が二五％くらいしかない。フランスやイギリスは、七〇～八〇%が可住面積です。逆に言うと、それほどに森林が残っている。

イスラムで思い出しましたけど、中東は、世界史では、「肥沃な三日月地帯」と言われるあたりで、農業もそこから始まったし、豊かな場所だった。いまは砂漠で、どこが肥沃なのかと思うんだけど、もとは、本当に肥沃だったんですね。森林もあって、たくさん木も採れた。だけど、文明化・都市化の過程で、木をたくさん切り出し、森林がなくなったために、土地の保水力がなくなってしまった。そのために、不毛地帯になってしまった。

森林があっても、人間が住んでいると、まあ、一〇〇〇年ぐらいの間になくなってしまうんです。森林が残るとすれば、ジャングルみたいに、そもそも人が住めない場所。だから、人間がおおぜい住んでいるけれど森林が残っているのは、日本だけだということは、驚くべき初期条件なんですね。その意味を、考えなきゃいけない。

自然についての知識

橋爪　子どものころ私は、兵庫県の社宅に住んでいたんです。裏はもう山で、近所の悪ガキどもと一緒に、学校が終われば暗くなるまで、ずっと遊んで過ごした。

あたりは雑木林（二次林）なんですね。そういう自然のなかで、遊びを工夫する。どこに何があるとか、どこが危ないとか、山に慣れて覚えていくんです。

空井戸(からいど)というのがあってね、もう使っていない井戸。蓋(ふた)がしてあったけど腐っていて、落ちたら一巻の終わり。どことどこに空井戸があるかは、子どもたちが伝承していて、小さい子が最初に教わることなんです。こわごわ覗(のぞ)くと、真っ暗な闇が口をあけている。

そのときの体感から類推すると、自然にまるごと依存して生きていく採集民の場合、植生とか動物の習性とか、生態系についての詳しい具体的な知識が不可欠のはず。その知識は、場所が違うと、役に立たない。だから行動半径は、そんなに広くなかったはずだ。

自然が人間を支持する力が弱いところでは、人間は移動しないといけない。でも、照葉樹林帯で、自然が豊かだったので、移動しないですんだ。

農業をすれば、当然、移動しないですむ程度には生産性が高まる。でも農業をしないと、そこまではないから、定住しないで移動するのが、世界の標準なんです。

大澤　その通りですね。

橋爪　だけど、日本で起こったことは、農業が始まるよりずーっと前に、定住が始まったわけだ。定住生活としてはたぶん、世界で最も早い部類に属する。

大澤　なるほど。それは重要ですね。歴史の教科書には当たり前のように書いてありますけど、それが常識外れなんですよね。

農業以前の狩猟採集段階は、基本はバンド（一団）で移動するのが、世界の標準、人類史の常識。ところが、日本列島では、農業開始よりだいぶ前の段階の人びとが定住してしまった。われわれは定住しているので、人間は根っから定住志向があるように思いがちですが、実は、ホモサピエンスとしては、移動するほうがふつうだった。

移動か定住か

大澤　ホモサピエンスが二〇万年ぐらい前に出現したとして、新石器革命が一万年ちょっとぐらい前。それまでの一九万年ぐらいは、移動していたはずです。農業が始まっても、初期のプリミティブな農業の段階だと、人はけっこう移動していたりする。定住に向かうのは、農業が本格化してからなんです。

西田正規（まさき）さんという人類史学者が、『人類史のなかの定住革命』という本を書いています。「定住」が革命なのですから、それ以前は移動が常態だったということです。

定住革命は、もちろん新石器革命を意識した概念です。ふつう、新石器革命というと、食料生産を重視するんだけれども、西田さんは、定住の原因を食料生産とは別にあると考え、人間が定住したことから起きる社会変化のほうを重視した。定住こそが社会を、劇的に変化させたと。

日本の場合、農業とは無関係に、定住してしまっているので、定住革命という概念がとくにあてはまる例かもしれません。いずれにせよ、定住と農業の間のずれがとりわけ大きいのが日本列島で、これがまず不思議なことですので、どういうことか考えていきたい。

縄文土器はなぜ古いか

大澤　縄文の人びとは、土器を造った。この土器が異様に古いですよねえ、世界的にみて。

橋爪　ええ。

大澤　同じぐらい古いものも、よく探せばあるのかもしれませんが、少なくとも地球で指折り数えるほど古いことは確か。ほかのものがなんにもないわりに、土器だけ造ったというのは、異常じゃないか。わざわざ重い土器を持って移動するひとはいないですね。土器は、ほかの道具と違って、定住している人びとだけが使う道具ですね。

橋爪　定住の結果だと思います。

大澤　なるほど。

橋爪　土器みたいなものとして、カゴなどをつくってもいい。このほうが軽くて便利ですけど、耐久性がない。数年したら壊れちゃう。土器は丈夫だが、重い。定住して、持ち運ぶ必要がないときに限って、土器をつくるわけです。粘土を火に入れて、焼成したものをカゴみたいにつくれば便利だと、誰かが考えた。

土器は、定住していることとの結果で、農業の結果ではないんです。農業は定住するから、必ず土器を持っているけれども、土器を持っているから、農業をしている、ではない。土器を造らない人びとに比べて立派だった、わけでもない。

大澤　そうですね。

橋爪　じゃあ、定住する理由はなんだ。そこが住みやすい、いい場所だからでしょう。そんなにいい場所なら、オレたちによこせ、みたいなのが出て来なかったのか。出て来なかった。あっちにもこっちにも、似たような居心地よい場所が分散していれば、邪魔が入ることもない。これ、大事じゃないですか？

日本の川は短くて、似たような場所が、日本中に数百、数千ってあるわけです。

定住と交易

大澤　なるほど。じゃあ、定着民たちはそんなにしょっちゅう接触しなかったと考えたほうがいいのでしょうか。

橋爪　黒曜石の分布などからみると、けっこう広い範囲で交易はしていた。

大澤　そうでした。

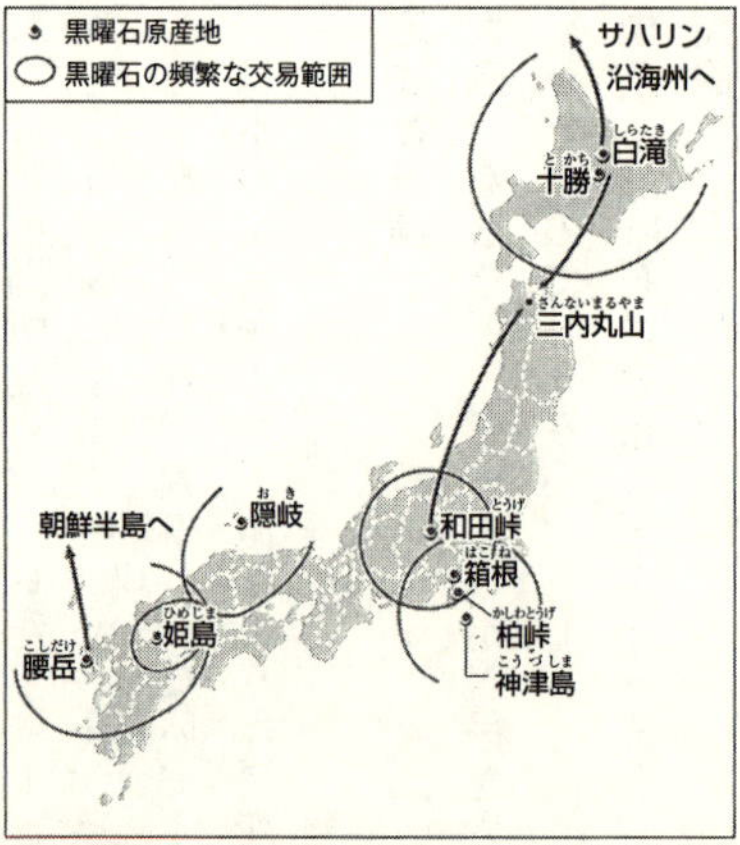

黒曜石は広く交易されていた

橋爪　石器時代には、石器がないと生きていけない。石器って、材料にできる石に限りがあるから、その石を、運ぶ必要があるわけでしょ。黒曜石って、細石器の刃をいちばんつくりやすい。しかも、産地が限られているから、かなり流通している。

　交易があるということは、反対給付があるってことじゃない？

大澤　こっちは魚とか、そういうことでしょうかね。

橋爪　黒曜石が山の中でとれるんだったら、魚を干したものとか、あげたら喜びそうなものを、反対給付で渡せばいい。

大澤　なるほど。たぶんかなり早い段階から、縄文人たちは準定住状態に入っている。平和的な交流も、また、時には戦争もあったかもしれないが、お互いの縄張りみたいなものを決めて、かなり分散的に暮らしていて、しかし交易もあったと。

　そうすると、これは、移動しているよりは定住してるほうが有利だった、ということですよね、この列島では。

橋爪　はい。

大澤　これはよほど特別のことですね。普通、狩猟採集民は、食料を求めて、移動することになるわけですから。

たとえば、三内丸山遺跡（青森県）という縄文時代の大集落の跡がありますね。あれを見ると、周囲に大きな栗林がある。農耕というにはあまりにもプリミティブに過ぎますが、栽培に近いかたちで保持していて、大事な栄養源にしていたことがわかります。

死者のための場所

大澤　定住したときに生ずるめんどうなことのひとつに、死者の扱いをどうするかということがあります。死者というのは、生きている者たちを守ってもくれますが、やはり基本的には怖い。移動していれば、死者を埋葬して、そこから離れればよいのですが、定住している共同体の場合にはそうはいかないので、死者と和解するための観念の体系とか儀式的な手続きとかが複雑になっていきます。ちなみに、狩猟採集民や遊牧民には、墓を造らない部族がけっこうあります。埋葬はしますが、墓は造らない。墓自体が、定住者が死者と和解する方法のひとつだったかもしれない。

死者の扱いとか、紛争処理とか、食料がだんだん減るとか、定住には不都合がたくさんあるのに、結局、人類の多数派はある時期から定住に向かった。その原因は何かと言うと、通説では、やはり、食料生産による圧倒的な人口増加です。定住革命説からすると、食料生産は定住の原因ではないですが、定住すれば、農耕などの本格的な食料生産が可能になる。すると人口が増える。単位面積あたりで養い得る人口は、農耕民が狩猟採集民の一〇倍から一〇〇倍にもなるという。

考古学者の試算では、急激に人口が増えるので、一人当たりの栄養状態は一時的に下がるらしいんです。狩猟採集民に比べて。でも全体としては、栄養状態はよくなり、人口が増える。狩猟採集民の集団と食料生産者の集団が出会うと、人口の点で勝っている後者が前者を殺すか、追いはらうことができる。すると、狩猟採集民としては、食料生産者から離れて暮らすか、自分たちも定住して食料生産者になるかどちらかしかなくなる。結果として、狩猟採集民が駆逐される傾向がある。これが、ふつうの教科書の説明です。

しかし、日本列島の縄文人の場合は、まだたいした食料生産をしていないのに定住しているんですよね。じゃあ、定住によほどうまみがあったのか、あるいはなにかの事情で、移動するコストがよほど大きくなったのか。

ネイティブアメリカンとの違い

橋爪　縄文時代にあたる人びとを、強いて探せば、ネイティブアメリカンですね。ネイティブアメリカンは農業をしてなくて、狩猟採集生活なんです。で、たくさん種族があるじゃないですか、スー族とか、モヒカンとか、コマンチとか、アパッチとか。言語も違ったりするぐらい、相互接触がないわけでしょ。アメリカの生態系はそれなりに複雑で多様なので、その生態系ごとに住み分けた結果だと思う。

縄文の人びとが、ネイティブアメリカンとどう違うか。異なった生態系の上に、複数の種族がいた、というふうになっていないと思う。黒曜石の流通などでみると、相互の接触はあった。生態系の差異も、アメリカみたいにはなはだしくない。アメリカだったら砂漠もあれば、ステップもあれば、森林もあれば、寒いほうから暑いほうまで、とにかく広いじゃないですか。日本は、東北地方と九州だって、それなりに似ている。

大澤　東北のほうが長く縄文的で、みたいな地域差はあったかもしれない。

橋爪　そうね。でも縄文それ自体として、大きな違いはなかった。

土器の編年

橋爪　縄文の時代区分を、土器のかたちで分けるでしょう。

土器のかたちは、地域差が大きいのか、時代差のほうが大きいのか。縄文の時代区分は草期とか前期とか、六つぐらいに分かれている。その区分が日本中でシンクロしているんなら、地域差より時代差が大きいことになる。縄文文化って、地域社会の連合みたいなものなんですね。

大澤　そうですね。本州の北ぐらいまでは、かなりシンクロしている。

日本文化論などでよく、日本人のメンタリティはここが縄文系、ここが弥生系、みたいな話がありますが、あれは根拠があるのかな。

橋爪　空想的な議論ですね。

柳田國男と網野善彦

大澤　初期の柳田國男（やなぎたくにお）の「山人（さんじん）」という仮説がありました。柳田は、日本人の原型、つまり「常民」を稲作農耕民と見なしたと言われていますが、初期の柳田は、山人がいる、という仮説をもっていた。山人というのは、日本列島の先住民で、遊動する狩猟採集民です。結局、山人がいる、あるいはいたという実証的根拠は出てこないので、やがて柳田は「山人」という言葉を使わなくなるわけですが、柄谷行人さんの柳田論によれば、山人的なエートスと言いますか、そういうものが日本人にあるという考えを柳田は最後までもっていて、それが固有信仰（祖霊崇拝）論につながっている。言い換えれば、固有信仰をもつ共同体は、定住しているけれども、狩猟採集民的エートスをもつ者ということになる。

それから、もうひとつこの対談でずっと念頭においておきたいのは、歴史学者の網野善彦の仕事ですね。網野さんはもちろん中世史を中心に見ているわけですが、日本史の中にずっと続く、移動性のある人びとに注目している。定住と移動の対立というのが、網野史観のひとつのフレームになっています。

そういう議論もあるので、縄文時代の定住と移動について、もうちょっとだけ知っておきたいと思うんです。

橋爪　縄文の定住って、権力に命令されていないんですね。

大澤　そうですね。

橋爪　社会階層の分化はないのだから、定住するのは便宜のためであって、移動しようと思えば、何の制約もない。移動する先に誰かがいて、来るなと拒まれない限り。

だから、定住／移動って、私たちが考えるほど対立するものなのかって、思うわけ。

大澤　常に移動できるポテンシャルをもって定住しているわけですね。

橋爪　それから集団が、数十人のまとまりだったとすると、婚姻交換が必要になるじゃないですか。女性を外に出して、また外から女性を受け取らなければならない。そういう人間の行き来（移動）って、それなりの範囲だったと思うんです。

アンビリニアル

大澤　うん。そうですね。

当時の親族のありようについては、考古学的な根拠が残らないので、なかなかわからないわけですが、まず集団のサイズは、どのくらいの規模だったのでしょうか。

橋爪　遺跡からみるなら、かなり大きな集落もあったようです。

人類学では、親族組織を、父系（patrilineal）と母系（matrilineal）とに、大きく分けるんです。父系のほうが多くみられるが、母系の社会もある。

ところが、太平洋諸島には、そのどちらでもない、アンビリニアル（ambilineal）っていうのがある。アンビって、アンビバレンツのアンビです。いい訳語がないので、私は「択系」ってよんでます。この地域の人びとは、いちおう農業をやってますが、タロイモ栽培のような原始的な農業です。小さな島で人口圧力に直面してるから、戦争の危険もある。氏族みたいな集団をつくるのですが、子どもが生まれると、その子は父親の集団に属してもいいし、母親の集団に属してもいい。途中で移ることもできる。そうやってシビアな集団の対立を回避していると思われる。

日本の親族組織は、厳密に父系とも、母系ともつかないものなので、アンビリニアルに近い。こうした原理が、イエ制度のなかにももぐり込んでいるんですね。

大澤　はっきりと母系とも父系とも見なしがたいのが、日本の親族組織の特徴ですね。

橋爪　これは、太平洋海域と共通する習慣で、平安時代はもっとその色合いが濃かった。妻問婚（つまどいこん）みたいなやり方ね。中国にも朝鮮半島にもない。北方系ではない。

縄文文化はシベリアから来たらしく、その影響があるのは確かだと思うんですけれど、南方の要素もある。日本語をみても、文法はトルコ語（北方系）だけど、母音の仕組みは南方系だったりする。

これは、どういうことかと言うと、誰かがまとまって、いっぺんに移動してきて、ほかの連中を追っ払った、というふうになっていないということです。いろんな人びとが順番にやってきて、それぞれの個性を残して、ハイブリッドになったということですね。

要するに、大きなケンカがなかったのです。

大澤　加藤周一が、日本文化は雑種文化だと言いましたが、縄文段階ですでにそうなっているということですね。

橋爪　親族組織のサイズはよくわからないけど、実際に住んでる集団を超えて、五〇〇人、一〇〇〇人の連絡があった可能性がある。

大澤　三内丸山遺跡から判断しても、そのくらいのサイズはあったと思います。

縄文と弥生

橋爪　縄文／弥生、という時代区分があります。弥生文化は、大陸から来た稲作文化で、早く見積もっても、紀元前四〇〇〜三〇〇年ごろ。

そのころ、中国では、戦国時代ですね。鉄器時代。

中国ではコムギを中心とする北方の文化圏と、揚子江（長江）流域のコメ中心の南方文化圏とがあったんですけど、この南方の文化が、たぶん人間といっしょに、やって来た。

コメと人間がやって来たのなら、彼らのライフスタイルが、ワンセットでもたらされたと思うんです。農業のやり方、水田灌漑（かんがい）農法みたいなものとか、土器のつくり方。あと、青銅器と鉄器ですね。

つまり、中国人が来たということです、コミュニティとして。

大澤　コミュニティとして来た、というのが重要ですね。

橋爪　中国人がコミュニティとして来たら、何を持ってきたかと言えば、中国語と漢字です。あと、衣服を作ったり、建物を建てたり、祖先崇拝のやり方とか、そういう一連の文化をもってきたはずだ。縄文人とは、全然違うんです。

どういう中国文化が伝わったか

橋爪　さて、ふつうだったらここで、征服とか戦争ということになるわけだけれど、その要素が極めて少ない。竪穴住居で縄文の土器を使いながら、稲作をしたりしている遺跡があるわけです。たぶん、縄文人が竪穴住居に住んで、縄文土器を使いながら、稲作を始めたんですね。教えてもらったんですよ。それで、大きな切れ目がなく、なだらかに弥生時代に移っていく。

ふつうは、農地をつくろうと思うと、森林を伐採しなければならないから、先住民とのあいだで生きるか死ぬかの戦争になる。ところが、水田をつくっても、後背地の森林はほぼそのまま残っている。また、縄文の人びとは海辺で海産物をとっていたけど、それもそのままできるでしょう。こういう点が、コムギの灌漑農業と全然違ったんじゃないか。

大澤　先ほどの柳田の「山人」は、いわば、このときの縄文人の一部が森林に入って、独自の生き方を継承してきた、というイメージですね。

橋爪　あと、弥生文化として、中国から渡ってこなかったものがあることも大事です。

それは、城壁。都市国家。これは漢字とともに、漢民族とよばれる人びとの、スタンダードです。中原(ちゅうげん)とよばれる地域では、数千年も前に標準になっていた。それがじりじり、南方に伝わって行った。
日本にコメが伝わった当時、この、城壁をつくる漢民族のやり方が、まだ南方に伝わっていなかったんじゃないか。そこで、漢民族化する以前のコメづくりの技術が、伝わった。

大澤 確かに。よく東アジアとか東洋とかひとまとめにされることがありますが、文化の要素の中に、ユーラシア大陸全体と日本列島との間に境界線があるものがだいぶあって、その中でもっとも重要なものが、城壁をもつ都市ですよね。
じゃあ、そのころ最初に来た人びとは、一般的なイメージの中国人っていうより……。

橋爪 中国というより、ベトナムか雲南みたいな感じだったかも。金属器も持ってきた。

大澤 それにしても不思議なのは、やっぱり、渡来してきた人びとと先住民の間に武力紛争がわりに少なかったらしいことですね。

イギリスとの違い

大澤 邪馬台国の時代についての『魏志倭人伝』を読むと、当時、百余国に分かれて、争っていた。でも「女帝」を立てたら収まったという。その、一〇〇以上に分かれていた「国」なるものがどういうものか、まず推定しなくてはいけない。大陸の先進文明に圧倒され、征服されたというより、列島にもともといた人びとと、向こうからやってきた人びとがミックスして、もとある社会から変質した、というイメージをもちます。

橋爪　もともといた人びとのほうが、人数がずっと多かったはずです。やってきた人びとは、少数だった。それも、少しずつやってきた。

彼らが日本にやってきた理由は何なのか、あんまりよくわからない。たまには物好きが遠方に出かけますから、そういう範囲内のことだったかもしれない。

大澤　大陸と日本の間には、飛び飛びですけど島もありますし、十分に移動は可能だったということですね。

橋爪　そう。でも逆に、あまり移動が簡単すぎると、大陸の人びとが押しかけてきて、日本は中国になってしまったろう。

大澤　その通りですね。適度に隔てられていることも重要です。

橋爪　中国人にとって、日本はそれなりに遠くて、移動が困難な場所ではあった。

大澤　それは、地政学的条件として、念頭に置くべきいちばん重要な要素ですよね。

橋爪　そうそう。イギリスと全然違う。イギリスは民族大移動とか、ノルマン・コンクエストとか、何回も征服されて、住民が入れ替わっている。

縄文人は、イギリスにいたケルト人みたいなものだから、征服されたり、追っ払われたりしたかというと、そういうことではない。これはね、非常に珍しいと思う。

2 なぜ日本には、青銅器時代がないのか

青銅器とは

橋爪　つぎは、日本に「青銅器時代」がないという、重大な特徴についてです。

農業が始まってしばらくすると、金属器が発明される。金属として、いろんな材料が試されたと思うけど、成功したのは、青銅（ブロンズ）。それから、鉄。この二つです。

青銅（ブロンズ）は、銅とスズ（錫）の合金なのですね。銅だけ、スズだけでは得られない、優れた性質を持っている。よくこんなことを考えたと思う。

大澤　ほんとですね。

橋爪　さて、スズは鉱石が入手しにくい。そして、銅とスズは、別々な場所で産出する。

そこで、青銅器をつくって、勢力を拡大する人びとは、銅やスズの産地ではなく、流通

径路をおさえている、中間地点の人びとである。これは、世界共通なのです。

青銅器は、貴族制をうむ

橋爪　次に、青銅は稀少で、青銅器は高価である。

稀少とは、鉄に比べてなんですけれど、青銅は、ふんだんにあるわけではないので、農具には使わない。貴重な青銅で、武器をつくった。剣とか、盾とか、胸当てとか、ヘルメットとか、槍とか、鏃(やじり)とかを造った。そうやって、石器や棒きれで武装している人びとが、まったくかなわないぐらいの殺傷能力を手に入れた。

大澤　はい。

橋爪　さらに、メソポタミアなどでは、戦車の技術が発展するんです。

戦車は、馬にひかせます。馬は紀元前三五〇〇年ごろ家畜化されたらしいが、気性が荒くて、背中に乗れなかった。そこで車を後ろにくくりつけ、「戦車」にして、戦場を走り回った。スポークを使った軽量で頑丈な車輪と、摩擦の少ない軸受けを製作するのが、技術的に高度でむずかしかったらしいんですが、ともかく戦車ができた。何輌もの戦車隊の前では、歩兵は無力化するわけです。高価な戦車に乗ることのできる、ひと握りの人びとが、軍事力を握り、支配権を手にして、貴族社会をつくった。

これが、青銅器時代なんです。

この時代は、農業社会なんですけど、武装して戦場に行けるのはごく限られた人びとで、その人びとの手に権力が握られる。一般の農民は疎外され、収奪されるだけで、極端な場合には奴隷になる。こういう青銅器時代が、鉄器が出てくるまで、二〇〇〇年あまり続きました。メソポタミアでも、エジプトでも、ギリシャでも、ローマでも、中国でもそうだった。というわけで、武器の材料で、時代を区分するんです。

鉄器の登場

橋爪　このあと、鉄器が、登場する。

鉄器の特徴は、安いこと。大量に生産できる。農具にも使えるので、農業生産性が上がる。農民を鉄製の武器で武装させることもできる。大量の歩兵が登場するんだけど、大きな盾を持たせたり、長い槍を持たせたり、槍ぶすまをつくって、戦車や騎兵が来ても対抗できるようにする。紀元前一〇〇〇年ごろまでには、馬に乗れるようになって、騎兵が登場するんですけれども、騎兵を追い払うために、弩（いしゆみ）を用いる。

弩は、合板でできていて、弾力があり、両手で引っ張ってとめ金をかける。貫通力が強くて、歩兵でも、騎兵や戦車に立ち向かえる。密集戦法をとれば、平坦な場所でも、戦車

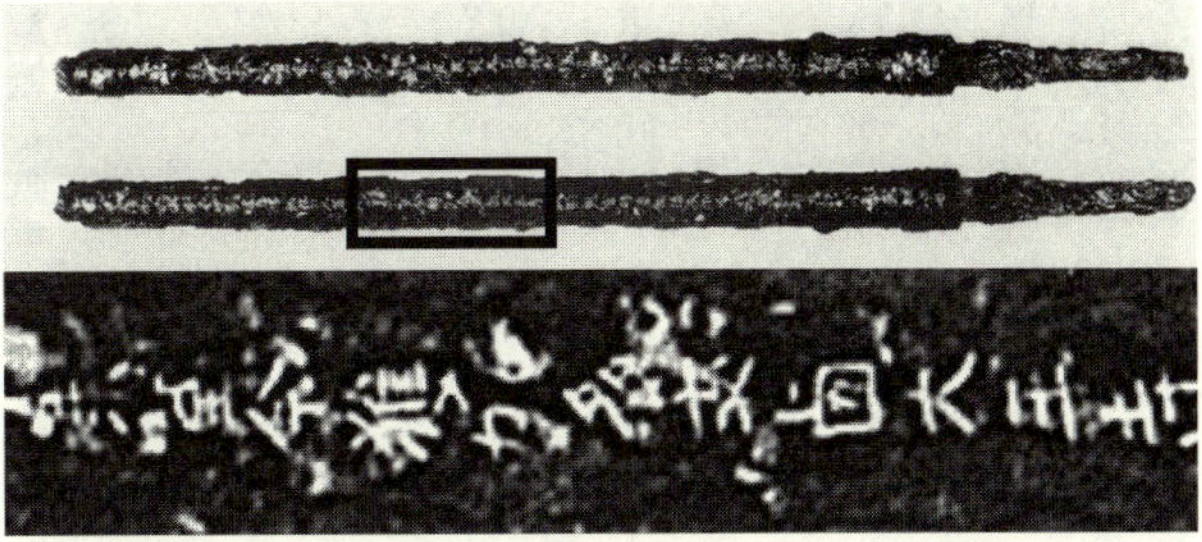

「獲加多支鹵（ワカタケル）」の文字が彫られた稲荷山鉄剣（66ページも参照）

や騎馬に対抗でき、戦闘の主力になった。ギリシャもローマも、世界中が、このやり方になった。農民の歩兵が戦争の主体になる。中国でも、戦国時代は、こうだった。

さて、日本には、青銅と鉄が、いっぺんに渡ってきた。

大澤　はい。

橋爪　武器は主に鉄製だったはずです。でも、ほとんど残っていない。錆（さ）びてしまうからね。まれに稲荷山（いなりやま）鉄剣とかが、見つかることがある。

青銅器は、銅鐸や銅鉾や鏡が発掘されます。使用目的がよくわからない。たぶん祭具だろう。青銅が伝わったけれど、鉄もあるわけだから、青銅器だけがあった場合の社会変化は、日本に起こらなかった。奴隷制も、貴族制もない。

大澤　うん。なるほど。

橋爪　マルクスの歴史区分でいう、古代奴隷制がないわけだから、日本の歴史学者は困ったわけですね。

車輪と戦車

大澤　非常に重要なポイントなんで、復習しながら、少しだけコメントしておきます。さっきの縄文時代の「定住」もそうでしたが、世界史の標準からずれるところが、この「青銅器時代」の部分ですね。日本に、鉄器時代とは独立の、それに先立つ青銅器時代がないので、日本人の歴史常識の中に、この二つの時代区分がない。

それから、戦車のことは、ジャレド・ダイアモンド（アメリカの進化生物学者）の『銃・病原菌・鉄』で重視しています。馬と車輪の出合いが、いかに人間の歴史を変えたか、と。

ところで、日本にも戦車や馬車がほとんどなかったですね。これは、日本の地形が、戦車に向いてないからじゃないかとも思う。戦車に乗って、武器を操るって、そうとうな技術だと思うんです。それができるだけでも、威信が高まる。

日本には、青銅器時代がなかったから、鉄器が入ってきても、青銅器による社会階層の格差が解消に向かうというよりも、かえって、石器時代に平等だったものが身分格差の拡大に向かうという、あべこべのダイナミズムが働いたかもしれないですよね。なるほどと思う論点です。

それから、弩のことですが、日本でもだいぶ後の時代、新羅（しらぎ）や蝦夷（えみし）と戦うとき、使われたらしい。でも廃れてしまったのですね。

クニとクニ

大澤　この当時の日本を考えるのに、基本になる問題は、「国」（クニ）ってなんだろうということだと思うんです。国はどういうもので、どんな実態があったのか。私はかなり大きめのクラン（氏族）やその連合みたいなものじゃないかと想像します。そういうものに分かれていて、さらに連合ができたり、戦いが起きたり、があったと思うんです。その中で相対的に強かったのが、邪馬台国ではないでしょうか。

問題は、それらクラン的な集団のあいだの、統合のプロセスですね。やがて古墳時代になってくれば、いよいよ大和朝廷みたいなことも考えなきゃいけないですけど、それ以前の段階で、もう邪馬台国はそこそこ大きい。どこにあったか、よくわからないが、何十ヵ国かは邪馬台国に服属している。ほかに、邪馬台国に服属しなかった国もあるらしい。

国が複合していくプロセスは、どういうものとして想定すればいいでしょうか。中国の春秋戦国時代みたいな、激しい戦争の中での生き残りゲームではなかったように感じる。

橋爪　はい。

大澤　でも、もしそうじゃないとすると、なぜ日本ではそれほど平和的に、もともとの国を超えるレベルの、より複雑な社会を構成しえたのか。その統合の過程で働いていたメカニズムはどんなものだったのか。

　自然人類学者のロビン・ダンバーが、社会脳仮説なるものを唱えています。これは、大脳皮質の大きさと集団の大きさのあいだには相関関係があるという仮説です。霊長類からずっと見て行って、人間の脳の大きさから、共同体の大きさはどのぐらいがちょうどいいか、計算できるんです。それによると、人間の共同体のサイズが一五〇人くらいです。

　これはね、ある程度、リーズナブルな数値です。実際、私たちが仲良くしてる人の数は、このくらいでしょう。そして、何より、狩猟採集民の共同体の実際の平均的なサイズが、まさにこのくらいです。狩猟採集民はだいたい三つくらいのバンドが、聖地を共有するとかしてひとつの共同体になっている。

　これをもとに考えると、人間が自然に集団を営むサイズは、一五〇人ぐらい。それ以上の規模に共同体が大きくなるには、それなりの追加のメカニズムが必要になる。「漢委奴国王」とよばれた奴（な）の国とか、邪馬台国とかになると、そのサイズは、ダンバー数のレベルをはるかに超えているはずです。そのとき、どういう原理で統合が進んでいったのか。

　考古学的な遺物を見ると、たくさん武器が発掘されてすごい戦争があったんですね、ということではなさそうですね。

橋爪　うん。その通りですね。

都市国家は戦争マシン

橋爪　考古学者によると、農耕が始まって、はじめの五〇〇年か一〇〇〇年ぐらいはまあ平和なんです。農業ができてよかったですね、これでもう飢えなくてすみますね。でも人口が増え始めて、しばらくすると、戦争が始まる。そして、いちど戦争が始まると、とめどがない。町に城壁をめぐらし、戦争マシンになる。

戦争マシンになる理由ははっきりしていて、穀物の生産性が高いからです。

大澤　なるほど。

橋爪　穀物はたくさん穫(と)れて、農民一人の労働で、自分ともう一人を養うことができる。これがだいたい、古代の平均です。だから農民の人口は、五〇%。残りは、商人や職人や、神官や王や、軍人だったりする。そして、職人が作った武器で武装して、軍人がその共同体を守るんです。

そして、古代の戦争はしばしば、殲滅(せんめつ)戦になる。相手の共同体を破壊して、地図から消してしまうというタイプの戦争になるのです。

理由は二つあると思う。ひとつは、農業地帯はたいてい遊牧民のいる場所と連続しているので、遊牧民は農耕民に対して容赦ない収奪者になる場合がある。もうひとつは、遊牧民や異民族も定着するんですね、農耕地帯に。よい農地は限られている。そうすると、異民族同士の争いなので、どの共同体も、必死で戦う。相手の共同体の戦闘員は殺害し、自分で入植したり、相手を奴隷として働かせたりする。もう、過酷そのものです。

そこで、防御力を高めるために、居住地の周りを城壁で囲んで、都市国家というものができる。都市国家は、単独では脆弱なので、攻守同盟を結んで、都市国家連合のようなものをつくる。集団的自衛権ですね。

大澤　なるほど。

橋爪　というのが、標準的なスタイルで、これが王国とか、帝国とかよばれます。王国や帝国の興亡が、古代の歴史です。中国でも黄河流域がそうだし、揚子江流域もやがてそうなっていきます。

日本の戦争は、ぬるい

橋爪　さて、日本で発見される集落の遺物をみると、環濠などがあって、戦闘施設です。でも、それ以上ではない。戦国時代もそうなんだが、戦闘員が戦うだけで、農民は中立が保障されていたんじゃないか。奴隷にはならない。

大澤　なるほど。勝ったほうにつけばいい（笑）。

橋爪　そうそう。だから戦争があったとしても、戦闘員が戦うだけで、農民は殺害されたり、奴隷になったりしない。これは、ぬるい戦争だ。

なぜか。異民族だと認識してないからです。

大澤　うーん、なるほど。

橋爪　異民族でないから、奴隷にしようという発想がない、のではないかな。

大澤　なるほどね。

われわれは戦争というと、国民国家みたいなものを想定してしまうので、敵と味方がはっきり分かれているみたいに思う。でもそれ以前の段階だと、誰かと誰かが戦争しても、好きなほうにつけばいいんですよね。で、誰がどっちに所属するって、一義的には決まりませんよね。

橋爪　『日本書紀』や『古事記』を読むと、大和朝廷がすんなり日本を統一したことになっていますが、ヒミコのことも出てこないし、政権が成立するまでの争乱についても書かれていない。実際になにがあったか、文字記録がないから、わからないのです。

空白のこの期間は、弥生時代から古墳時代にあたる時期ですね。

ではつぎに、古墳時代に目を転じてみましょう。

3 なぜ日本では、大きな古墳が造られたのか

敵との線引き

橋爪　中国が、戦争マシンになったのは、農業生産性が高かったから。そして、自分と敵、という二分法が成立したからです。ほかの古代文明と同じです。

日本もそこそこ、農業生産性は高かったろう。でも、戦争マシンにならなかった。その理由は、自分と敵、という線を引かなかったから。と言うか、そういう発想がなかった。敵とは、殺しても当然の連中、という意味ですね。もしも、自分と敵、という区別があったら、全員が武器をとり全力で戦い、防御施設も本格的なのを造ったはずです。

中国人の防御施設は城壁なんだけど、城壁は煉瓦（版築）で造ります。あんまり石がないから。城壁に使う煉瓦はカチカチです。それを積み重ねて、分厚くて高い城壁をつく

る。相当のコストです。これを造ると、農業余剰のかなりの部分は使われてしまう。農民を動員して造るしかないわけですから。

大澤　カール・シュミット（ドイツの政治学者）が、政治の本質を友と敵との区別においたわけですが、日本人にとっては、そういう発想はピンとこないかもしれませんね。

橋爪　日本人は、城壁を造っていない。軍事施設は、必要最小限のものに限られる。

じゃあ、何を造ったかというと、古墳を造った。

大澤　なるほど。

橋爪　古墳は、相当な数が造られています。延べ人数とか、労働力の総量を考えてみると、道路や橋などの公共土木工事より、ずっと規模が大きいかもしれない。

大澤　そうですね。

橋爪　古墳は、ほとんど無意味で、非生産的です。

大きな墳墓を建造する例も、なくはない。たとえばエジプト。エジプトでは第四王朝の王たちがギゼー（ギザ）に、大きなピラミッドを造っている。大変なコストがかかる。そして、非生産的である。

エジプトには、万里の長城にあたるような防御施設がないのです。ではエジプトは安全かと言うと、実はとても脆弱な場所で、何回も外敵に征服されている。あの地域を守ろうにも、周りが砂漠で、守る方法がない。

　中国の場合、農業地帯が広がっていて、侵入経路は、モンゴルの平原からと決まっている。そこで、防御施設を造ることにした。中国の歴代政権は、農業余剰のかなりの部分を、都市の城壁と、万里の長城の建造につぎ込んできた。中国の人びとは戦争マシンの時代を、一〇〇〇年、二〇〇〇年と経験してきているのです。

　じゃあ、墳墓は造ったか。秦の始皇帝が大きな地下墳墓を造っているけれども、あとが続かなかった。中国では皇帝の墳墓は、いちおう造るが、そこまで巨大なものではない。


平和のため？


橋爪　日本人がなぜバカでかい墳墓を造っているのか、意味不明です。しかもただの盛り土で、とてもローテク。軍事施設に結びつくような先進技術の要素はゼロです。

　とすれば、余剰労働を「非軍事的に消費する」こと自身が、目的だったのでは。これが私の仮説です。そのために、各地に似たようなものが造られた。人間の労力という、軍事力にも転用できるものを、単なる威信に変換する。平和的に消費しているんですね。

　しばらくすると、やがて事情が変化し、地方では造られなくなった。最後に、天皇も造らなくなった。

大澤　なるほど。教科書に、日本の古墳は世界最大級、みたいに書いてありますが、たしかに、考えてみると、不思議ですよね。

古墳は、大阪近辺に造られたのがいちばん大きいですけど、日本中にできるんですよね。岡山とか九州とかにも、わりに大規模なものがある。

まず確実に言えることは、それだけの古墳を造って、労働力を動員できるわけだから、それ以前の権力より格段に強かったろう。だから大規模な古墳が出現する段階で、初期の国家形成が始まっている、と言ってもいい。不思議に思うのは、じゃあ、どんどん強くなれば強くなるほど、大きな古墳がたくさん造られたのかというと、そんなことはなくて、やがて造られなくなってしまう。

古墳は、権力が大きくなったことの証拠ではあるけれども、古墳がでかければでかいほど、充実した、強力で、複雑な権力だったかというと、そんなことはない。むしろ、古代の社会が高度化する、その中間的な段階で、古墳が造られる。これはなぜなのか。

これと関連づけて、ひとつ疑問を提起してみます。

古墳に限らず、国家の活動は、再分配の機構じゃないですか。人びとは収奪されるが、代わりに保護も受けることで、権力を承認する。この収奪–保護の関係が、財やサービスの移動としては再分配として現れる。国家が安定的に支配しているときは、支配される側が、自分が収奪される分と与えられる分が均衡しているとか、むしろ保護されている分だけ得だ、ぐらいの気持ちをもっているときです。が、実際にはなかなかそうはならない。

さて、古墳を造るとなると、ものすごく労働力を動員しなくちゃいけないわけです。人びとは、農作業があろうと、ほかの用があろうと、ほっぽりだして、生活の場を離れ、そこに駆り出される。これを搾取と言うとすれば、じゃあ、その反対給付はなんだったのか。実際には、日当みたいなものをもらったかもしれないにせよ、人びとの動機（最低限のやる気）を調達するその仕組みが、よくわからない。あんまり本格的な戦争をした形跡もないわけだから、生命の脅威でもなく、奴隷労働でもなさそうだ。ならば、古墳時代の古代権力の、求心力の根源はなんだったのか。

古墳時代の軍事力

橋爪　権力の基礎となる、軍事力について考えてみましょう。

このころの軍事力の主体は、鉄製の武器で武装した農民だと思います。規律訓練をほどこして、集団戦法ができるようにする。

これが、王（首長）の命令で動く。

クラン（氏族）の範囲より、王の統治する範囲のほうが広いのです。クランは、血縁を基盤にしていて、実権を持つのはそのリーダー。血縁者に対してだけ指揮命令権がある。

大澤　その通りですね。

橋爪　いっぽう、王の支配は、血縁の範囲をはみ出している。一定の地域に住んでいる人びとすべてに対して指揮命令権があるのです。徴税権や、裁判権なんかも持っているだろう。こういう存在なんですね。

大阪・堺市にある百舌鳥（もず）古墳群

王の権力

橋爪　弥生時代は、コメを栽培するようになったので、かなりの社会変化が起こったはず。それまでの狩猟採集を中心とした人びとの共同体（血縁にもとづく氏族）が再編されて、王の支配に移行していった。農地で働いているそこのお前、血縁があろうとなかろうと、オレが支配しているのだぞ、という論理です。

　さて、旧約聖書を読むと、初期の王制の様子が書いてあるのですが、王は、自分に直属する、若者の集団を抱えているんです。武装して忠誠を誓う若者が五〇人とか、一〇〇人とか。それを背景に、人びとに服従を迫る。あるいは、軍事的行動を起こす。

王の権力が巨大化して、クラン（氏族）をいくつも支配する場合もある。クランを服属させて、義務として、何百人の兵士を出しなさいと命じる。それを束ねて従えると、数千人から数万人という軍事力になる。

陸戦は、人数の勝負なので、勝ち残っていくためには、大きなグループに加わったほうがいい。どこかがこういうやり方を始めると、同じやり方で対抗せざるをえない。そして、大きいところが、ほかをつぎつぎ併呑（へいどん）して行く。邪馬台国はそのごく初期段階。それから、大和朝廷が成立していくのは、その後期段階だろうと思うわけ。

大澤　血縁をどう乗り越えていくのか、というロジックが興味深いですね。どんな社会も、だいたい基本にあるのは、血縁集団です。その規模がやや大きくなる（たとえば、部族のようなものになる）と、血縁と言っても、現実の系譜関係からはかなり独立した、抽象的・観念的なものになります。それでも、王制とか、まして帝国には、ほど遠い。王や皇帝といった求心力のセンターをもつ国家を形成するためには、血縁を無視したり、否定したり、血縁を超える原理がどうしても必要になるんです。実際、帝国には、はっきりそれがある。

たとえば、中国の場合、「天」の観念に裏打ちされた皇帝の原理がそれです。その最もはっきりとしたイデオロギー的表現が法家なのですが、これに一元化するとあまりうまくいかないので、血縁の原理と皇帝の原理をうまくミックスした、儒教が中心的なイデオロギーになった。イスラム帝国では、イスラム教が血縁原理を超えている。ローマ帝国では、ローマ法の中の万民法や世界宗教としてのキリスト教が、動員された。このように血縁を超える原理があって、キングやエンペラーの権力が生み出される。

日本の場合は、血縁を超える原理が、少なくともこの段階では乏しいと思うのです。何か決定的な要素が欠けている。邪馬台国では、卑弥呼が倒れたあと、男王が立ったが、内戦のような紛争がなかなか収まらなくて、卑弥呼の親族の若い娘——まあ卑弥呼の代わりのようなものでしょう——を立てたら、なんとか終息した、といった話になっています。一種の呪術的観念みたいなもののほうが、軍事力より効果的だった、とも受け取れます。

青銅器の役割

大澤　日本の初期の国家形成において、氏族の首長に統括されているようなプリミティブな共同体を超える支配をつくるときの、積極的な要素に乏しい。

橋爪　それは、観念的なものだと思いますけどね。

大澤　はい。

橋爪　青銅器が入ってきた。青銅は、日本ではたぶん、ほとんど生産できなかったから、インゴット（地金）として、中国あたりから輸入されるわけです。地金じゃなくて、半製品として入ってきたものもあるかもしれない。

鏡は、製品として輸入されて、鋳つぶさなかった。貴重だから。日本で、倣製鏡（コピー）を造る場合もあった。で、鏡は祭儀用に、首長たちに一個ずつ配ったりする。配る側が当然、優位で、配られる側が劣位です。

それから、地金を鋳つぶして、銅鐸とか、銅剣とか、銅鉾とかを造っているでしょ。実用とはほど遠い奇妙な形で、しかも同じ鋳型のものがたくさん生産されている。同じものをいくつも造ったのは、あちこちに配るためです。そうやって、権威や権限を設定する。血縁を超えた上位の指揮権の所在が、目に見えるかたちになるんです。

大澤　与えること、しかも何か有用なものを与えるというより、与えることにおいて相手のアイデンティティ（自己同一性）を設定すること、これが権力の源泉になっているんですね。

橋爪　いっぽう鉄器は、青銅器に比べれば安価な実用品で、青銅器のような威信を伴わなかったろうと思う。

天皇制なのか

橋爪　王の権力の基本は、戦争ですけど、戦争をしてないときは、儀式なんです。

大澤　戦争の勝利は一時的なものなので、その効果を持続させるために、何か観念が必要になってくると思うんですね。

橋爪　そこです。贈与の反対給付に、労働力を提供させることもありうる。

　バカでかい墓みたいなのを造るというので、各共同体から何百人も動員されて、半年、一年、ずうっと継続的に掘っ建て小屋に住んで、亡くなった大王や、これから亡くなる大王の墳墓を築造する。自分の血縁と関係ない、大王の墳墓のためになぜ労働しなくちゃならないのか、心中は複雑です。でもこのシステムを、正当化するほかない。

大澤　なるほどね。まあ、その初期の段階では、大王（オオキミ）も他の首長たちよりいくぶんか大きいぐらいのレベルだったとは思うんですよね。それがわずかな軍事的優位をきっかけに、観念と制度を伴うことでも、安定的な権力として膨れていく。

　これは結果的には、万世一系みたいな幻想を生むぐらいの継続性を発揮してしまう。

橋爪　はじめ、万世一系だなんていう予定は、全然なかったと思うな。のちの天皇制の観念を、過去に投影するのはやめたほうがよい。

大澤　うん。確かにそうですね。

橋爪　要するにそんなような王制が、ひょこっと出来たというだけです。太平洋の島々のうち、トンガは、王制なんです。

大澤　そうですね。

橋爪　ほぼ同じ自然条件なのに、隣のサモアは、王制でなくて、たくさんの首長がいる、首長制なんです。

大澤　そうですね。サモアとトンガは両極ですね。フィジーがたぶん中間的ですね。

橋爪　なので、なぜサモアが王制でなくて、トンガが王制なのか、説明が難しいです。

大澤　まあ確かに、ほんのちょっとしたもの、偶発的なことでしょうね。

橋爪　ならばトンガは、別に王様がいる必然性はないけれど、たまたまそうなった。

なぜ王制に？

橋爪　日本の場合、なぜ政治的首長が必要だったかというと、中国にも、朝鮮半島にも、政治的首長がいたからです。

大澤　なるほど。

橋爪　中国や朝鮮から、文物が伝わってくる。そういうよさそうなアイテムを持っていることが、権威のしるしになるのはよくあること。アフリカの奥地の王様が、セイコーの腕時計をはめてたりするのとおんなじです。

大澤 なるほどね。共同体にとって、「外部性」を感じさせるものが権威を帯びるというのはよくあることですね。今もありますから。

どの段階で大和朝廷が成立したということになりますか？

橋爪 大規模古墳を造らせた統治者が、ほかのローカルな豪族と、連合したのか、それとも上下関係になったのかは、なかなか決着しなかったと思いますよ。だいたい「大和朝廷」などという後世の言い方に、あてはまる実体がその当時あったかどうか疑わしい。

大澤 なるほどね。

橋爪 最初は、連合の盟主、というかたちだったんじゃないか。

大澤 そう思います。

橋爪 明確な上下関係なら、軍事指揮権が一元化されるから、正規軍はひとつしかないことになる。連合の盟主なら、豪族はそれぞれ軍事指揮権を持ったままで、十字軍みたいな寄せ集めにしかならなかったろう。それについて、はっきりした記録はないと思う。

大澤 うん。まあ、確かに天皇という存在だって、どの段階からスタートしたと見ればいいかわからない。ちなみに、「天皇」という呼び名が採用されるようになったのは、七世紀の持統天皇の頃というのが定説のようですから、今、私たちが論じている時代よりずっと後のことです。天皇という名すらない初期天皇制といいますか、天皇制の前史のようなものを論ずるときにはとりわけ、あとの時代のイメージを、過去に投影してしまわないように気をつけないといけませんね。

一九五〇年頃には、五世紀に大陸から騎馬民族が侵略してきて、在来の王朝を征服した、という説（考古学者の江上波夫の説）も出されていましたね。この説だと、在来の王朝から征服王朝への交代があった、ということになります。

橋爪　はい。

大澤　今では、この説はあまり信じられていないと思いますが。

ともかく、初期の天皇制というか、オオキミを中心としたシステムというか、その実像をつきとめるのは、重要ではあるが、困難な課題ですね。

橋爪　まあ、そうしたものは、中国からのインパクトの結果なんですね。

倭とは？

橋爪　天皇の話に行く前に、「倭」について、私の考えをのべてもいいですか。

大澤　はい。

橋爪　日本のことを「日本」というのは、だいぶあとのこと（「日本」という国号の初出は、七世紀後半の「浄御原令（きよみはらりょう）」）。日本列島にいた人びとが、自分をどう認識していたかですが、弥生時代になっても、特にそれにあたる観念や名称はなかったと思う。「倭」というよび方が古そうですが、これは漢字で、中国から日本をさすのに、使われている。

さて、「倭」は、名詞でなく、形容詞だと思う。

大澤 なるほど。

橋爪 「倭王」なるものがいたとして、これは「倭」という国の王、なのではなく、倭という地域にいる王（のひとり）、ということではないか。

大澤 なるほど。

橋爪 金印に彫ってあった「漢委奴国王」の、「委（＝倭）」は実体があるわけではなく、形容詞。「漢」は実体がある。倭はその漢から見た場合の、ある地域の名称。「奴（な）」は実体があるんだろうけど、それは本人たちの自己申告にもとづく。

大澤 自分たちは「奴」の国の者だと言ったんでしょうね。

橋爪 そうでしょうね。

大澤 その「奴」は、どこにあるかといったら、「倭」だと。そういう話なんですね。

その「倭」っていうのは、もともとの意味は何ですか？

橋爪 「変な人間」という意味だと思う。人偏がつくこともあるし、つかないこともあるが、いい字じゃないな、これは。

大澤　まあ、どっかの辺境の野蛮なというか、そんなようなイメージでしょうね。

他称と自称

大澤　あとでこの列島は、「日本」（日の本）になるわけです。これも考えてみると、中国から見て、「日の本」（＝東）ということだから、結局、われわれ日本人は自分で自称を持ったことがないということになりますね。「倭」はもちろん自分でつくった呼び方とは思えないわけですし。

橋爪　それは、多くの民族がそうです。

大澤　確かに。

橋爪　たいていの民族は自分しか知らないので、名前が必要ないんです。で、相手から呼ばれる他称を、自称にすることがよくある。

大澤　「漢」もそうですか？

橋爪　「漢」は、王朝の名前ですね。

それがあとで、文字の名前（漢字）になり、民族の名前（漢族）になった。

文字の呼び名は、秦が字体を統一したんだから、「秦字」でなきゃいけないはずだけど、秦はすぐ滅び、漢は秦が嫌いなので、「漢字」にしてしまった。

大澤　なるほど(笑)。

中国のことを「カラ」とか言うこともありますけれど、これも「唐」ですものね。

橋爪　つまり、中国にだって、自称がないんです。

大澤　え？

橋爪　「中国」という言い方は、きわめて新しい。

大澤　そうですね。「真ん中」っていう意味しかないから、国の名前じゃないですもんね、本来は。

橋爪　はい。

大澤　だから中国というのは、まあ、世界そのものだった。

橋爪　そこで中国は、辺境のことを「倭」と呼ぶ、習慣と権利がある。

大澤　うん。「日の本」と言ったって、中国から見た辺境であることには変わりない。

橋爪　いくらなんでも「倭」はないだろうと思ったから、名前を呼び換えたんですね。

4　なぜ日本には、天皇がいるのか

王朝の交代？

大澤　じゃあ、天皇についてもう少し考えて行きましょう。

評論家の松本健一さんが、遺作となった著書で、日本の王制、つまり天皇制には、どうして世界中のどこの王制にもある王朝の交代がないのか、という問題に取り組んでいます。確かに、日本の皇室には、王朝という観念がない。現在のイギリスの王室はウィンザー朝ですが、日本の皇室は何朝ですかと聞いても仕方がない。

松本さんの議論を要約すると、オオキミ（天皇）だけは姓（カバネ）がなく、その天皇が、それ以外の人びとに、つまり臣下に姓（カバネ）を与えるシステムをつくったからだ、ということです。王朝の交代は、中国的には易姓（えきせい）革命ですから、皇帝の姓が変わることです。しかし、天皇には姓がないので、易姓革命がありえない。この説明は、循環論法一歩手前ですが、着眼点はおもしろいと私は思いました。

姓をもらうっていっても、ほんとは天皇からもらっているわけじゃないでしょうけど、天皇からもらったという擬制にするんでしょうね。

姓があるっていうのは、簡単に言うと、アイデンティティそのものですよね。精神分析のジャック・ラカンに「父の名」っていう概念があるんですよ。「父の名」を人が持つということが、ラカン理論的には、人間が人間になるというポイントですね。

「父の名」というのは、言語というシステムを成り立たせている特権的な記号（シニフィアン）のことで、ほんとうはすごく抽象的な概念なので、あまりベタに具体的に考えるといけないのですが、あえて危険を冒して具体的なイメージの源泉にさかのぼれば、それは、姓ですよね。で、その姓をもたず、つまりアイデンティティをもたず、人びとに姓を分配する特権的な地位がある。そういうシステムが古代のある時期につくられた。それが、天皇制の安定度を説明するんだというのが、松本健一さんの説なんです。

橋爪　はいはい。

大澤　さらに松本さんは、そのシステムを発明した人は誰かということまで推定していて、藤原不比等であると言う。

いずれにしても、この場合のポイントは、人びとに姓（カバネ）を与えるのだが、一人だけカバネを絶対に与えられない特異点のようなものをつくること。それが非常に重要な古代の発明であった、という説です。

ウジとカバネ

橋爪　そういう仕組みは、古代末期かもっとあとの時期の、やり方だと思うなあ。松本説にはあんまり賛成できない。

カバネは「姓」と書くわけだが、もうひとつ、ウジ（氏）というのもあります。

大澤　ありますね。

橋爪　ウジ、カバネの二種類があるんだけど、これは違うものなのか。

中国語で「姓」と言うと、ファミリーネームのことです。毛とか、周とか王とか、いっぱいある。中国には何百も、姓があるんですけど、政治権力と関係ない。昔からそういう名前の集団があった。そして皇帝も必ず、この姓を……

大澤　持ってますね。

橋爪　はい。だから中国的な原則からすると、姓と政治権力は、無関係なのです。

じゃあ、ウジは何かというと、また別のものですね。伝統的に日本にあった、クラン

（氏族）の名前ではないか。

血縁集団と名前

橋爪　中国の宗族（血縁集団）にも、日本のウジにも、名前がついています。名前は、固有名で、いくつもある集団を区別するためのものです。

血縁集団に、どうやって名前をつけるか。中国みたいに、姓をつける場合もある。父親の名前ですませてしまう場合もある。

父系社会は、父親の系譜をたどって集団を形成するので、父親を特定すると、そこから派生したグループが特定できる。父系血縁集団の内部構造を示すのに、便利です。

旧約聖書の時代には、これがふつうのやり方で、誰（父親）の子の誰それ、と名のる。さらに必要があれば、誰の子の誰の子の誰それ、と名のる。ユダとかベニヤミンとか、遠い祖先の名をあげると、部族の名称になり、さらにその父親であるイスラエル（＝ヤコブ）の名をあげると、民族の名称になったのです。

このように、ファミリーネームの考え方をもたない民族も、けっこう存在する。

大澤　確かに。

橋爪　そうすると、「大澤さん」みたいに、呼べないわけだね。

大澤　いきなり個人を指す固有名で呼ぶしかないと。

橋爪　名前のシステムは、文字が伝わる前に、日本にたぶん独自のやり方があった。そのシステムは、もし保存されているとすれば、カミの名前とか、『古事記』とか『万葉集』の中に、断片か痕跡として入っているだけだから、学術的に復元しないともうわからない。

漢字を当てる

橋爪　さてそこで、そうした日本に、漢字のシステムが入ってきた。

最初にやったことは、人名とか、地名とか、固有名を漢字で表記してみることだったと思う。漢字は、表音文字ではないのだけれど、いちおう音を表記できる。「獲加多支鹵（ワカタケル）」などと、刻んである鉄剣が二本、出土した。九州（熊本）と関東（埼玉）で、同じ名前が入っているのがみつかったのですね。

ワカタケルを、こういう漢字で、なぜ書けたのか。まず、漢字が書ける人がいないといけない。これはたぶん中国人です。

大澤　まちがいなくそうですね。

橋爪　つぎに、その中国人が、日本語の音を聴く。「ワカタケル」って聞くと、彼の頭の中は中国語の音でできているから、こんなかなと、漢字を適当に一字ずつ……

大澤　当てていくわけですね。

橋爪　当てていく。コカ・コーラ→「可口可楽」みたいな感じで、「獲加多支鹵」っていう五字の漢字にする。

この漢字を見せられたって、ワカタケル本人は読めません。でも、そう書いてあるんです。そうか、ならいいよ、ということで、ワカタケルの表記が決まる。そういうふうにして、日本人の名前の漢字表記が、始まったと思う。

漢字がどういうふうに最初に使われたかと考えてみると、固有名の表記です。地名、人名。それは中国人の都合でもある。中国人に説明するのに、音を字にするしかない。

大澤　奴国。「漢委奴国王」の奴国は、漢字で表記される前から「ナ」国だった、たぶん。

橋爪　そうでしょうね。

橋爪　ヒミコ（卑弥呼）とかイト（伊都）とかも、漢字に直して、表記されている。

王と、大王

橋爪　さて、つぎの問題。奴国のリーダーをなんと呼べばよいか。

「王」というものが、中国に観念としてあるでしょ。倭の奴の国王とあるわけだが、「王」なのか。偉いには違いないが。

大澤　うん、なるほど。

橋爪　もともと「キミ」と呼ばれていたとする。偉いから王ですねって、「王」の字を与えたとする。じゃあ、「キミ」は「王」なんだと、普通名の概念が漢字表記された。
　そうすると、もっと偉いのがいた。日本語では、オオキミだ。では、「大王」だ、とか。

大澤　なるほど。

橋爪　もともとキミとオオキミの関係は、中国のあり方とは関係ない秩序だったものが、漢字を用いることで、中国的な観念をまとって、素朴に表現される。素朴というのは、体系的じゃなく個別に、そのつど、呼び方を決めていくということです。
　そうやって概念がうまれ、再編成される。そのうち、漢字に触発されて、あべこべに新しいステータスを生み出す、なんていうこともできるようになる。そうやって、日本のシステムが二次創作されていく、という順序を踏んだんじゃないか。そのプロセスで、スメラミコトとかが出てきて、最後に「天皇」という漢字の表記で落ち着くと。

大澤　なるほど。それ、確実にそうだと思います。

カミを祀る

橋爪　まず、首長たちや王たちが、どういうふうに自分の権力を正当化していたかというと、「カミを祀っていた」というのが基本のスタイルだと思う。いまの言い方だと「カミを祀っていた」なんだけど、「カミ」が、当時の語彙だったかどうか、よくわからない。

大澤　なるほどね。

橋爪　この地域の人びとは、オオクニヌシノミコトとか、具体的な何かを祀っていた。それがカミかどうか、よくわからないでしょ。

オオクニヌシノミコトって、もともと漢字で「大国主命」だったわけじゃないでしょ。それをあとで漢字の「大国主命」にして、オオクニヌシノミコトは訓読みだということにした。このやり方のほうが、当然新しい。一字一字の当て字のほうが古いわけです。

大澤　なるほどね。その通りですね。

橋爪　こうしたオオクニヌシノミコトやらなにやらを拝んでいるのが、あちこちの首長だったとして、これを無理やり横並びにして、ここの首長はこのカミを拝み、ここの首長はこのカミを拝み、……と解釈したひとがいる。そして、「神」という字を持ってきて、これを表すことにした。

大澤　一般化したわけですね。

橋爪　「カミ」という概念があってそれに「神」の字を当てたのか、それとも、「神」を「カミ」と読むことにしたのか、どっちかわからないけれど、そういうよび方になった。

そして、神々（かみがみ）というものになった。

神と天

橋爪　この「神（かみ）」の字を持ち込んだところに、私は、大きな作為を感じるわけです。

大澤　「カミ」という語は、隅（すみ）の影の部分をクマとかいうときの「クマ」と同一語源だという説にぼくは説得力を感じていますが、いずれにせよ、「神」という字を持ち込んだところが大事だということですね。続きを話してください。

橋爪　どういう意味かというと、この「神」という字は、中国語ではランクが低いものなんです。日本では、カミ（神）以上の存在ってないでしょう。でも中国では、神というのは真ん中か、それよりちょっと下のランク。もっと上に「天」がある。

大澤　確かに。

橋爪　中国で皇帝は、天を祀るものであって、神は祀らない。

この原則は、孟子の時代にはもう確立していたから、日本に来た中国人はふつうにわきまえていたはずです。そういう、漢字を熟知した人びとが、日本人の信仰の対象に、「神」の字をあてた。「天」といわなかった。実際、天じゃなかったわけだし。

さて、天皇は、ローカルな首長たちがめいめいの神を祀っていたのに比べれば、ランクが高いが、でもやっぱり、神を祀っている。
　ここで、日本の政治権力と中国の政治権力とが、もう根本的に性格が違うっていうことが、表現されてしまう。

大澤　なるほど。

橋爪　天を祀るのと神を祀るのは、どこが違うか。
　天を祀る場合。天は先祖ではないし、そもそも人間でない。天をいくら祀っても、天がこちらに好意的であるとは限らない。統治者としてのパフォーマンスが悪いと、「天命」が別の誰かに下って、自分はクビになってしまう。「革命」が起きる。これが中国の、標準的な政治の理解の仕方です。
　さて、神を祀る場合。神が、氏神であれば、祀る人の祖先が祀られる神になるのであって、自然の紐帯(ちゅうたい)だから、断たれることがない。天皇家もアマテラスとか、その系統の神を祀っていて、それを祖先視しているんだとすると、神との関係は切れない。切れないのであれば、革命は起こらないから、万世一系になることができる。

大澤　うん、なるほど。

橋爪　藤原不比等はそういうことを考えたのかもしれない。

日本に天がない理由

大澤　なるほど。非常におもしろいですね。

いまの説明を聞くと、日本の特徴的な一面もよく見えるし、あと、ある種の疑問の核もうまく説明できますね。

「カミ」という言葉は恐らく日本にもともとあったんでしょうけど、それを中国語で解釈するときに、「神」という字が当てられたわけですね。「天」じゃなくて。そこがポイントであると。

もともと共通の祖先をもとにできている、宗族のような血縁的システムがあったとして、それらを超えた国家や帝国をつくるには、血縁的システムとは無関係な原理を必要とするわけですね。だから「天」を置いて、天との関係で皇帝になる。皇帝は皇帝でちゃんと姓を持っているし、それ自体宗族に属しているわけですけれども、彼や彼の宗族が、本来的に天とつながっているわけではない。つまり、由緒正しい家柄だから皇帝になっているわけではない。それとは別の原理、つまり天命によって皇帝になっている。だからこそ、すべての宗族の上に君臨することができる。血縁を超えた、中国でいちばんランクの高い概念が「天」なのです。

中国から来た人が日本を見ると、日本人が祀っているものはどう見ても「天」ではない。それは「神」だな。そう感じたと思うんですね。

するとと今度は、こういうことが問題になるな。

カミはそれぞれ、どこかの氏族と特別のつながりがあるわけです。先祖みたいに解釈される場合が多いんですけど、とにかく特別なつながりがある。たとえば、オオキミにとっては、アマテラスだろう。オオキミはやがて「天皇」と呼ばれ、名の中に「天」の字を含むのに、天とは何の関係もない。

そうすると、オオキミの神は、別にみんなの神ではないわけです。天はすべての氏族の上に君臨しますが、神は、特定の氏族と、「血縁」のようなかたちの自然な関係をはじめからもっている。オオキミの神とて変わりません。それなのにオオキミは、ほかよりランクが高くて、全体を統括する。この仕組みは、脆弱だとも言えますね。血縁的な共同性の原理を脱していない。

橋爪　世界中、どの社会のどの政治システムでも、大勢いる政治的リーダーの誰か一人が突出して、大王だとか皇帝だとか、異次元の存在だと主張するのは、とても難しい。

大澤　そうですね。

橋爪　その困難は、天皇も、諸外国の大王や皇帝も同じ。

旧約聖書をみてみると、政治的リーダーのことは、王という言い方しかなかった。キングの概念しかない。そこで、仕方がないから、キング・オブ・キングズ（王の中の王）という言い方で、超越的な、異次元の存在であることを表す。

キング・オブ・キングズって、ふた通りの意味があると思う。キングが大勢いる中で本物のキング（最上級）という意味と、大勢いるキングを束ねて統治するという意味と。

大澤　うん。メタレベルの。

橋爪　キング・オブ・キングズという言い方は、この困難を、言葉で表現しているわけです。キングという概念だけを用いて、キングを超える存在を表そうとしている。

征服によって認めさせる

橋爪　さて、言葉の上ではこうなんですけど、実際のところ、どうすればいいかと言うと、ひとつのやり方は、よそのキングをつぎつぎ征服して行けばいい。こっちの王様を捕まえて殺し、あっちの王様を捕まえて目をくり抜き、別な王様を捕まえて鎖でつないで、自分の食卓の残り物を食べさせる、みたいなことをつぎつぎやる。すると、この王様は特別だっていうことがみんなにわかる。これが、ひとつのやり方。

ではこれを、周囲の人びとが承認するかどうか。異民族と戦争をし、王たちをみんな倒して軍事的大成功を収めると、反対者は何にも言えなくなってしまう。で、次のステージに行くと思うんです。オレは皇帝だ、オレを拝め、みたいな新しいことも言い出す。

中国には、諸侯がいた。諸侯はみな、王だと称し、対等に争っていた。だんだん人数が絞られていった。秦の始皇帝も最初は、王だったじゃないですか。それが中国を統一したあと、皇帝になってしまう。これは彼の発明なわけです。

ローマ帝国にも、皇帝が存在しますね。中国の考え方と同じではないが、属国の王たちとは別格だという点が、共通している。

詫び状を入れさせる

橋爪　さて、日本の場合、あたりの人びとを異民族を征服するみたいに征服し、王をつぎつぎ倒して、目をくり抜いたり、鎖につないだり、みたいな手荒なことはやっていない。できなかったと思う。すると、自分が相対的に優位であることを相手に認めさせてきたという歴史の積み重ねを、文書にするのがせいぜい。それが『帝紀』と『旧辞』である。

大澤　『古事記』『日本書紀』が書かれたとき、基礎資料になった文献ですね。

橋爪　そのテキストの束は、何かというと、相手が入れた詫び状のようなものだと思うんです。不承不承でも、書かせる。大和朝廷の側には、オオクニヌシノミコトは国譲りをしました、みたいな書き付けが残っているけれど、出雲に行ってみると、あれは表向きで、実は国譲りしてません、みたいな伝承になっているかもしれない。

大澤　なるほど。

橋爪　表に出しにくいものなんですね。微妙な外交文書だから。

そこで改めて、『古事記』『日本書紀』を編纂する必要があった。そういう書き付けや口承伝承の束みたいなものでなく、すっきりしたストーリーに再編集して文書化してしまう。そこに出てくるさまざまな神々の、主宰者（の子孫）だと天皇を位置づける。そういう戦略の一段階だったのではないか。

とすると、日本には神々のパンテオンがあることになり、神々のパンテオンの主宰者（の子孫）だというかたちで、天皇の支配が安定する。

カエサルの逆説

大澤　なるほどね。まあ、現にそういうことが起きたのだから、それで納得するしかないのかもしれませんが、橋爪さんの説明がクリアだけになおのこと、社会学的には疑問が深くなってきますよね。

橋爪　疑問は深いですねえ。

大澤　僕らは結果を見ているので、あまり不思議に思わないですけど、キング・オブ・キングズになるってことは、本来とても困難なはずです。なぜみんなは唯一のキングの命令を聞くのか。いくら表向きに過ぎないと言っても、詫び状を出してしまったという形式が重要で、それは大和朝廷に従属したに等しい。なぜこの支配－服従関係が持続するのか。

シーザー（カエサル）についてはヘーゲルが、『歴史哲学』の中でこんなことを言っています。カエサルは共和政ローマの軍事的英雄で、終身独裁官の地位にあった。しかし、彼への権力の集中を恐れた仲間に裏切られ、殺されてしまう。このクーデターはカエサルを暗殺したという点で成功に見えますが、そのあと、話は逆に展開する。むしろ、ローマ市民のカエサルへの同情が強まる。そして、この暗殺をきっかけに動き出した過程を通じて、最後に、オクタヴィアヌスが皇帝になる。つまりローマ帝国が始まる。カエサル暗殺から一六年後です。カエサルは、固有名として死ぬことで、「カエサル（皇帝）」という一般的な概念として復活した。これをヘーゲル風に言うと、どうなるか。

実はカエサルに圧倒的に権力が集中している段階で、小さな都市国家仕様で始まった共和政というものはもう限界に達していて、客観的には、ローマはすでに帝政へと移行していた。けれども、人々は、そのことを自覚していなかったので、この移行はまだ潜在的です。カエサルを殺してしまって、人々は初めて、自分たちがすでに新しいシステムへと移行していたことに気づくわけです。オクタヴィアヌスが皇帝になれたのはこのためです。

このように、歴史は二段ロケットのようなかたちでのみ移行する。

僕は、中国でも同じようなことが起きたと思っています。カエサル暗殺に対応しているのが、秦。春秋戦国時代の非常に長い動乱を克服して、始皇帝が出現しました。このとき、中国では、ただの王を超えるものとして「皇帝」という語が発明された。でも、長い戦争を克服して中国を統一した秦はとても短命で、始皇帝の死後すぐに崩壊してしまう。秦の継続期間は一五年弱で、カエサル殺害からオクタヴィアヌス皇帝就任までの時間とほぼ同じです。そして、秦の崩壊のあと、ふたたび戦国時代に入るのではなく、今度は、漢という大帝国が何世紀も続くわけです。これにまさにヘーゲルの分析が当てはまる。秦が出てきたとき、すでに新しい政治システムである帝国への移行を終えていたのに、人々はそれに気づかず、秦を崩壊させてしまう。そのあと、人々は移行を主体化し、本格的な帝国が始まる。メタレベルの圧倒的な権力への移行は、こんなふうに実現したわけです。

橋爪 ふむふむ。

大澤 ところが、日本ではいつまでも、それに匹敵するメカニズムが働かなかった。キングを超えるメタレベルは、限りなくゼロに近いにもかかわらず、取りあえずはキング以上のものとして機能した。もちろん、日本のキング以上のキングは、ローマや中国の皇帝に比べて圧倒的に小規模で、だからこそ成り立ったのでしょうけれども。

5 なぜ日本人は、仏教を受け入れたのか

中心と周縁

橋爪　つぎに、日本と中国の関係を考えてみたいんです。

日本は、完全に孤立しているわけではなく、中国という大きな文明圏の近くにいます。そのことをいつも、意識している。

縄文時代には、その意識はなかった。弥生時代には、農耕の技術がそこから伝わったのだし、渡来人のコミュニティも目の前にあるので、意識していた。先方と文化の落差があったから、なお意識せざるをえない。憧れと言ってもいいかもしれない。警戒感と言ってもいいかもしれない。海の向こうにいいものがあり、それに追いつきたい、みたいな。

これは、大きな文明の周辺では、共通して起こることなんです。けれども、たとえばゲ

ルマン民族と日本人を比べてみると、ちょっと違うと思う。ゲルマン民族は、文明の中心に対して、もっと図々しくて、日本人のような微妙な感情を、あんまり持ってない。

大澤 この場合の中心はローマですか？

橋爪 ですね。彼らは、ローマにバカにされつつ、ローマ人の下働きをし、傭兵になったりしているうちに、しっかりローマ文化や軍事技術を学んで、ローマなんか大したことないと思うようになった。あちこちで暴れ回って、首都にも攻め込んだりしているでしょう。ローマがなくてもいい、という態度です。

日本はそれと同じか。日本は中国の軍人になったり、中国で暴れ回ったりしていないでしょう。文化や技術を学んでも、おとなしい。とても中国にはかなわないと。でも、北方にいた遊牧民には可能なことだった。

大澤 なるほど。日本と北方遊牧民の対比、おもしろいですね。

橋爪 ゲルマン人にあたる遊牧民が、中国の北側にいて、繰り返し中国に侵入し、中国に王朝を建てたりしている。南のベトナムは、そこまでやっていない。

大澤 そう言われれば、そうですね。

橋爪 ベトナムは、遊牧民ではないからですね。定着農民なのです。

朝鮮半島にもいろいろな国が興っているが、やはり中国に攻め込んだりはしていない。

大澤　そうですね。

橋爪　遊牧民みたいな凶暴なことは考えない。中国から見て彼らは周辺の、王なんです。じゃあ、日本は何かと言えば、倭の王なんだと思う。日本の自己認識では、倭でもないし、王でもない。でもその考えを、中国語で相手に伝えるわけにもいかなかった。

大澤　朝鮮半島が周辺の王（素直に従っている者）、日本がほとんど外部に近い辺境の王（みたいな者）、そして遊牧民が外部の凶暴な者（従わない者）、ということですね。

仏教を取り入れた背景

橋爪　さて、中国との交流が密になってきて、日本が体系的に取り入れたものが二つあった。仏教と、律令制です。どちらも日本のその後に、決定的に重要だったと思う。

それまでにも、稲作やなにかは、バラバラに入ってきてはいるのです。でも、中国と接触して五〇〇年ぐらい経ってから、仏教と律令制を取り入れた。これは、なぜなのか。

まず、仏教のほうから考えていきます。

大澤　仏教が入ったのは、聖徳太子直前ぐらいの段階ということになりますか。

橋爪　聖徳太子より六〇〇年ぐらい前に、伝わったことになっている。

でもそれは政府間交流の話ですから、信者や仏像はとっくにやって来ていたと思う。

大澤　直感的な印象として、だいぶ働き方が違いますよね、仏教と律令では。それを取り入れた理由とか、その効果は、かなり違う感じはします。

ただ、そのころ急に仏教や律令を、積極的に取り入れることにした背景には、大陸や朝鮮半島の情勢が変化してきたことを察したことによる危機意識があったと思うんです。

特に中国では、五胡十六国みたいな分裂状態のあと、隋が出現した。急に巨大帝国が登場したので、その実態を見極めたいと思ったのでは。とりわけ、対朝鮮半島政策は日本にもろに影響するので、それなりの危機感を抱かざるをえなかったのではないか。

橋爪　その昔、周恩来が、「四つの現代化」を唱えていました。

大澤　ありましたね。

橋爪　中国は遅れているから、現代化しなきゃいけない。日本の言い方だと、「近代化」ですね。それになぞらえて言うと、当時の日本は、「四つの古代化」が急務だった。

大澤　うん(笑)。

橋爪　日本はまだ、古代化が足りない。そこで精神文明も、政治も経済も、科学技術も、古代化しないといけない。

律令制は、政治の古代化じゃないですか。仏教は、精神文明と科学技術の古代化。仏教を宗教だと私たちは考えますけど、そうじゃなくて、建築、暦法、冶金(やきん)、漢字、衣料などのパッケージで、それをそっくり取り入れ、社会を改革しようとした。

大澤 なるほど。

橋爪 朝鮮半島は、ひと足先に改革して、とてもうまく行っているようにみえた。

朝鮮半島がひと足先んじた理由は、三つぐらいあると思う。ひとつは、日本より古代化がずっと進んでいたこと。日本よりも先進地域だった。二番目は、中国との距離が近かった。三番目は、神々にあたるものが、朝鮮半島になかった。朝鮮半島の氏族には、日本の氏神みたいなものがなくて、仏教を取り入れたとしても大きな問題はなかった。ま、三番目は、想像ですけど。

日本の場合には、カミとぶつかる部分があって、ためらいがあったんじゃないか。

中国・朝鮮で仏教が盛んなのは、わかるわけです。わかるけど、そちらに舵を切ると、いろいろ摩擦がありそうだ。TPPみたいで、よさそうだとは思うが、副作用が怖い。

大澤 なるほど。先ほど、カミたちがいる中で、「天」は端的に受け付けられなかったという話がありましたが、今度は、仏教とカミとの葛藤が問題になる。しかし、仏教の場合は、受け入れていったわけですね。

仏教は、普遍思想

橋爪　仏教って、簡単に言えば、普遍思想です。インターナショナル。日本の固有文化など無視している。インドでも中国でも朝鮮でも、仏教は仏教なのですから。日本には、こんな普遍思想がやってきたことがない。

大澤　普通は、普遍思想は、キング・オブ・キングズやエンペラーが、キングたちの上に君臨するときに、ローカルな信仰とは独立に、それらを超越するものとして、たとえば法のシステムみたいなものとセットにして出てくるわけですが、日本の場合はそれ抜きで、キング・オブ・キングズらしきものが出てきたわけです。そこに仏教という普遍思想が入ってくると、確かに複雑な問題ですよね。

橋爪　キング・オブ・キングズにしては、その前提である、文字がまずない。

大澤　確かに。

橋爪　法令だって、文字化されていたのかどうか、怪しい。

大澤　橋爪さんの説明で、ちょっとなるほどと再認識したのは、われわれはふつう、仏教というと、宗教か、あるいは哲学とまず考えますけど、その当時はもっと広くて、プラクティカルな技術なんかも含める総合的な知として、考えるべきだということですよね。

橋爪　はい。

大澤　そうすると、仏教は普遍思想としてはリスクがある反面、プラクティカルな技術としては、十分魅力的なわけじゃないですか。

橋爪　はい。とっても魅力的。

大澤　とすると、取り入れざるをえない？

橋爪　と思うんですね。でも、副作用がどれぐらいあるのか、予測がつかなかった。

仏教のもたらす矛盾

橋爪　そうして、日本人の深い精神分裂が、ここで始まったと思うんです。

世界標準の普遍思想で行きますって覚悟して、建築とか、仏像とか、経典とかにかなりの資源を投入した。国家予算も使った。農業の余剰は、古墳の築造に浪費したりするのはやめて、仏教に投資することになった。これはもう後戻りがきかない。

ところが、自分たちはウジ（氏）という集団をつくっていて、そのウジ連合のトップに天皇みたいなのがいて、その統治をいろどるエピソードは、カミガミがどうしたという話なのです。このカミガミは、ローカルな伝承の塊だから、仏教とは何の関係もない。

そうすると、精神世界はぱっくりふたつに分かれてしまう。

農業って、主にカミガミが関与しているじゃないですか。仏教は、農業と直接関係ないんですね。たまには行基みたいな人が出てきて、溜め池を造ってくれたりするが。

大澤　そういう人がいますね。

橋爪　勧進聖（かんじんひじり）になって活動をするのですが、それはふつうの農民と、仏教とのギャップがとても大きいということです。で、政府もほかの誰も、そのギャップを埋められない。

大澤　うーん。なるほどね。

橋爪　一部のわけ知りの貴族や、渡来系の人びとを除けば、ふつうの人びとには仏教はまったく理解できなかった。素粒子物理学ぐらい、理解できなかったんじゃないのかな。

大澤　まあ、そうでしょうね。今でも仏教は、素粒子物理学なみに難しいですが。

　おっしゃるように、日本人の中には分裂感覚がありますよね。一方では、普遍思想がすばらしいということはわかっているし、それに自分たちも従っているんだけれど、でも、他方では、なかなか腑に落ちるようなかたちで心底から自分のものにはならず、普遍思想がよそよそしく感じる。こういう二重性が、続いていると思うんですね。その決定的分裂が最初に出てくるのが、仏教を取り入れたとき。

橋爪　はい。

大澤　はっきり言って、日本人はもともと、そんなに普遍思想を必要としていなかった。大陸で帝国ができるときには、やむにやまれぬ必要性があって、普遍思想が出てくる。その場合も実は二重性があるのですが、社会の階層構造の中に組み込まれていて、その矛盾は出てこない。つまり、ほんとの意味で普遍思想をわがものにして、それを必要としているのは、その社会のエリート、中国で言えば、官僚層とその予備軍となる人びとです。

これに対して、一般の人びと、普通の農民は、そんなことよくわからないけれども、たいして支障はない。このように、大陸の帝国にも二重性はあった。いずれにしても帝国という包摂的な政治システムを維持するのに内在的な必要性があって、普遍思想が獲得されていくんです。

日本の場合、普遍思想に対して、それほど強い必要性が感じられてなかったと思う。取りあえず、列島の内側はなんとかうまくやっている。

それでも字が読めた

橋爪　ヨーロッパと比較すると、ゲルマン人がキリスト教に改宗したのと、似ていると思う。でも、いくつか違いがある。

キリスト教に改宗したゲルマン人は、キリスト教を理解したかと言えば、理解しなかった。文字も読めなかった。聖書はラテン語で書いてあったが、ラテン語はわからない。

キリスト教が古代文明のパッケージだったかと言えば、建築技術とか、冶金技術とか、とくにすぐ入ってきたわけじゃない。当時のヨーロッパは、東アジアより、もっと遅れていたかもしれない。

大澤　それはそうでしょうね。

橋爪　日本の場合、文字が入ってきた。仏教の経典はみな、漢字で書いてあって、中国語訳なんです。で、勉強して、これをずっと読んでいる。ヨーロッパの無学な神父や司祭たちとは違い、日本の僧侶は、いちおう字が読めて、経典を勉強する。経典を読める僧侶がいる、何百という寺があった。

さて、仏教のポイントは、経典が日本語訳されなかったということです。なぜ日本語訳されなかったかと考えてみると、日本語を書こうにも、書字体系が、存在しなかった。文字は、中国語を表現するための、漢字しかない。漢字を学ぶには中国語を勉強して、経典を読み、意味を学習する以外にないので、訳すことができなかった。

でも、読めば意味はわかった。ヨーロッパのゲルマン人のキリスト教徒は、テキストをみても意味がわからなかった。

大澤　ゲルマン人と日本人の対比は、思考を触発しますね。

ゲルマン人はキリスト教化しても、キリスト教の教義や考え方を十分理解したとは思えないし、そもそも聖書も読めなかった。そういう意味ではキリスト教は、疎遠なものだった。ずっと後になって、カトリックが定着し、プロテスタントも出てくるころには、ようやく、それをどこまで完全に内面化したかということが問題になった。

ヨーロッパの場合、と言うか、ゲルマン人の場合には、キリスト教というものが、自分たちの外に超越的なものとしてあるということと、それを内面化するということと、その両極の間を振れるところに、ドラマが生まれていると感じます。

橋爪　はいはい。

拒絶しつつ受容する

大澤　まずカトリックの段階。一般の平信徒にとって、キリスト教は、ある意味ものすごく、疎遠なものだった。聖書は読めないし、万が一読めても、勝手に解釈することは禁じられていた。つまり、聖書の疎遠性のようなものは意図的に強められていた。ベネディクト・アンダーソン（アメリカの政治学者。著書に『想像の共同体』など）は、なぜギリシャ語ではなくラテン語が聖なる言語になったのかと疑問を出し、その理由は、ギリシャ語は東ヨーロッパの多くの地域で実際に使われる生きた俗語だったからだと言っています。つまりわざと誰の母語でもないことばが選ばれているんですね。それに対して、宗教改革は、その聖書、つまり神のことばを内面化する、ということが最大の目標になります。俗語訳の聖書が出て、ラテン語を読めない普通の人が聖書を読めるようになる。このように、ヨーロッパでは、疎遠性というか外部性と、内面性とが両極端に揺れます。

日本の場合は両極に揺れず、中間にとどまるところに特徴がある。

昔、ある論文で、外来の普遍思想に対する日本の態度を「拒絶的受容」という語で表現したことがあるのですが、受け入れているのか、拒絶しているのか、わからないみたいな状態になるのですね。

極端な例は、お経ですね。中国語（漢訳）のお経をそのままにして、音として聞いているんだけど、それで何かわかったような、わかってないような。いや、ほぼわかってない。わからないものとして受け入れているわけです。拒絶においてい受容する、と言いたくなる状態になる。

橋爪　それは現在でも、そうかもしれない。

大澤　もっと一般的な現象としては、文字の使い方に拒絶的受容を認めることができます。日本は、自分で文字を発明しなかったので、漢字を導入し、さらにそれをカスタマイズして二つのかなを作った。日本語では、三つの文字、漢字、ひらがな、カタカナはきっちりと使い分けられています。漢字かな交じり文については、後でまた話題になりますが、今ここで関係があることとだけ言うと、この文字システムは、外来語と土着のやまとことばとの区別が永遠に消えないようにできていること。

伝統的には、外来語は漢字で表記され、土着のことば（と見なされる語）はひらがなで（も）表記される。もともと外来語はほとんど中国由来ですから、そのまま漢字を使うのは当たり前と思うかもしれませんが、明治になって、西洋の語を翻訳するときにも、必ず音読みの漢字にします。造語してでも、そうする。わざわざ翻訳してでも導入する必要のある外来語というのは、たいてい、抽象的な普遍概念で、それらは、結局、音読みの漢字で表記される。それに対して、本来の日本語とされたものはひらがな表記が可能で、漢字をあてれば訓読みになる。

でも、不思議ですよね。最初は外来の思想や語彙のはずが、長年の間に、自分のものなのか他人のものなのか、わからないぐらい自分のものになっていく。これがふつうのプロセスです。キリスト教だって、西ヨーロッパにとっては、外来のシステムだったのが、気がついてみれば、すっかり内面化され、本来的なものになっている。

ところが、日本の場合は、どんなに時間が経っても、究極的には内面化されないというシステムを、いまだに使っているみたいな状況ですよね。

橋爪　はい。でもそれは、なぜなのだろうか。

大澤　そうですね。それが重要ですね。

精神世界の二重化

橋爪　日本にはもともと、日本語という言語があった。無文字時代に、神道は、日本人の精神世界を映しだすものとして、仏教とも中国とも無関係に、存在していた。それは仏教が入ってきても、なくならなかった。素朴で身近な精神世界は、ふつうの日本語で表現し、それはカミガミのいる世界だった。いっぽう、それと無関係な、抽象語の中国語で表される仏教の世界があって、それはそれで存在した。

両方存在すると決めたんだから、頭の中に、外国語でもうひとつ別な世界ができた。これを譬えれば、英語と日本語と、どんな関係があるかって言われても、困るでしょ。

大澤　そうですね。ただ、ふつうは、言葉としては別でも、英語で言っていることは日本語ではこうです、みたいに統合していくんですけれども。

橋爪　さんざん翻訳の練習を繰り返せば、それができるようになる。

大澤　日本の場合、この翻訳自体が、もう微妙で、中途半端な感じがするんですね。中途半端というのは、完全な翻訳はできない、日本語の中に完全に統合しきれない、という含みが、翻訳そのものの中にあるんですね。例えば、ソサイエティを社会って訳すじゃないですか。「社会」は、例によって、明治初期の造語です。やはり漢字に訳されるわけですが、それだけではなく、訳語は、ほとんど漢字二字なんですよ。

橋爪　はい。

大澤　どうして訳語は二字になるのかな、と思うのです。「社」も「会」もどちらも「(人の)集まり」を意味しているので、ほんとうはどちらか一つだけでも、意味はあまり変わらないのです。でも、なぜか、ほぼ同じ意味の漢字を重ねる。同じ意味の漢字を連ねた音読み漢字の語彙はとても多い。「存在」とか「超越」とか「差異」とか。

二つの漢字が重なるのは、僕の仮説ですが「ちょっと違うな」という違和感があるからです。「ソサイエティ」に「社」を当てると、「ちょっと違うな」と感じる。「会」でも、「ちょっと違うな」と思う。だから、苦肉の策として、「社会」にした。それでも、ほんとうはまだ「ちょっと違う」けれども、なんとか「ソサイエティ」に肉薄しようとしたぞ、これで我慢してくれ。こんな感覚が込められると、同語反復的な二字漢字の語彙になる。

この「ちょっと違うな」の感覚は、別の角度から見れば、一種の拒絶です。「ソサイエティ」は、日本語の体系の中に完全には入り込めないぞ、というような。日本語の場合、翻訳というプロセスの中にさえ、微妙な拒絶感みたいなものが、染み透っている。その理由が知りたいですよね。なぜそうなってしまうのか。

橋爪　はいはい。

大澤　それは、取り入れなければいけなかった普遍思想や法の観念を、ほんとうの意味で日本社会は必要としていなかったからだと、思うんですね。わざわざ輸入するわけだから、半分は必要としていたんでしょうけれど、ありがた迷惑でもある。

橋爪　表音文字なら、外来語を入れないことができるんです。自国語を表音文字で表記すれば終わり。英語にソサイエティっていう言葉があろうと、入れなくてもいい。だって自国語に、それにあたる言葉があるから。ソサイエティは世の中ですって、対応をつければすむ。わざわざ変な翻訳語をつくらなくても。

漢字は意味をもちこむ

橋爪　だけど、漢字が入ってくると、その漢字でしか表現できない意味がくっついたまま、文字として入ってくるわけです。その文字を使わざるをえず、それとともにもうどうしようもなく、その概念も入れてしまっているわけです。日本語のほかにもうひとつ、外国語の意味が入ってきたことになって、追い出す方法がない。追い出す方法がないので、内在化しないといけない。で、訓読みを発明するのだが、音読みは残るわけです。

これは、表意文字だから起こることだと思う。

こういう経験をしているのは、日本と朝鮮とベトナムぐらいなんです。あとまあ、チベットとモンゴルもそうかも。で、ベトナムと朝鮮は、漢字表記をやめてしまったでしょう。語彙に漢字の熟語が残っているけど、忘れる方向にある。
日本は、漢字をやめることを、考えたことがない。
大澤　ひところ、ローマ字化とか、そういう動きがありましたね。
橋爪　証券会社の社長がその昔、プリンターはカタカナしか打てないから、全部、カタカナにすべきだみたいなことを言ったこともある。あれは妄言で、日本全体が真剣にそんなことを考えたことはない。なぜかと言うと、漢字は深く入り込みすぎている。それに、同音異義語があまりに多いので、漢字を追い出したら、意味が通じなくなってしまう。
大澤　漢字を使ったので、同音異義語が増えたのですね。
橋爪　日本の表音システムが貧弱だから、発音し分けられていた漢字の読みが、みな同音になってしまった。もともと漢字は一字一音で、同音異義語が少なくできているものです。

6 なぜ日本は、律令制を受け入れたのか

朝鮮半島の地政学

橋爪　さて、日本でもうひとつ、とても大事な選択は、中国の政治システム（律令制）を取り入れたことです。

よく考えてみると、日本の政治システムと中国の政治システムは、違う。どこが違うかというと、中国の政治システムは、皇帝をトップにしている。日本では、天皇をトップにしている。天皇はもともと、カミガミの祭司という位置づけです。もしも天皇が、中国の皇帝にあたるのなら、中国的な正統性をもった君主ということになります。中国的な正統性とは何かと言えば、政治のパフォーマンスを問われるということです。これは、仏教と神道の二重性よりも、もっと困難な問題を含んでいます。

なぜ、今までも政府があってやって来られたのに、わざわざ中国化したのか。それは、軍隊を整備するため。税金を取るため。中国との戦争に備えるためだと思う。

その少し前に、百済（くだら）を支援して、唐と新羅の連合軍と戦い、コテンパンにやられたのです。これが、強い危機感を生んだ。

地政学から言って日本は、朝鮮半島が敵対する勢力に占領された場合、首根っこを押さえられたかたちになって、自国の防衛がむずかしくなる。そこで予防のため、朝鮮半島で軍事行動を起こすというのが、昔から、日本の習性なのです。日清戦争、日露戦争は、同じ危機感で戦われている。

中国軍は強い

橋爪　さて、中国の軍隊なんですけれど、農民を動員して、兵士にするというシステムをとっている。中世のヨーロッパでは考えられないやり方です。これは、正規軍で、政府が税金を原資にし、武器や兵糧も供給して、官僚制的な軍隊を組織するのです。かなり強力で、遊牧民の侵入を撃退できる。そんな中国の軍隊が、本気で攻めて来たら、日本軍はひとたまりもない。そのことを、朝鮮半島の戦いで思い知らされたわけですね。
わが国がこれに対抗しようとすると、中国の真似をして、農民を徴用した正規軍を組織しなければいけない。その人数は一〇万人では足りないだろう。少なくとも数十万人。その全員に、鉄製の甲冑と刀や槍を供給し、訓練をし、兵糧を用意し、というのは、大変な出費だが、それをやらなければと思った。これが律令制を取り入れた理由だろう。
　政治システムを中国化することで、中国の軍事的圧力をはねのけようとしたのです。

大澤　なるほど。

橋爪　日本史の研究者は、でも、あまりこう言ってくれない。

大澤　でも、それはまったく正しいと思いますね。明治維新のときも、外国と戦えばひとたまりもないだろう、実際、血気盛んな藩がちょっと外国軍と戦えば相手はすさまじく強そう、といった危機感から、一挙にいろんな制度改革が起きた。それと同じです。朝鮮半島でちょっとだけ軍事行動を起こしてみると、まるで歯が立たないということがわかった。白村江（はくすきのえ）の戦いで、コテンパンにやられた。それで、中国の制度を取り入れることで、正規軍と財政的基盤を整えようとした。それが律令制の導入だったというわけですね。

天の観念を輸入できるか

大澤　ただ、そこで当時の日本政府（大和朝廷）はそれなりに苦労したような気がしますね。というのは、中国的正統性を持った政府をつくるとは、究極的には、君主が天命を受けるということでしょ。その前提があって、農民に対して、税を納めろ、兵士になれ、と言える。でも、この天の観念が日本になじまない。それがないとすると、どうするのか。

日本には昔から出挙（すいこ）の仕組みがある。政府が（ときには私人が）農民に稲を貸すわけです。そして、返すときには、三割とか五割とか、かなり高い利子がつく。農民の観点からは、最初に貸し与えられる稲は恐らく、カミからの贈与みたいなものです。そのカミに対する負い目があるから、返さなくちゃいけない。それが出挙である。不等価交換に見えますけれども、本人とすれば当然の負い目を埋め合わせているだけです。そういう、再分配のシステムが成り立っていた。

それに相当する、強烈な負い目の感覚を、しかも大規模に持たせるために、中国の場合は天の観念があって、天に対して、みんな、負い目を持ってる。

橋爪　なるほどね。

大澤　講談社から翻訳が出ている、フランシス・フクヤマ（アメリカの政治学者）の『政治の起源』という本がありますね。その本の最も重要な主張は、まともな民主主義の政治が成り立つためには、三つの条件がある、ということです。三つの条件とは、国家と、法の支配と、アカウンタビリティ（説明責任）です。ちょっと今風の言い方にすぎる気がしますが、民主主義の場合、政治的指導者は民衆に対してアカウンタビリティを持つんですね。

で、中国ではどうか。中国の統治者には、民衆へのアカウンタビリティなど必要だとされてはいません。それなのに、どうして、彼らから税を徴収したり、彼らを兵士として駆り出すことができたのか。中国の政治担当者は、普通とは逆方向のアカウンタビリティを、つまり官僚制システムの上位者に対して説明責任を負っているんですね。その究極のトップが、天ですから、結局、皇帝に、天に対するアカウンタビリティが求められている。天は、皇帝の政治のパフォーマンスがいいかどうか、みています。天災が続いたりすると、どうも天は怒っているらしいということになる。ほんとは民衆が怒っているんだけど、仕組みとしては、民衆の怒りは、天を媒介にしなきゃいけない。皇帝が、天へのアカウンタビリティを果たしていると見える限りで、民衆は、皇帝に従い、税や兵役に応ずるわけです。

さて、こういう、天という観念があるおかげで成功しているシステムを、日本に導入するにあたって、天の部分だけはなしにしましょうみたいなことが可能なのか。これがその後の、律令制の困難を決定的にしている。

カミと天

橋爪　日本の律令の官制に、神祇官（じんぎかん）というのがあるじゃないですか。それが、天の代わりなんですね。だけど、天皇の下にあって、神々について世話をする役職なんて、中国の政治システムからみれば、非律令的です。

話を本来の律令制に戻してみましょう。

これは、中国の政治制度で、儒教のシステムです。この儒教のシステムには、まず、官僚がいる。皇帝だけでは政治はできないので、皇帝の配下が必要なんです。配下の官僚は皇帝に対する服従義務がある。これは、それなりに厳格。それから、一般民衆は官僚ではないのだが、納税義務がある。労務を提供する義務もある。軍務も含まれるかもしれない。これらがシステムの根幹で、これらを阻害する要因があってはならないのです。

阻害する要因は、何かと言うと、第一に貴族。第二に、皇帝の親族・姻族。第三に、地主。第四に、特権商人など。第五に、官僚の天敵として、宦官（かんがん）がいる。宦官は後宮で育つ皇帝の幼なじみだから、これを排除するのは、なかなか困難です。そこで宦官には片目をつぶり、残りは政治の場から、徹底して排除していく。そうしたカテゴリーの人びとは、皇帝への服従義務を拒否する可能性があるからです。

果たして律令制か

橋爪　さて、律令制のもとで、何があってはならないかと言うと、私有地があってはならない。貴族がいてはならない。非正規軍がいてはならない。非正規の軍隊って、武士みたいな存在です。

日本のその後の歴史は、律令制のはずが、私有地を生み、貴族を生み、武士を生んでいくんだけれども、奇妙なことなのです。中国ではこれはありえない。

組織図の上では律令制を取り入れたんだけど、本質において取り入れ損なっているという点が、日本の歴史を理解するうえで大事です。

大澤　そうですね。律令制を取り入れ、律令制をなんとか維持しようとするはずが、逆に律令制を裏切るようなプロセスが続いている。

例えば、公地公民で、口分田を与えてみたけど、だんだんうまくいかなくなるので、三世一身の法が出てきたり、墾田永年私財法が出てきたり。律令制を少しでもうまく動かすために、反律令的なものを認めなきゃいけない、みたいになっていくんですね。

結果的に、日本では、律令制を裏切ったものは、律令制そのものであるような展開になっている。律令制の自己否定のプロセスがこれからどんどん始まっていく。

律令制の不思議

大澤　律令制が、ここまで機能障害になっていながら、いちおう維持されているのが、不思議と言えば不思議です。

中国の皇帝のほうが、うまく行っているときは、うまく行っているんですよね。でも、ダメになるときははっきり排除されて、別の皇帝、別の王朝が出てくる。

日本の天皇制は、ほとんど始終うまく行っていないのに(笑)、一度も交代しないような、奇妙な展開になっている。

橋爪 日本の天皇は、中国の皇帝と違って、統治の正統性を説明する義務がないのです。中国の統治者は、説明責任がないと言うけれど、私に言わせると、十分説明責任を果たしている部分がある。それは何かと言うと、皇帝が、前の皇帝の実子であるということ。

大澤 ああ、なるほど。

橋爪 それを証明しないとダメ。なぜなら、皇帝は、血縁で世襲される約束だから。

中国は父系社会なので、父系の血縁をきちんと継承していることを、物理的に証明する。奥さんたちのいる場所を高い塀で囲んで、牢屋みたいに閉じ込め、鍵を皇帝が管理する。奥さんのほかに、二番目や、三番目や、大勢の奥さんみたいな女性を集めて、同じところに閉じ込めておく。そうすると、誰かが妊娠したら、皇帝の実子であることが明らかだから、中国の人びと全員が納得する。こういうシステムなわけです。

奥さんを閉じ込めておかないと、皇帝は正統性が証明できない。これは中国の歴史を通じて、ずっとそうじゃない？　これは、儒教の本質のひとつですね。

大澤　なるほどね。

橋爪　そうすると、塀で囲んだ刑務所みたいな場所（後宮）には、女のひとしかいないということになり、何かと不便なので、男の人も入れるようにする。そこで、宦官という存在が必要になった。

大澤　絶対に大丈夫。去勢した男性ですから。

橋爪　宦官は、中国だけじゃなくて、ユーラシア大陸の父系社会の王宮では、ほぼ共通に存在する。この、王様（統治者）の血統証明は、グローバルスタンダードなんですね。

これが、律令制を受け入れた日本には、入っていない。

大澤　日本人は逆に宦官がいる方を特殊だと思っているくらいです。

血統証明が不要

橋爪　日本では、奥さんを、塀で囲まないんですね。離れみたいな建物に住まわせて、誰でも来ようと思えば来られる。

大澤　しょっちゅう不倫して（笑）。

橋爪　そう。それでも天皇に対する、信頼が揺るがない。

大澤　それが不思議なところですよね。この当時は、「氏（うじ）」のシステムで、あとで「家（イエ）」のシステムになります。イエだと、養子でも全然問題ないんですよね。で、直感的に言うと、中国の皇帝は、天命を受けているわけだから、同一性が持続していることを、ちゃんと確認しなくちゃいけないんですよ。儒教では、男系を通じて、厳密に父から子へ移動していかなくちゃいけない。そうやって、天命を引き続き受けているのだと、証明できる。

日本の場合はそんなこと、問題じゃなくて、いつも次の後継者を問題にしていくだけ。後継者について、決定の原理はあいまいで、それでも後継されていく。

中国の皇帝は、どんどん代わるんだけど、そこに一本の鋼鉄の線があって、あるとき、天命が切れるところで、それが、バシンと切られちゃう。日本の天皇制の場合、各代ごとの間に、リンクをひとつずつつないでいく感じです。全体を貫く一本の線はないのですが、いちおう、リンクを通じてつながっているので、結果的には万世一系だ、みたいなことになる。けれども、気にしているのは一個ずつのリンクだけなんですね。中国の王朝の歴代皇帝の間に、一本の鋼鉄の線があるかのように見えるのは、皇帝が天命を受けているからですが、日本の天皇については、そんなこと誰も気にしていない。時間を通じて続く持続的アイデンティティに対する感覚に、日中間でかなりの違いがありますね。

第二部　なかほどの日本

7 なぜ日本には、貴族なるものが存在するのか

貴族とはどういうものか

大澤 日本史で、平安時代は貴族の時代とかいって、貴族がいるのが当たり前みたいに思っていますけど、考えてみると、中国には貴族がいない。と、ここまで言うと言い過ぎかもしれませんが、少なくともたいした存在感はない。とすれば、貴族の存在を自明視せず、それが出てくる理由を考えなくてはいけない。

律令制を取り入れたものの、うまく行かなくなったことのひとつの表れとして、貴族が出てきたという気がするんです。

橋爪 じゃあ、まず、貴族の定義ですね。

貴族とは、土地所有者である。土地を相続する。これがまず、必要条件です。

でも、これだけだと、地主と区別がない。

大澤　そうですね。

橋爪　貴族は必ず土地を所有しているが、地主以上のものである。貴族は、領主なのです。

地主が所有地を小作に出したり、農民を雇ったりするのと、領主とは、どこが違うかというと、統治権があって、裁判権があって、地主とは質の違う排他的な占有権がある。

ではこれで、貴族の条件として十分かというと、まだ不足だと思う。これだけだと、豪族になってしまう。日本の歴史でも、律令制の前に、豪族って出てくるじゃないですか。豪族は、血縁的な原理、たぶん部族制か、氏族（血縁集団）をベースにしている団体で、リーダーがいる。そのリーダーがある地域を支配していて、農民を従えている。収穫を収奪し、再配分している。税金のようなものを取り、それを原資に、社会インフラを整備したり、安全を保障したりしている。まあ、ミニ政府ですね。ほかの豪族と対立していて、中央政府からも独立。これが日本の歴史の初期段階で、しばらく続いた。

中央政府のポスト

橋爪　こういう豪族が各地にいるまま、中央政府が整備されていった。はじめ政府は、豪族の連合体だったかもしれないが、中央政府との上下関係がだんだんはっきりしていく。中央政府のポストに就くようにもなる。ポストに就くことが、そのグループの勢力を強化するみたいになってね。日本でいう貴族は、こうしたものじゃないかと思うわけです。

大澤 なるほど。土地所有者であって、領主であることに加えて、中央政府にポストをもつことからくる威信が加わって、貴族と見なされるわけですね。貴族って、どの段階から貴族なんでしょうかね。

橋爪 「貴族」は、歴史学者が明治時代に言い出した名称ではないか。それまでは、「公家」だった。そもそもはどう呼ばれていたか。

公家政治と武家政治を区別することは、それなりに古くて、北畠親房(きたばたけちかふさ)の『神皇正統記(じんのうしょうとうき)』の考えでもある。

日本のこうしたあり方を、ほかの文明と比べてみると、まず中国には、貴族はいないな。ただその昔、貴族のようなものがいたことはいた。そして、中央政府の官僚と、犬猿の仲だった。その貴族たちが弾圧された。唐の時代だと思う。それまで貴族たちは、皇帝より古くて立派な家柄だなどと、威張っていた。

中国に、地主はいつでもいます。でも、貴族は、儒教の考えと合わないので、歴史の途中で消えてしまった。

大澤　家柄を自慢する貴族など、儒教とか、「皇帝」という観念とは相性が悪い。

ヨーロッパの貴族

橋爪　私たちがすぐ頭に思い浮かべるのは、ヨーロッパの貴族だと思う。

ヨーロッパの貴族は、ゲルマン民族起源である。ゲルマン民族は部族制で、部族のリーダーが王になった。領域支配を行なって、このあたり一帯は、何なに族のものだとした。ところが当時は、領域支配といっても大した統治技術がないので、辺境が生まれてしまう。そこで部下に、そのあたり一帯を支配する権限を与える。領主になるのか、王の代理人なのかわからないけど、侯爵（マルク）などになった。もとは、任命されているんです。

大澤　いちおうね。

橋爪　で、貴族の特徴は、一度任命されると、その地位が世襲されること。一代限りの男爵だとか、騎士みたいなものもありますが、有力な貴族は世襲である。そうすると、貴族は「身分」になる。そういう一群の人びとが、存在することになる。

ある人をポストに任命しても、子どもは関係ない、というのが官僚制です。でも貴族制は、それとちょっと違っていて、子どもが親の地位と財産を継承する。王も口を挟めない。こういうのがヨーロッパにあって、これが貴族の典型的なあり方なのです。

大澤　そうですよね。それの翻訳ですからね。

律令制と貴族

大澤　問題は日本ですね。まず、そもそも律令制がなければ、日本で貴族は育ちにくかっただろうと思います。でも、律令制がほんとにうまく行っていたら、やっぱり貴族はいなかったんじゃないか。律令制が不完全であったからこそ生まれてきた、徒花（あだばな）みたいなものである。

貴族はまず、土地を持ってなきゃダメなんですけれども、加えて、ハクがつかないとだめ。それが、律令制の中で、官位を与えられたりすることである。官職が世襲できたりするとなおいい。それに、律令制の官位を与えられることが、実は、土地を所有できる根拠にもなっている。土地は、全部、公田になっていて、地主を排除しているわけです。それを、律令制の特権を使ってかいくぐらなければ、土地を所有することはできない。特権にあやかろうと、貴族に土地を寄進する者も出てくる。公地公民制がかえって、貴族の私的な土地所有の追い風になっている、という逆説ですね。

こうやって、土地を集積して、権力をたくわえた貴族を、「権門」というようになった。律令制のなかで、独特のオーラを放つ存在になった。律令制の機能に支えられつつ、律令制を骨抜きにしてもいる、奇妙なものなのです。

律令制の規制をかいくぐるもうひとつの方法は、農地を新しく開墾することですね。でも、横槍が入らないように、中央の貴族と結んで進める。そうしているうちに、排他的な経営のテリトリーである、荘園が形成されていく。

このように、律令制が半分、いや二〇％ぐらいしか機能しないところに、生まれてきたのが貴族だと思うんです。

貴族はなぜ武士でないか

橋爪　まさにそこがポイントですね。

その先を考えたいのだが、もう少しだけヨーロッパのことを確認しておきましょう。日本は、貴族制から武家政治になるでしょう。つまり、貴族と武士とは、違った実体として存在してるんだけれど、ヨーロッパに、こういう現象はないんです。

ヨーロッパでは、貴族は、出現したそのはじめから、自己武装している。貴族が自己武装しているので、軍事のプロを雇う必要がない。ゆえに、武士階級が存在しないのです。ずっと時代が下ってから、ヨーロッパに傭兵が出現しますが、それまでは自己武装の時代なんですね。自己武装して、自力救済で所有地を防衛するのが原則なのです。

とは言え、実力で誰かに、土地を奪われる可能性があるので、それを防ぐために、封建契約を結んで、集団を形成する。安全保障のネットワークだから、集団的自衛権ですね。

大澤　なるほど。

橋爪　こういう論理で力の均衡を実現するから、それなりに安定した秩序ができる。ということは、中央政府の力がとても小さくてよい。あるのかないのか、わからないくらい。これがヨーロッパの封建制と貴族制の、プロトタイプ（原型）だと思うわけです。

で、中央政府が弱いので、侯爵とかいった貴族の身分が、自立化して、自動的に土地の相続、地位の継承が行なわれる。中央政府は手が出せないわけです。

これを補助線にすると、日本の貴族はいったい貴族なのか、という疑問が出てくる。

大澤　おもしろい問題設定ですね。

橋爪　なぜならば、彼らは、自己武装していない。それから、爵位にあたる身分を世襲しているわけでもない。だいたい、爵位にあたるものがない。正何位、従何位などといいますが、そうした位階システムは官僚のランキングであって、原則を言うなら、天皇がそのつど与えるもの。自動的には手に入らない。

そこで、貴族にあたる人びとがとった対抗措置は、なるべく中央政府の権限を名目化して、自分たちの勢力を強化すること。特定のファミリーがほぼ自動的に、地位と権力を継承して行けるようにはかる。摂関家などと称したり。けれどもその継承は、やっぱり保証されない。もともと彼らの地位も権力も、中央政府に帰属していたものだから、その占有は困難である。ヨーロッパとは別のタイプの権力なのです。

大澤 日本の貴族もどきは、中央政府からおおむね独立の権力や地位をもつのに、中央政府との関係を完全には断つことができない、この中途半端さが特徴ですね。

家産官僚でもない

橋爪 こういう貴族のあり方は、マックス・ウェーバー（ドイツの社会学者。著書に『職業としての学問』など）のいう、家産官僚制なのだろうか。

ふつう行政官僚は、給与を与えられる。現物であることもあるし、金銭であることもある。ゆえに君主は、行政官僚に、言うことを聞かせやすい。いっぽう家産官僚は、給与の代わりに、土地などの生活手段を与えられる。彼らは、土地を実質支配してしまうので、君主からの独立性が高くなる。いちいち君主の言うことを聞かなくていい。その土地を相続することができれば、貴族のような身分になる。

日本の貴族は、土地を君主から与えられるよりも、荘園を誰かから寄進される場合が多い。土地所有の実態が、中央政府に起源をもっていない。この点で、家産官僚と異なる。

武士は逆に、土地を永代の所領とみなしているが、そもそも中央政府の官僚なわけではない。いずれにせよ、日本の土地所有者は、家産官僚のあり方からはずれている。

大澤　そうですね。ウェーバーの『支配の社会学』の大分類で、伝統的官僚制と封建的身分制とが、伝統的支配の二大類型なのでした。家産官僚はその中間的。なるほどね。

日本の貴族は、土地への支配権の由来を考えると、家産官僚よりも中央政府への依存度が小さく、武士はそれよりもさらに中央政府から独立している、というわけですね。それにしても、中央政府、つまり朝廷との関係がどんどん希薄になるのに、ゼロにはならず、関係が断たれるまでにはいかないところが不思議ですね。

それから、おっしゃるように、ヨーロッパは、確かに中央政府の弱さが特徴です。少しは強くなったなというのには、絶対王政を待たなければならない。ヨーロッパの人びとは、広大な空間に及ぶ中央集権的権力をつくるのは、苦手なんですね。いまのEUと中国のまとまりを比べてみると、それがわかる。

土地を支配するということ

大澤　日本も、中国ほどには広域的な中央集権的権力を作るのは得意ではない。ただ、その原因は、やっぱりヨーロッパとは違う。さて、日本のいわゆる貴族は土地を所有しますよね。で、国家にも領土がある。貴族や国家の、経済的基盤がすごく気になります。

土地を所有したり支配したりすれば、税を取ったり、再配分システムを機能させなければならない。でも、実際には、税を取るのはむずかしい。農民がそんなに唯々諾々と税を払ったりするわけではない。その税をどうやって取るのか。あるいは取り損なうのか。

律令制だってそうです。公地公民にすると言っても、誰がどの土地を持っているのか、口で言うのは簡単ですけど、実際に把握するのは、そう簡単ではない。だんだん墾田永年私財法とかの抜け道が出てきて、律令制にはないはずの所有地が増加する。そこから税を、どうやって誰が取るのか。誰が土地を実効支配して、そこからあがる収益をどうやって領主のもとに運ぶのか、運ばないのか、そういう実態を念頭に置きたいのです。

日本の貴族の多くは、実際にその所有地に住まないですね。ヨーロッパの貴族が所領に住み、税を取るのと比べて、所有地との関係が間接的であいまいです。後の話ですが、武士が出てくる余地も、こういうところにある。

所領に住むか住まないか

橋爪　はい。大事なポイントです。

ヨーロッパの貴族は原則として、自分の所有地に住むわけです。居城を建てて。

大澤　その通りですね。

橋爪　ならば、税金を取るのも比較的容易。居城があるから、防衛も容易。

ところが、日本の貴族は、京都に住んでいる。中央政府の所在地で、政府首脳や行政官をつとめるのが、彼らの仕事です。

地方にいる貴族も、よく探せば、いないことはない。国司になって地元の有力者と姻戚関係になって、そこにずっと住んでいる。それは、かなりランクの低い場合です。

いわゆる貴族はほぼ、京都にいて、その所領は全国に散らばっている。そうすると、管理や運搬の問題があるわけです。

大澤　そうですね。

橋爪　現地にサービス（反対給付）をするとか言っても、実際にはなにもできないわけですよ。その点で、ヨーロッパや中国と、かなり違っている。

ふつう貴族は、所領で暮らすものなんです。昔の中国の貴族も、そうだったはずだ。首都にいる貴族を宮廷貴族といって、フランスが典型的です。これは、貴族たちが王にやっつけられ、家来になって、宮廷に集められたのですね。それでも、自分の所領があって、そこを支配しているという原則的な関係は維持されている。

日本ははじめから宮廷貴族で、宮廷貴族のほかに貴族がいない点が、特徴的です。

荘園はネコババか

橋爪　もうひとつ、日本では、公地公民といって、中央政府が究極的な土地の所有権者であって、実態にかかわらず上級所有権を持っているというフィクションが、ずっと有効だったということ。その土地が、口分田として、実際に農民に配分されたのか、多分に疑いの余地があるんだけれども、貴族を含めて、みながこの観念に縛られていた。こういうことは、ヨーロッパにも、中国にも全然ない。中国では、土地公有の実質がなくなれば、法律も変わってしまう。日本ではなぜかこの観念が残っているのです。

それなのになぜ、貴族は土地を所有しているのか。

貴族の土地所有の起源を考えてみると、最初は政府にもらったのです。中央政府で重要なポストに就く。そのポストの報酬として、一代限りで土地を与えられる。それがいろんな理屈を付けて、だんだん世襲化されていく。さらに、免税特権も与えられる。

貴族に免税特権が与えられると、一般の土地所有者は、納税を免れるために、有力者に、土地を名目上寄進すると大きな利益が生まれることになる。そこで、なだれ現象が起こって、気がついたら、国中の土地はあらかた、中央の有力者のものになってしまった。この、免税特権を持った元公有地（まあ私有地）の塊が、荘園じゃないかと思うんです。

荘園って、ひと口で言うけど、ヨーロッパにはない。ヨーロッパの封建貴族の所領とは違うと思う。中国にもないし、世界的にも珍しい存在なのじゃないか。

大澤　おもしろいですね。

まず、日本の貴族は京都にいますね。これは貴族が、なぜ偉く見えていたかということと関係がある。

考えてみたら、日本の貴族って、何も大したことしてないんですよね。

ヨーロッパなら、貴族は即、軍事力で、所領を防衛し、代わりに税を取るという構造になっている。日本の貴族は、自分は何もしないので、国司か何かに任命されたら——たまには自分で行く人もいるでしょうけど——誰か国司代とかを派遣してすませる場合が多い。京都にいて、宮廷に出入りし、そこにポジションをもっていることが、彼らに高貴な匂いを与えているんですね。地方に出てしまったら何もならない。

そうすると、実際に土地の所有者になったとして、自分は行けないので、誰か別の人に所領での管理の仕事をさせなくちゃいけない。そうすると、土地からの上納も何段階にもなって、最後にどれだけ自分のところに入ってくるのか、わからなくなる。そういうジレンマがあるわけです。

荘園の利害打算

大澤　それから、荘園の問題ですけど、おもしろいなと思って。まず建前上、土地は基本は公有だということが、かなり強いフィクションとして利いている点が、だいじです。実態はほとんどないはずです。でも出発点に公田という設定があり、免税特権の厚みを増していくことで私有地性のレヴェルを高めていくというゲームみたいなものになっている。

橋爪　公地公民と宣言した時点で、土地の所有関係はリセットされた。それ以降は、特権（例外）としてしか、土地の所有が認められなくなった。そこで、その特権を求めて、日本中の土地所有者たちの「貴族詣で」が始まった。公地公民は、貴族にとって、濡れ手で粟の大儲けの機会だったと思うのです。

大澤　土地として存在しないよりは、公田として認められたほうがいいんだけど、そのあと、免税特権とかによって例外化することで、私有地に変えていく。私有が、公有という前提に対する例外だった、というところがおもしろいですね。私有の方が多いのに。

農地で農耕する生産者がいて、その上に負名（ふみょう）（作物の貢納を請け負う人）がいて管理していて、在地の領主層がいる。彼らはその土地を、誰の荘園ということにしたら得なのか、作戦を練ったと思うのです。

いずれにしても、土地が基本的には国家に帰属するというフィクションがあって、それ

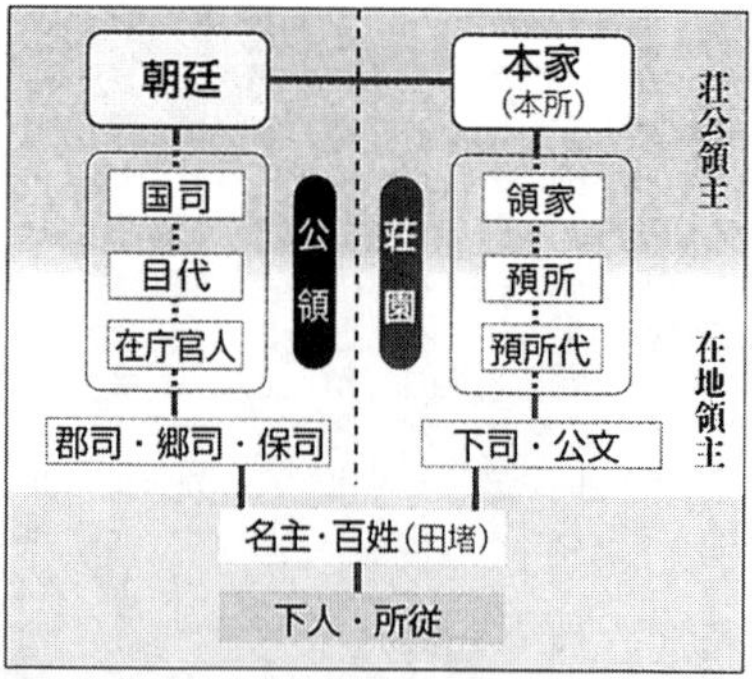

荘園公領制には搾取が積み重なる

が実態とかけ離れているにもかかわらず、それを前提にしながら、そこから逃れる土地をつくっていくみたいな流れが、日本の中世の初期に強烈に働いていたと感じます。

荘園公領制って、そういうことですね。荘園にしても、公領にしても、本当は同じぐらいのステップの搾取が積み重なっている。結局、どちらになるかは、利害打算で決まるのでしょうね。

荘園になるのは何の意味があるかというと、公権力がそこに入ってこないためのバリアですよね。そうして、京都にいる本所に最終的には所属することになっているとすると、本所も実際には現地にやってこないので、中間の代理人の階層にちょっとずつ上納するようなかたちになる。京都の本所にまで連なる大規模なみかじめ料みたいなものです。

農民のメリット

橋爪 農民の都合や利益も、あったのではないか。

公地公民だと、租庸調など、納税の義務があるだけじゃなくて、それを運搬する義務もあったりするじゃないですか。土木工事の役務を提供したりという義務もある。これは農民には、かなりの負担だったと思うんです。

もしも自分のムラがどこかの荘園になったとすると、免税特権があるので、そういう公租の負担を逃れることができる。農民には嬉しい話なんです。でも公租の代わりに、今度は貴族に、上納分を支払わなければならない。新しい労務負担もあるかもしれない。

貴族は、どこまで収奪できるか。公地公民だった場合の農民の負担を上限とし、それより少なければ、農民も我慢するから、そこまでは取れる。収穫の運搬は、運送屋さんみたいなプロが来て、農民の代わりに運ぶので、荘園領主が手配する。でもその運送料を払えと、農民は言われるかもしれない。人件費やら何やらで、かなりの額になる。結論から言うと、公地公民の場合に比べて、そう楽にはならない。でも、農民にもメリットがあったはずで、さもなければ、荘園がどんどん拡大することはなかったと思う。

国家財政の窮乏

橋爪　さて、荘園が拡大していくと、国家財政は窮迫していくと思う。ほとんど歳入がなくなるわけだから。

大澤　本来すべて公有地だったにもかかわらず、ですね。

橋爪　その代わり、中央政府の幹部職員はすべて貴族化し、すべて荘園を持ち、すべて自分の個人収入を持っているので、彼らは、政府から給料をもらう必要がない。

給料を度外視しても中央政府の業務に従事するのは、まず、人事を握って、自分たちの荘園を脅かす人びとが政権に入り込まないようにするため。そして、天皇の一族を操って、自分たちの権力をつぎの世代に再生産するため。つまり、貴族の政権は全体として、荘園を所有する人びとの利害の圧力団体みたいなものになる。

ということは、政府のパフォーマンスが、軍事的パフォーマンスを含めて、ほぼゼロになっていくということです。インフラストラクチャー（運輸交通）を維持する能力も、ほぼゼロになっていく。政府は形骸化し、機能しなくなっていくのです。

大澤　貴族が中央政府に籍をおこうとするのは、中央政府内での社会関係がある種の影響力を持つからでしょうけれど、武力も持たず、給料も払えないほどの中央政府になお微弱な影響力があるのは不思議なことですね。

橋爪　こうも中央政府が空洞化したのは、戦争の可能性を考えなくてよかったからです。

朝鮮半島の状勢や、中国と戦争する可能性をどれぐらい真剣に見積もればよかったか。白村江の戦いからだいぶ経って、どうやら戦争はなさそうだということになり、平安京がつくられた。平安京は、瀬戸内海からの侵入が容易で、奈良に比べ、軍事的に首都には向いていないんです。そこに都を置くと決めた時点で、もう戦争はないと確信したと思う。

そういう安全保障のゆるみが、荘園制のひとつの背景になっている。

大澤　大陸や朝鮮半島が軍事的脅威でなくなっただけではなく、日本列島内部の反乱、とりわけ畿内の反乱の恐れがまったくと言ってよいほどなくなっているということがわかりますね。

教会領と封建領主

橋爪　もうひとつ、ヨーロッパと似ているのは、ヨーロッパには教会領というのがある。

大澤　はい。

橋爪　封建制の発展につれ、教会もたくさんの所領を取得して、教会領がかなりの割合になる。でも、よく考えると、不思議なところがあって、教会は武装してないでしょ。

大澤　そうですね。

橋爪　封建領主は武装していて、武力のパワーバランスを保っているんだろうけど、教会はなぜ武力がないのに、封建領主の所領に交じって、存在できるんだろう。

私が思うに、封建所領の弱点は、相続なのです。相続が安定して行なわれないと、封建所領は分解してしまう。相続を正当化するには、結婚が正当でないといけない。それを決めるのは、教会の権限なんです。なぜなら、結婚を秘蹟だと、カトリック教会が決めている。教会に断りなく子どもが生まれても相続権がない。そこで教会に挨拶しないといけない。教会領を横取りした封建領主なんて、仕返しに嫌がらせをされて、ロクな末路がない。こういう、バーチャルパワーによって教会領は守られているんじゃないか。

大澤　なるほど。第二次大戦中に、スターリンがチャーチルに「ローマ教皇は何個師団もっているのか」と尋ねたという有名な逸話があります。この逸話の真偽はわかりませんが、軍隊をもたないローマ教皇が所領をもったり、権力を行使できたり、ということがたいへん不思議に感じられた、ということを示す話です。

教会は死なない

橋爪　二番目は、教会は法人だから、死なないということ。そこで教会には、相続の問題がない。だいたい誰も結婚しないのだし、子どももいないし。そこで、教会領は永続するので、封建所領よりもパワフルである。

三番目に、教会は独身主義だから、封建貴族の余った子どもを修道院あたりに放り込んでしまうことができる。それが不幸せな人生かというと、案外、逆転ホームランみたいなこともある。ちっこい所領を相続するよりも、もっと大きい教会領を管理する立場になるかもしれない。教会のヒエラルキーを上昇して、枢機卿になったり、大きな権力をふるえるかもしれない。それなら、追い払われる子どもが不運とは言えない。こういう不思議な共存の構造になっているんじゃないか。

大澤　なるほどね。法人については、エルンスト・カントーロヴィチ（ドイツ生まれの歴史学者）が『王の二つの身体』の中で、「産みの苦しみ」のようなことを論じています。王国や封建領主領だって法人になればいいじゃないかと思いたくなりますが、すべての被造物ははかなく、有限の時間の中にしかないという観念が壁になって、西洋では、今でいう法人なるものは容易には認められなかった。ただキリストの身体であるところの教会だけは、法人以前の法人、あるいは最初の法人でありえた、というのです。

橋爪　なるほど。イスラムではいまでも、法人なんかないことになっている。

寺社領の不思議

橋爪　日本にも寺社領というのがあって、教会領とまあ似ているわけだが、本当に並行しているのかどうか。余分な男の子を放り込んでしまうという機能が、とてもよく似ている。あと、寺社の特徴として、本山／末寺という関係があって、本山はだいたい京都の近辺にある。そこで、末寺から本山に向かって、物流のフローが生じてくる。これはヨーロッパにはないかもしれない。ヨーロッパは、物流はローマに向かうんだけど、みんなローマに憧れてるとは限らない。

さて、並行していないところはどこかと言うと、仏教では、結婚は秘蹟ではない。仏教は、結婚の効力に口を出さない。それなのに、寺社領を封建領主が横取りしないのはなぜかという、疑問が起こる。

よくわからないが、仏罰という、バーチャルパワーの効果なのかもしれない。もうひとつの可能性は、寺社が自己武装しているせいかもしれない。寺社には、僧兵がいる。これは、教会領にはない現象である。あと、寺社は中央政府に影響力をもっているから、地方の貴族もうっかり手を出せない。

大澤　そうですね。

橋爪　これらの合わせ技になっているのかもしれない。

寺社領か公家領か

大澤　中世初期の日本人にとって、自分の土地を寄進して荘園にしようという場合、都の貴族に寄進するか、寺社に寄進するか、恐らく、まったく等価な選択肢に見えていたと思いますね。西洋の教会領と封建領主とでは、質的に違う選択肢なのでしょうが、寺社か、それとも貴族か、そのような差がなかったのではないでしょうか。

寺社が武装したのがいつなのか、わかりませんが、結構早い段階からだと思う。ほんとうは貴族よりも寺社のほうが寄進するなら安全、という感覚もあったかもしれません。

橋爪　いい点としては、荘園のお土産を付けて息子を寺に送り込むでしょ。そうすると、本山で出世することができる。貴族に寄進しても、貴族の一族には入り込めない。下級の現地の代官みたいなものになれるだけだ。

大澤　なるほど。結局、土地がどんどん荘園化されてくる。すると、律令国家の中で地位を得ても、それで給料がもらえるというより、そのポジションの役得みたいなものが、実質的な収入になってきますね。逆に言うと、中央政府は、荘園にどんどん取られていくので、自分のための税を徴収する場所がなくなってくる。政府は荘園整理令とかを、何回も出すのですけど、荘園をなくして公地公田に戻すというより、既に荘園化しているものを法的に追認するようなことになっていますね。

中央政府の空洞化

大澤　もうひとつ疑問に思うことは、中央政府に籍をおく貴族たちは、自分たちの荘園を通じて、どこまで全国を実効支配していたのか、ということです。時代が下れば下るほど、中央の貴族に残されている権限は小さくなって、人事権か任命権だけはあるけれど、実際の管理の多くは在地の人に任せますみたいになっていく。中央にいるだけの貴族には、所領で何が起きているかもわからない。どのくらいの土地があるかも、ほんとうのところはよくわからないときもあったのではないでしょうか。権力の実効的な源泉が、下へ下へと降りていく傾向があったように思います。権力の源泉が上へと昇る傾向がある中国とは逆ですね。

橋爪　そこで貴族制と天皇との関係が、興味深いのです。なぜ、まったく権限のない天皇や、中央政府をこの際なしにして、ヨーロッパみたいなほんとうの封建制にならなかったのだろう。いつまで経っても、律令制の外見はそのまま残って、中央政府のパフォーマンスはほぼゼロ。それで、人事だけやっているわけです。

大澤　大きな謎ですね。

橋爪　これは中国でも、世界中でも、ないやり方だと思う。

大澤　そうですね。中国だったら、そこまで実権がなければすぐ革命が起きて、王朝交代。

橋爪　藤原氏がクーデターを起こし、藤原王朝を始めるというのが、中国人ならまず考えることですね。

大澤　そうですね。後に、武家政権が出てきた際も、天皇を排する革命にはならないわけですから、ましてこの段階では、天皇を追い出すクーデターはまったく起きない。

クーデターが起きない理由

橋爪　不思議ですよね。何か理由を、考えつきますか?

大澤　不思議ですよね。当事者の意識では、自分が天皇を排除したり、敵にまわしたりすると、自分のライバルや政敵が天皇やその関係者をかつぐことになり、自分が劣勢になるから、ということでしょうけれど、こういう意識をもつのも、誰もが、無力なはずの天皇の権威を認めてしまっていることが前提ですから、この前提の部分が説明されないとならない。

橋爪　うむ。ひとつの可能性は、アルカイック(古代的)な、古い心的メカニズムが働いているのかもしれない。

大澤　なるほど。

橋爪　統治権力の源泉を探っていくと、天皇なんですけど、さらに源泉をさかのぼって行くと、カミなんです。カミに本来、統治権があるという考え方なんです。

キリスト教と比べてみます。キリスト教も、Ｇｏｄに本来、統治権がある。そして、神の子イエス・キリストにも本来、統治権があるんです。

ところがイエスは、王にならないで、死刑になった。そして復活し、天に昇ってしまった。やがて再臨したときには、今度こそ王として、千年王国を統治するなどと信じられているわけですけど、再臨するまでの期間、人間が、王を務める。その人間の王は、Ｇｏｄと無関係でいい。こういうやり方なんですね。

王になりたい人間は大勢いるから、王は何人もいる。なかにはどうしようもない王もいるわけですが、この王はまあＯＫだと、教会が個別に認定する。王にならなかった領主は、貴族になっているわけです。王はほんとに限られた何人かで、全員を王にするわけにはいかない。教会は何人かを王とし、あとはほっておる。そういうシステムなのです。

天皇の統治権

橋爪　これがヨーロッパの封建制だとすると、日本の場合、天皇という、統治権力を持っているひとが、目の前にいるわけです。なぜ彼が統治権力をもっているのか。その証明はいちおう、完了している。『古事記』『日本書紀』の編集はすんでいますから。編集がすんだということは、奈良時代以降、天皇の統治権力はイデオロギー的にも議論の余地がないことになっている。おまけに、律令制とも結びついているわけだから、鬼に金棒。これと無関係に、自分が日本国の統治権者です、って誰かが言い出すのはとても困難だった。

ひとつの可能性として、中国のやり方がある。中国では、統治権者は、神と関係ないんです。神の代わりに、天と関係がある。天と皇帝は、血縁関係がないから、天は、皇帝を取り換えることができる。カミは天皇を取り換えることができないでしょう。だから、日本が中国化すれば、天皇を追っ払うことができるんだけど、これはなかなか困難だと思ったんじゃないか。

大澤　なるほどね。人間の観念とか、イデオロギーって、自分でつくっているようで、簡単に、自由自在につくれるものでもないので、社会学的に見ると、かなり必然性がないと生まれてこないんですね。

で、初期状態の天皇制を見てみると、人類学的にみてきわめて一般的に見られる、ふつうの氏族社会、部族社会なんかと近いと思うのです、スタートとしては。そこにも、カリスマをもつ首長の権力というのはあり、ときにそのカリスマ性が先祖とか血縁とか神々とかトーテムとかといった意匠をまといますが、いずれにせよそれが及ぶ領域や時間が限られていて、そんなに大きくはなく、むしろ、その拡大をはばむようなメカニズムが社会の側に備わっている。そういう社会がさらに大規模な国家や帝国になっていくときに、もとの氏族・部族的な社会に、プラスアルファのメカニズムが明らかに追加されるんですね。

橋爪　はい。

大澤　そのプラスアルファが、文明によって個性がある。

ヨーロッパのケースはかなりユニークなケースです。キリスト教会と王権が、相互に牽制したり、相互に強化しあったりしている。

もっとわかりやすいのは、中国のケースです。氏族や親族と完全に独立な、普遍的な原理として天がある。その天との、ある種の肯定的な関係を前提にして、皇帝が支配するので、皇帝は、氏族や親族を超えた権力になっていく。中国のイデオロギーは、天の部分と、親族の結束と、両方とも正当化しなくちゃいけない。儒教がその両方を巧みに正当化し、バランスさせる役割を担っている。

「空気」の支配

大澤　さて、日本をみると、氏族や部族のレヴェルの神話があって、それを、体系化する。まあ、大した体系化じゃないですけども、物語化して、『古事記』や『日本書紀』みたいなものになった。ふつうは、この権力がさらにもう一段階、脱皮するときに、そういう部族的神話を相対化したり、編集したりして、もうひとつのメタレベルのイデオロギーが出てくる。それとの関係で旧勢力が否定されたり、新しい権力が出てきたりするんですけども、日本は、それが出てこなかったんですね。

日本列島は、中国に比べればずいぶん狭いけれども、氏族や部族の論理で支配するには大きいんですよ。でも、部族や氏族の神話を超えるイデオロギーは、生まれてこない。

何かやっぱり新しい権力をつくろうとすると、レジティマシー（統治の正統性）が問題になる。天皇とカミとの関係を考えると、日本では天皇とカミってほぼ連続なんですよね。

橋爪　はい。

大澤　天皇とカミとが別々にいれば、おまえはカミから見捨てられたとか言って、天皇を打倒することができます。しかし、天皇とカミがつながっているとそれができない。天皇を否定することは、カミごと捨てることになる。カミごと捨てるには、もっと上位の普遍性を持った宗教なり、理念なり、法なりが必要ですが、それがまったくない。そういう状況だったからこそ、日本は「古代化」を進めなければならなかった、ということでしょうが、ここまで話してきたように、その「古代化」は、そのオリジンの中国のモデルをずいぶんと歪めるかたちで進行した。

ただ、日本列島がおおむね統一的な権力のもとに覆われたと言えるようになるのは、武家政権が出てきてから後で、武家とともに登場してくるメカニズムを考慮しないと、なぜ列島が支配されていたかを説明することはできませんが、これはまた後の話です。今の段階までだと、部族や氏族を超える支配自体が、再びメタレベルで再帰的に反復されるというようなちょっと奇妙なことが起きて、天皇を中心においた支配が可能になっている、ということになるかと思う。

あるいは、こんなふうに言ってもいいかも。評論家の山本七平さんが昔、「日本教」と言いましたよね。日本教の根幹は、「空気」の支配ということだと思います。一神教の立場から見ると、「空気」の支配というのは偶像崇拝そのもので、見ようによっては、唯一神というのは、人が「空気」に支配されることを防ぐ社会的な装置なのですが、日本の場合は、現在に至るまでずっと、「空気」の支配を全面的に肯定してきたのですね。

「空気」というのは、同じ空間に相互に見えるようなかたちで一緒にいる者たちを支配するもので、だから、具体的にどんな内容をもつかということについては、まったく一般性がないわけです。法のような一般性をもたない。それで、私が思うことは、天皇制というのは、状況ごとに埋められる具体的な内容を抜きにした、形式にまでなってしまった「空気」の支配なのではないか、ということです。天皇は、「空気」の支配の象徴のようなもので、日本人が「空気」に依拠する限りは、絶対に否定できないのではないか、と。

ちょっと話を戻すと、先ほど、橋爪さんが『古事記』『日本書紀』の編集について話されていたことがおもしろそうです。少し説明していただけますか。

『古事記』『日本書紀』の戦略

橋爪　『古事記』『日本書紀』は、氏族や部族の段階の神話を残しているが、そんなにプリミティブなものなのか。

白川静さん（漢文学者。著書に『中国古代の文化』など）の本を読んでいたら、面白そうなことが書いてありました。漢字の起源を、金石文（金属や石材に刻まれた文章）のなかに探る仕事です。中原のあたりに文明が興って、いくつかの部族が対立するのですね。夏や殷の時代でしょう。当時、天が祀られていたが、山や河や四方の風や自然現象も、神々だと信仰されていた。飢饉や災害が起こると、神々が怒っているのだと、犠牲を献げる。牛や犬と一緒に、羌族の人びとを献げたと記録がある。羌族は、対立していた部族で、彼らを捕らえて首をはね、胴体と首を別々の穴に埋めるのです。残りの部族は、祭儀を共通にして、連携を強めていった。のちに一体化して、漢民族になったと白川さんは推測します。

大澤　羌族を神々に捧げることで、他の諸部族が一体化したのですね。

橋爪　相手を捕まえて首をはねたのでは、一緒に祭祀ができないでしょう。徹底的な争いの果てに、羌族は逐われて、山間僻地に逃げ込んで、少数民族になった。

中国にも、それぞれの氏族や部族の神々を祀っていた段階があるのですね。これを参考にすると、日本はどうみえるか。

第一に、隣の部族の人間を捕まえて、首をはねたりしていない。神を祀るのに、人間を殺さないのです。これなら、氏族や部族の神信仰同士が、深刻な対立にならない。

第二に、隣の部族の神社を破壊していないと思う。出雲にはちゃんと出雲大社が残っている。これは、政治的に服属することと引き換えに、これまでの神信仰を続けていいと保障する、取引のようなやり方だったろう。支配する側は、服属する側に、自分たちの神を祀る神社を建てる、ぐらいはしたかもしれない。

こうしたやり方の結果、神々の混在状態が生まれます。各部族が伝える神々の伝承がばらばらでも、中央政府が機能するならよい、というあいまいな態勢だった。

けれども文字が普及すると、伝承のばらばらさが露呈してしまうので、中央政府は、神々の伝承を統一して文書化することにした。これが『日本書紀』と『古事記』です。

ポイントは、中央政府だけが文書を作成して、ほかの人びとには作らせなかったこと。そして、アマテラスを神々の中心とし、その子孫が天皇だとしたこと。さらに、各地で神々を祀っている現状を、変更しなくてよいとし、承認したこと。以上だと思う。

大澤　なるほどね。どのあたりがプリミティブでないのでしょう。

橋爪　それなりによく、編集してあると思うのですね。まず、文字で書いてある点が、実に進んでいる。中身は無文字時代の伝承にさかのぼるというが、創作もかなり混じっている。

アマテラスの孫がニニギノミコトで高千穂に降り、その三代後が神武天皇で、カミと人間が連続している。この構成が、大きな意味をもった。

中国では、天と神は別々の存在で、人間（統治者）は天と血縁関係がない。複数の部族が政府をつくるときには、うまいやり方です。日本の場合は、アマテラスから神武天皇、神武天皇からいまの天皇まで、系譜がたどれる。これは、すごいアイデアなんです。これを、中国人とは独立に考えた。

これと似ているのは、旧約聖書ですね。Ｇｏｄがアダムをつくり、以下、血縁がノア、アブラハム、などを伝わって、ユダ族のダビデ王に至る。ダビデの子孫は南王国で王位にありましたが、バビロン捕囚を境にわからなくなってしまう。ユダヤ教は、この系譜的一貫性があるために、強い凝集力をもてるのです。

『古事記』『日本書紀』も、日本社会に、同じような効果を果たすことになったと思う。けっこうプリミティブな社会の現状を前提に、巧妙な編集をしたものです。その明瞭な問題意識は、決してプリミティブではない。

贈与と税

大澤　関連して、日本中世史を専門とする桜井英治さんが『贈与の歴史学』で書いていたことを思い出しました。そのポイントは、税は、贈与の一バージョンが発展したものだ、というのです。今の橋爪さんの話は、それ自体はプリミティブな神話や神々の伝承のようなものが、文字を使いながら編集していくところに、プリミティブなものを超えるメカニズムがあるという話でしたが、これと似て、プリミティブな贈与が、いわば編集されて税になっている、ということです。

例えば租庸調の租とか、調とかは、もとをただせば、カミ様への初穂みたいなものだった。これだけ見れば、世界中のシンプルな社会にある超自然的な存在への贈与です。その延長として、各地の贈与を束ね編集していくことで税化されたものが、租や調になる、というような論理なんです。ただ、日本の特徴は、カミ様の取り分が非常に少ないこと。カミ様は、このぐらいで満足してくれるの、みたいな。

天皇権力を支えるイデオロギーがあるわけですけど、その中核にある課題は、農耕にたずさわる各地の生産者たちが、どれだけ積極的に天皇に対して贈与することを受け入れるかにある。その度合いで、権力の強さは決まるんですね。

ところが、天皇の権力は、非常に弱い。末端に行くと、万有引力が距離の二乗に反比例するみたいな感じで、権力が弱まってしまう。近畿地方だけを見ても、税を徴収するのに十分な、レジティマシーの根拠や、神の理念のようなものを、生み出すことができなかった。でも、それに取って代わるものも生まれなかった。

そういう矛盾のでてくるジレンマの隙間に、武家の勢力も入り込んだんだと思います。

橋爪 いや、おもしろいな。

大澤 税を集めるにしても、誰かが運ばなくちゃいけないですから。そこが、また難しい。運ぶ人を信用できるわけじゃないので(笑)、運んでいるのか、盗んでいるのか、微妙です。網野善彦さんが論じた悪党とかも、その多くは、そういう運び屋さんですものね。ちゃんと運べば運送業者ですけど、勝手に自分の取り分を取ったりする。

権力は、特に距離をどうやって乗り越えていくかが、難しい。だから宮廷にいた貴族は、不思議なのです。何もしていないのに、取り分だけはあるという。

橋爪 裏を返せば、なんでそんな連中にいちおう従うのか、それがもう不思議なところです。

大澤 なんか日本全体が暴力団みたいな気がしてくるね(笑)。

橋爪 でも比較的、暴利は少なかったということではないでしょうかね。

8 なぜ日本には、源氏物語が存在するのか

漢字と仮名

大澤　まず日本の文字のことを、ちょっと話しましょう。非常に重要な問題なので。

橋爪　はい。

大澤　なぜこういう、奇妙な文字のシステムができたのか。

漢字が入ってきて、万葉仮名みたいなものを経て、二種類の仮名をつくった。現在でもわれわれは、漢字を含めた三つの文字のシステムを使っているわけですけれども、考えてみると、これは、かなり複雑なシステムなんですね。ここは平仮名がちょうどいいとか、ここは漢字とか、直感的に使い分けながら、やっている。その使い分けに、微妙な意味合いがある。

もうひとつ、識字率がとても高い。間違いなくヨーロッパなんかよりもずっと高かった。前近代の識字率の推定は難しいのですが、江戸後期の識字率は五〇〜六〇％ではないかと言っている専門家もいます。これは前近代としては非常に高い。

疑問のポイントのひとつは、なぜ仮名に二種類あるのか、ということ。そして、これがほんとうは一番知りたい疑問ですが、なぜ一〇〇〇年も前に、日本には、女性のすぐれた作家が現れ、傑作を著したのか。女性の文学は仮名の文字と関係していますから。前近代に女性のすぐれた書き手がいるということは、世界的にも珍しいことだと思います。さらに付け加えておけば、日本でも、女性のすぐれた文学はせいぜい一四世紀までで、室町時代以降は、女性の文学はあまりふるいません。

万葉仮名

橋爪　漢字のほかに、平仮名、片仮名の二種類があるのだが、万葉仮名も入れると、三種類あるわけですね。

大澤　はい。

橋爪　万葉仮名は、漢字そのものなんだけど、用法が仮名なんです。

大澤　そうですね。

橋爪　この、万葉仮名について考えましょう。
まず、誰でも知っていることですが、漢字は表意文字であって、表音文字ではない。漢字ははじめ、象形文字だった。象形文字は図像性がある。それがだんだん、表意文字になった。表意文字は、ただの図像ではなく、規約性があって、意味と結びついている。占いのために骨や亀の甲に刻んだ段階では、図像か文字か、よくわからなかった。それが、口頭言語を記録できるようになれば、文字だと思う。春秋時代までにもう、表意文字ができていて、その字体を統一するよう、秦の始皇帝が努力した。
漢字はもともと、口頭言語が複数あるところに、「言語を統一する代わりに、文字を統一する」目的で登場した。このことは、『おどろきの中国』（講談社現代新書）でも議論しました。そこで、同じ文字に対して、発音が地方ごとにいく通りもある。
大澤　はい、そうでしたね。
橋爪　さて日本は、この文字をワンセット、輸入した。文字がなかったからです。輸入した日本人は、文字（漢字）には意味があるな、そして音があるな、と思った。文字はテキストとして輸入されたから、中国語を文字表記するものだな、とも思った。
これが読めるか、ですが、ヨーロッパの人びとがはじめて漢字を見たときのように、まったく歯が立たなかったと思う。漢字を読み書きするのは、中国語ができる中国人だった。そこで、いろいろなことを記録するのに、漢字で記録してもらうが、それは中国語なので、依頼した本人も読めない。最初の数百年は、こういう状態だったと思うんですね。
さて、その記録に、日本の固有名が含まれるのです。ワカタケルとか、ヤマトとか。
大澤　今でも、困りますもんね。
橋爪　日本には文字がないけれど、固有名があり、その発音がある。そこで基本は、音写することになる。日本語の音に似た、漢字を探していく。音と漢字の対応がだんだん固定してきたら、なんでも表記できる。これが、万葉仮名の用法だと思う。

表音と表意

橋爪　だけど、初めから固有名に対応する漢字が存在する場合もあった。例えば「倭」。これは、中国人の日本についての観念を、漢字に表現したものだった。
大澤　そのままですよね。
橋爪　中国から見ると「倭」(ワ)だが、日本人がそれをヤマトと呼んでいた場合、この「倭」の字はヤマトとも読むというふうに、対応させた可能性がある。これは、万葉仮名の用法とはちょっと違った用法ですね。
こうして、同じ漢字でも、音を写すというやり方と、意味を写すというやり方と、ふた通りが共存する。このうち、音を写すというやり方の場合、日本語の音は五〇かそこらしかないのだから、それだけ覚えれば音を書き取れるということになって、日本人の中にも、これを使う人が出てきたのではないか。

大澤 なるほど。

橋爪 このやり方の問題点は、煩雑なこと。でも、かなり長い間、このやり方だった。

仮名の登場

橋爪 そのあとに、いわゆる仮名が出てくるんだが、片仮名が先でしょう。

昔、大学の国文学の講義で習ったのだけれど、テーマは奈良時代の文法。その一次資料は、経典の書き込みなんです。僧侶が、経典を読みやすいように、本文の脇に「タ」とか「ル」とか書き込みをする。そこから当時の文法を推測するのです。

いま思うと、その僧侶は、中国語がよくできなかった。中国語ができれば、本文を直接に中国語として読めばいいんです、空海がやったみたいに。これなら、片仮名は要らない。でも、返り点・送り仮名の要領で、和文で読むのだとすると、片仮名が必要になる。

こうして片仮名は、備忘録のメモとして始まったものなのです。だから、必ず、漢字と併用される。片仮名だけで自立して、日本文を記録するという考え方ではない。はじめは単体で、発音記号みたいに使われていた。

さて、みんなよく知っているように、平仮名はまったく別系統なのです。片仮名は、僧侶が用いた。平仮名は、女性が日常に用いた。こちらは、原則として、日本語を残らず文字に表記できる。

漢字の重み

大澤　うん、おっしゃる通りだと思います。

まず、私が思うのは、文字が中国から伝わってきて、それを使いこなせるというのは、それなりに、特別な意味を持ったと思うんです。

ただ、中国人にとっての本来の漢字の持っていた意味、社会的機能みたいなものと、日本人の場合とでは、やはり違ったと思いますね。

中国の制度を日本が導入したときに、全然、真似しなかったのが、科挙じゃないですか。で、科挙は古典の教養を試験しているわけですが、それは煎じ詰めれば、文字をめぐる能力、文字を読み書きする能力です。中国では、文字をわがものにしているということが、カリスマ的な力の源泉に感じられていたと思います。しかし、そのことが日本人には、いまひとつピンと来なかったと思います。

その上で、注釈的に付け加えておくと、それでもやはり日本人にとっても、文字はプラクティカルなもの以上の何かであったと思います。網野善彦さんがあるところで、近世の文書と中世の文書の違いについてこんなことを言っています。江戸時代の文書を読むと、字がヘタである。ただ漢字を書いているだけ。ところが、中世のものだと、もう非常に字がきれいなんですね。単に字がきれいという域を超えて、書いているひとが、文字そのものに呪術的なものを感じているのではないかと思われる。文字の造形に対するこだわりがあるのだそうです。文字が浸透していく初期の段階で、文字がどのようなものとして受け取られたかを示すエピソードとして、念頭において、考えを進めてもよいかと思います。

三つの仮名

大澤　さて、漢字と仮名ですが、媒介的なところに万葉仮名があって、片仮名と平仮名がある。この三つがある、あるいはあった理由は、なんでしょう。

橋爪　万葉仮名は一部、変体仮名として残っていると思う。そば屋の看板の「やぶそば」みたいな。江戸時代には、平仮名の異体字がいっぱいあった。草書体ですから、いろんな漢字を使ってよいのですが、これは万葉仮名のなれの果てとも言える。いずれにせよ、万葉仮名と平仮名は、連続的なのです。

片仮名は、僧侶の便宜のためのものだったが、あるところで進化が止まっちゃっていると思う。平仮名が発達してから、それに対応する片仮名というかたちに、整理された。

そこで、平仮名の用法ですけど、歌と関係が深い。

歌というものは、日本の男女関係や、村落コミュニティの活動などと密接な関係があって、はじめは全部、口頭表現だった。文字がなかったのだから、当然ですね。万葉集などに入っているのは、そういう口頭表現の歌で、定型化されたものを、あとから万葉仮名で記録したものという性格が強い。万葉集には、旋頭歌（せどうか）とか、長歌とか、なんか長たらしいものが多いでしょう。これは個人的なものというより、儀礼的なものだったと思う。もちろん短歌もある。このうち、平安時代を通してずっと発展して行ったのは、いちばん短い形式の、短歌だった。

さて、田園で、オーラルな歌を詠んでいたなあという記憶がある人びとが、都会の中国風の邸宅に移り住んだのが、貴族です。すだれを垂らして、女性は男性に顔を見られちゃいけない、みたいな風俗になった。ひとつは、身分が高いから。もうひとつは、接触が難しいほうが、逆に女性の価値を高めるみたいな、戦略もあったと思う。

そうすると、男女のあいだには、コミュニケーションが必要だから、歌をよんで届けることになった。口頭で届かないなら、字で書いて届けなければならない。男性も女性も字を読み書きしなければならないという状況があって、気がついたら平仮名になっていた。女性も字を書かなければならなかった点が、日本の貴族に特有だったのではないか。

大澤　なるほど。平仮名を書く女性の原点はここですね。

橋爪　中国には漢詩があるが、男女の間でやり取りするものではないな。男女の間で歌を字に書いて、やり取りする文化がどこかにあるかな。

大澤　口頭でならよくあると思うんですけれど。

橋爪　うん、口頭なら、至るところにある。

大澤　至るところにあります。むしろ普通です。ただ、それを字でやり取りするのは……

橋爪　なぜ字なのかと言うと、会えないからだ。

大澤　なるほど。

橋爪　今で言うと、携帯メールみたいな感じかな。

大澤　なるほど（笑）。

片仮名の特性

大澤　じゃあ、今の話を受けて、片仮名のことを言っておこうと思います。

平仮名や片仮名がまじっている文書は、一〇世紀頃からありますが、南北朝期くらいまではそんなに多くないようです。それが、室町時代になるとがぜん増えて、半分以上が仮名まじりの文書になるようです。これは意識的に保存された文書をもとにした比率ですが、そうでない文書も含めれば、仮名入りの文書はもっと多いはずです。

片仮名と平仮名の使用頻度からいうと、もう圧倒的に平仮名のほうが多い。今、仮名が入った文書がだんだん増えるといいましたが、それは主として平仮名の話です。片仮名が入った文書は、一貫して、一〜二%。平仮名に対して片仮名はマイナーですね。

橋爪　はい。

大澤　ただ、その片仮名は片仮名で、ちょっと特徴があるんです。

網野善彦さんたちの論文で読んだのですが、片仮名がどういうふうに使われてきたのかを見ていくと、どうやら、音なんです。音を直接写す場合に片仮名を使う。

僕らも考えてみると、意味のある会話の部分は漢字や平仮名で書くけれども、ワッと叫んだとか、キャッと悲鳴をあげたと片仮名にしたりとか、漫画なんかの擬態語なんかも片仮名で書きますね。だから片仮名の圧倒的に多い用法は、音そのものの表現なのですよ。

ただ、じゃあ、音だけかというと、もう少し深い含みがあって、まず片仮名で使われた例は、宣命ですね。天皇の命令は、結構、片仮名で書かれるわけです。カミの声とか、ちょっと神々しい判決文とかは、結構、片仮名で書かれるんですね。要するに、音の中でも、それが神仏やそれに類する超越的なものの声が、特に片仮名になりやすい。

では、上から、超越的なところから来たものが片仮名かというと、必ずしもそうではない。一揆なんかで、農民が強烈に訴えるときに、片仮名で書く。字が苦手な農民が書いてるからだろうみたいに言われることもあるのですが、必ずしもそうではないらしい。農民言葉で強く、生々しく訴えてる感じが、片仮名になるのです。

片仮名というのは、音を写したわけですけども、本来はその音が、恐らく、呪術的な意味を宿し、しばしばカミの出現に関わっている。日本の場合、神が目の前に現前する、出現というのが、一番重要で、音・声として現れる神は、一番迫力があるわけですよ。

そういう意味でいうと、片仮名は、日本人の感覚の最もプリミティブな層を、最も率直に表現する文字ではないかと思う。だから、迫力を持って、生々しく勝負するとき、片仮名にしやすいんですね。

橋爪　なるほど。

大澤　戦前、平仮名じゃなくて、けっこう片仮名を使うじゃないですか。あれは日本の歴史では珍しい。富国強兵で、日本の権力が下々に対して、己のプレゼンスを強くうち出そうとしたとき、無意識の選択として、片仮名になったのかもしれない。

あと、現在では外来語を片仮名で書く習慣になっているじゃないですか。コミュニケーションとか。僕ら、片仮名で表記されうる言葉に微妙にオーラを感じるわけです。コミュニケーションみたいに、普通になっちゃうとそうでもないが、もうちょっと普通じゃない言葉、ユビキタスとかシンギュラリティだとか、片仮名で書かれると、グッとくる（笑）。

片仮名は、音や声を直接写すもので、しかも呪術性や超越性を感じさせる。これは、一部の歴史学者の説を、少し大澤流にアレンジしているのですが、結構説得力があります。

逆に言うと、片仮名って、音ですから、文字以前のものでもあるんですよね。文字でありながら、文字以前の音を直接表すみたいな。で、文字としては、だからマイナーになってしまうんですけれども、片仮名は片仮名なりの存在理由があって、それは日本人の、かなりベーシックで、プリミティブな経験や感受性と対応しているような気がします。

カタカナ先習

橋爪　戦前に、カタカナが多かったのは、明治の小学校で、カタカナ先習にしたからですね。一年生でカタカナを習い、二年生でひらがなを習う、みたいな。これ、寺子屋とは違うと思う。戦後は、ひらがな先習に変わった。

大澤　なぜ明治は片仮名を先にしたのでしょうか。

橋爪　身体技法の問題だという。ひらがなは丸っこいから、書きにくいだろう。片仮名は直線的で、書きやすいだろう。だから先に教えたほうがいいと、文部省が決めた。

大澤 なるほど。あんまり説得力ないな（笑）。仮に当事者たちがそのように解説しているとしても、客観的なほんとうの理由、無意識の理由は、それではないように思う。

橋爪 明治の小学校で子どもを集めて、「気をつけ！」と言っても、気をつけができない。歩け、と言っても、うまく歩けない。

大澤 歩けないですね。

橋爪 ナンバになってしまう。

ふつうに子どものころから、日本人として歩いていると、右足が出ると右手が同時に出るというふうになってしまい、ヨーロッパ的な、規律訓練にならない。陸軍でも同じ問題があったという。それやこれやを考えて、カタカナ先習がいいだろうと。

大澤 うーん（笑）。橋爪さんに反論してもしょうがないけど、それまで平仮名・片仮名を書いてるんだから、そんな気にしなくていいのに。

橋爪 軍でも官公庁でも文書は多く、片仮名で書くようになっていたと思う。

なぜ、両方あるのか

橋爪 私が、非常に不思議で重要だと思うのは、ひらがなとカタカナの、機能は同じでしょう。とすれば、二系統のままで、なぜ一本化されないか。チャンスはいくらでもあったはずです。それなのに絶対、混用されない。

大澤 そうですね。

橋爪 ひらがなとカタカナを、交ぜて書かない。でも、漢字とは交ぜて書いていいわけでしょ。どこを漢字に、どこを仮名にするかは、書き手の任意です。でも、ひらがなとカタカナは絶対、混用しない。

この理由、なんか推測つきますか？

大澤 だからやっぱり平仮名と片仮名、普通に考えると、まったく同一の機能なんだけれども、無意識の中で別の機能を担っているんだと、私は思うんですよね。

橋爪 それはすごく強い無意識ですよね。

大澤 かなり強い無意識ですね。

橋爪 カタカナとひらがなの問題って、類例が世界にないから、日本人が考えないと、誰も考えてくれない。

大澤 そうですね。日本語話者でないとピンとこないですよね。

橋爪 うん。全然わからない。

そういう意味でやっぱり、平仮名を使い始めたのは女性なのですね。片仮名が直線的で、音で、強い感じなのだとすると、対照的に、平仮名は女性性を持っている。漢字なのだが漢字ではなく、仮名なのだが片仮名ではない。歌とか日記とか、プライベートな用途で用いる。女性はたぶん、漢字も片仮名も、書くのを禁じられていたんです。

大澤　そうですね。片仮名は、先ほどから言っているように、本当は音や声なので、ある意味では文字以前の経験に属しているんですよね。文字以前的な感覚を無理やり文字に写すと、片仮名になる。

漢字と平仮名は、男性性と女性性のようなかたちで、相補的にひとつの世界を構成している感じがします。それに対して片仮名は、その世界の外部にあるように思います。あえてジェンダーに対応づければ、片仮名も男性性かもしれませんが、漢字よりもプリミティブな層に属していて、平仮名の女性性とは相補的な対応関係にはない。

橋爪　うん。

大澤　ただ、何と言いますかね、変な言い方ですけど、片仮名的世界は、片仮名という文字がなくてもやっていけるというような（笑）、感じがするのですよ。人がカミ的なものの身体的プレゼンスに畏れを感じる。カミの現れを音や声として感じる。これで十分自足しているわけですが、その迫力を、あえて文字に表現するとしたらどうする？　ほんとうは文字のような間接的な表現法では示せない、カミの身体的現れを表現するには、漢字の破片のような片仮名だ……みたいなノリです。

それに対して、平仮名と漢字は、文字固有の世界に属している。いかに平仮名が音を写しても、やっぱりそれは文字化された声です。漢字は、声よりもむしろ意味・概念を表現していますね。ここで声が、間接化されるといいますか、第二義的なものになっている。平仮名はそのことを前提にしているので、片仮名の声——というより音——のような身体が直接現前するような暴力的な生々しさはない。平仮名の声は、漢字によって文明化されている、という印象をもちます。

表面的に見れば、平仮名と片仮名は同じ機能なので、どっちかなしでもいいように見えるのですが、僕らの経験の異なる層に属している。もちろん、僕らは文字以降の文化にいるわけですが、日本人の場合には、文字以前的体験の層というのが、結構、まだ活きている。それが文字の地表に、片仮名というかたちで露出する。

中国人は科挙という制度をつくって、官僚に地位を与えたとき、文字以前の、人間のプリミティブな層を、政治的には排除して、そういうものを機能させない世界をつくった。日本人の場合は、その文字以前の、どこからともなくやってくる超越的な声みたいなものが、結構あとあとまで利いていて、僕らはふだん意識しないけれども、なおその圏内にいる。これが片仮名を住まわせる場所として、今でも機能しているのではないか。

橋爪　いま思ったんだが、こうかも知れないな。

ひらがなは、漢字と混用するでしょ。音であるひらがなに対して、漢字は、概念を表している。カタカナは、ひらがなに対して、漢字のようなものなんです。もともと漢字の一部だし。そこで、外来語を表記したり、効果音を表記したり、漢字のように概念を背負っていたり、あるまとまった意味をもっているものを、書き表すのにちょうどよいのです。

平仮名と音の体系

橋爪　もうひとつ、気になることを言っていいかな。

大澤　はい。

橋爪　万葉仮名の時代には、日本語の母音は、八つあったはずだ。

大澤　なるほど。

橋爪　橋本進吉博士（国語学者。国語学会初代会長）が、母音調和という現象を、万葉仮名の使い分けのなかに発見したでしょう。それで日本語が、トルコ語系統だということがわかった。戦前国語学の画期的業績です。『万葉集』など、奈良朝までの日本語は、母音の数がいまより多かった。でも、平安になると、その母音が習合してしまって、五つになった。

さて平仮名はこの、平安の母音体系に合っていると思うわけ。片仮名も、この母音体系に合っていて、五〇音なわけだ。

さて、ここから先は私の乱暴な仮説なんだけど、平仮名が表音文字であることにより、この文字体系ができると、音韻の変化がそこでストップした。

大澤　なるほど。ありえますね。

橋爪　そして平仮名は、表音文字であるので、感情や思考のすべてを五〇音で表現できる万能のツールになった。これは、中国語の漢字システムには存在しないことなんです。習得も容易だから、地位の高い女性は全員、この平仮名の識字能力を獲得したと思う。

こうして女性のコミュニティができてね。その女性たちが、面と向かって交流する以外に、平仮名によって、間接的に交流する。手紙が書ける。日記が書ける。それから、男性とも交流できる。男性は漢字を使い、女性は平仮名を使うけど、男性が女性に手紙を書いたり、歌をおくったりするときは、平仮名を使わなければならない。女性から受け取った平仮名の文字を読まなければならないっていう、まったく新たな地平が、平仮名の創出と同時に、平安時代に生まれた。

大澤　なるほど。まったく正しいと思いますね。

片仮名のことをいくつか言ったので、平仮名のことも、言っておこうと思うんです。

漢字は外のしるし

大澤　僕ら、漢字と平仮名を使い分けているじゃないですか。「この語は漢字だろ、普通」とか、「この語は平仮名のほうがいい」あるいは「平仮名でもいい」とか、というふうになっていますよね。この使い分けが、「拒絶的受容」になっている、という話は前にしましたね。

ポイントだけ再確認すると、まず、漢字は、要は、中国由来の言葉ですよ、外来の言葉ですよというサインですよね。いっぽう平仮名で表記できる語は、それが実際どこにオリジンがあっても、「大和言葉ですね」みたいに感じられる。だから、漢字と仮名の二本立ては、外国から来た人に、なかなか完璧な市民権を与えないで、外国人ということを一応はっきりさせといてもらわなくちゃ困るみたいなシステム。

漢字って、基本的には抽象的だったりする。まあ、概念なので、われわれの親密なコミュニケーションにとっては、それは「少しよそよそしいぞ」みたいなサインを常に出し続ける。けれども、「公式な場所では使わねば」というようなものでもある。

プライベートな、親密圏の中では、平仮名モードになっていて、僕らは、抽象的だったり一般的だったりするものを受け入れてはいるんだが、よそものとして受け入れましょうみたいな、何と言うか、微妙にひきながら受け入れる。そういうイメージですね。

音読み、訓読み

橋爪　それに関連して。まず、平仮名が成立することによって、漢字の使い方が変化した。それは、音読み／訓読みの区別なんです。

大澤　そうですね。

橋爪　訓読みというやり方が、漢字を受容した国、例えば朝鮮やベトナムにあるのかな。たぶんあるだろうと思うけど、とにかく日本では明確に、訓読みというものがある。

大澤　訓読みに関しては、平仮名で書いても、漢字で書いても、ほぼ効果が同じなんですね。

橋爪　でも、音読みを平仮名で書いてしまうことは、あまり選択肢にならない。

というふうに、音読み／訓読みという二系統のものが、明確に確立したというのが、日本語の体系として、とても大事なことである。

大澤　その通りです。

橋爪　もうちょっと言うとね、音読みは、失敗していると思う。

大澤　ほお。

橋爪　なぜかと言うと、漢字は、中国語では一字一音のようなかたちで音と文字が対応している。母音が二〇近く、それに子音と声調（四声）をかけ合わせると、かなりの数になる。だから対応が可能。

大澤　それがすごいですね。

橋爪　日本語は四声がないし、母音が五つだけだから、同音異義語が無数に出てくる。

大澤　そうですね。

橋爪　同音異義語が無数に出てくると、音読みだけで口頭言語で話しても、意味が通じない。これは現代語でもそうなんだけど、字を見ないとどうしようもないという、現象が起こる。国語辞典をみると、同音異義語が一〇も二〇も並んでいるのは当たり前なんだけど、これ、中国語ではありえない。二字熟語であれば、音の組み合わせだけでほぼ意味が一意に特定できる。

日本は漢字を受け入れ、漢字かな交じり文を標準にしたことによって、男性が作成するテキストは、口頭言語として意味不明なものになってしまった。失敗した。でも女性が使用するひらがな言語は成功し、一〇〇％意思疎通が可能になっていると思う。音と文字が対応しているんですから。ゆえに文学が成立する。歌が成立する。日記が成立する。

この、ひらがな文体が成立し、流通した時期が、平安時代である。日本の言語空間にとっては、これが古典になるわけです。

古典の成立

橋爪　なぜ古典になるか。そのあと、語法や文法は変化するにせよ、表記が一定しているので、読めるからです。古い語彙、古い文法に詳しければ、自由に鑑賞できる。そのスタイルを真似て、表現行為を行なうこともできる。万葉、奈良になると、ちょっと無理。難しい。だけど平安になると、一〇〇〇年前であるにもかかわらず、完璧に理解できる。一〇〇〇年前の文学を完璧に理解できるだろうか。まず、中国がそうだ。なぜって、漢字の意味は変わらないから。

それから、インドのサンスクリットはそうかもしれない。アラビア語もそうかもしれない。でも、ヨーロッパにはこれに匹敵する言語がない。ラテン語とか、ギリシャ語は死語になってしまって、特別な訓練をしないと読めない。とにかく理解不能。ドイツ語、フランス語、英語は、その原型が、五〇〇年ぐらい前までしか、さかのぼれない。

これが、何を意味するか。日本という文化的空間の、アイデンティティ（自己同一性）が、揺るぎないものになった。日本人は、自分が日本人であることに、まったく疑問を持たないですんでいる。これは、イギリス人が疑問を持たない、ドイツ人が疑問を持たない、フランス人が疑問を持たないとして、その一〇倍ぐらい疑問を持たないよ。

大澤　なるほど。その一番は文字とセットになった言語というか。

橋爪　そう。平仮名と平安文学のおかげです。

大澤　ナショナリズムの成立には、俗語が文字になるということが関わっている。これはベネディクト・アンダーソンをはじめ多くの人が強調することですが、ヨーロッパでそれが起きるのは近代・近世ですよね。他方、漢字の場合には、ラテン語と同じように俗語ではないので、ナショナリズムには直結しない。しかし、日本には平仮名があったために、ナショナル・アイデンティティの基礎になるものが、圧倒的に早くからあった、ということですね。おもしろい。

ラカンの仮説

大澤　精神分析学者のジャック・ラカンが、超難解な論文集『エクリ』の日本語訳が出されたとき、その日本語版に序文を寄せているんだけど、そこに、ある意味とんでもないことが書かれているのです。ふつうなら、私の本を、日本の読者に読んでもらえることになって嬉しいとか、翻訳者たちの努力に感謝するとか、そんな外交辞令みたいなことを書く場面ですけど、ラカンは、日本人はこの本を読む必要がない、と書いた（笑）。このページを読んだら、もう本を閉じてもいい、みたいなことを書いているわけです。訳者の苦労はまったく報いられない。

なぜラカンがそんなことを言ったかが重要です。ラカンがどのくらい日本語のことを知っていたかわからないけど、ちょっと勉強したことがあるらしいんです。彼は、その理由を、音読み・訓読みの問題と関係づけて、説明しているわけです。日本語には漢字と仮名、したがって音読みと訓読みがある。これがあるおかげで、日本語の話者には精神分析は要らないんだと書いてあるわけ（笑）。

どうして要らないの？　こういうことらしい。

例えば、いま、話の中に「よむ」ということが出てきたとするじゃないですか。「よむ」にどんな漢字が当てられるか、話す方も聞く方も、直感している。最も普通には、「読書」の「読」で、これだと本やその他の何かを解釈しながら読んでいると思う。でも、「詠」が当てられるのかもしれない。それだと、詩や短歌や歌詞とかを声に出して詠んでいることになる。あるいは「訓」が当てられるのかもしれない。それだと、上から目線で、誰かに命令したり、戒告したりしているのかな、ということになりますね。だから、たとえば「人の心をよむ」「空気をよむ」というときの「よむ」は、「詠む」や「訓む」はありえなくて、「読む」になるはずだ。心や状況を解釈しているわけですから。

つまり、「よむ」だけではわかりませんが、これに、どの漢字が当てられるか、どの「音（おん）」の漢字に対応しているのかというかたちで、「よむ」によって無意識のうちに何を言いたいのかが、外在化されている。精神分析なんかしなくても、無意識は、独特の文字システムのおかげで最初から外に現れている。これがラカンの言いたかったことです。

ここで少しおもしろいのは、僕らは普通、音読みの方が難しく、訓読みによってその意味が解説される、という構図で考えますが、ラカンは逆に見たことですね。漢字や「音（おん）」の方が、無意識であり、「訓読み」や「仮名」においてほんとうは何を言いたいかを解釈しているという点です。

橋爪　なるほどね。

大澤　音声でやりとりしているときでさえも、日本語の話者は、文字をイメージしているんですね。例えば僕がいま、「詩（うた）を詠むときには」って言うときには、もう、僕も聞いている人も、みんな、「詠」のイメージをもっている。ごく淡い形であれ、「詠む」という漢字がもう半分、思い浮かんでいるんですね。

仏文学者の蓮實重彦さんが『反=日本語論』で、すごく印象的なエピソードを書いていました。蓮實さんの奥さんはベルギーの人でフランス語の先生なんですけど、日本人にフランス語を教えていたら、すごくビックリした、という。いろんな国でフランス語を教えてきたが、こんなことは初めてだって。どういうことかというと、フランス語の訓練のために、初学者に、よく「伝言ゲーム」をやらせるらしい。先頭の人に、フランス語の単語を耳打ちし、それを順に後ろの人に伝えていくわけです。発音や聞き取りが正確ならば、列の最後の人が、最初に耳打ちされた単語を再現できる。

日本人の学生にこれをやらせると、耳打ちするときに、無意識のうちに、空中に指でスペルを書くらしいのです。たとえば、後ろの人に「アムール」とか耳打ちしながら、指が無意識のうちに、a-m-o-u-r と動く（笑）。これに、蓮實さんの奥さんは、ビックリした。

橋爪　へえ、なるほどね。

大澤　日本人は、言葉が音声として出ているときでさえも、文字として空間化されているんですね。どうしてそうなるかと言うと、音読み／訓読みの、漢字かな交じり文だからです。先ほどの話と関係づけると、生（なま）の音、身体に密着した音は片仮名になる。しかし、文字の世界に入ってしまった音声は、漢字とかなのセットの中に位置づけられ、外国語も、このモードで勉強するんですね。

考えてみれば、音声として外国語がわかることと、書いたり読んだりできることは、別のことなんだけど、日本人は書けなきゃだめみたいな気分になる。日本人は、外国語を習得するとき、話したり聞いたりは不自由しないが、まったく読めないとか、スペルはわからないとか、という段階をほとんど経ないと思いますね。その単語を音声として発したり、聞いたりできるときには、必ずスペルも知っている。われわれの文化の、ふだんほとんど考えないいちばんのベースのところが、文字につながっていることの結果です。日本語のことをまったく知らない外国人に、日本語について説明しようとして、いちばん苦労するのは、このことです。三種類の文字があって、使い分けられていて、それは何のためなのか、ということを納得させるのはたいへんです。

日本人は、わかりきっていて、これを自分で説明できない。外国人にはあまりにも疎遠で、理解できない。とても重要な問題が、ここに隠れていると感じます。

橋爪　私が知ってるかぎりで、この問題を相当深追いしているのは、橋本治さんだな。

大澤　橋本さんは独自に考えている人ですね。

橋爪　橋本治さんの、『これで古典がよくわかる』（ちくま文庫）。こんなふうに書いてある。

平安文学を古典だと言うが、この時期にはまだ、日本語は完成していない。なぜなら、漢字は漢字、仮名は仮名と、漢字と仮名が並立していたから。これが、漢字仮名交じり文として完成するのは、鎌倉時代。兼好法師のころまで待たなければならない。兼好法師が非常に重要で、彼が、漢字仮名交じり文のスタイルを確立し、日本語を日本語として完成させた、という説ですね。

この説はとても興味深い。

女性と宮廷文学

橋爪　文学の話じゃなくて、社会学の観点から、女性とひらがなの問題を、もう少し議論してもいいですか？

大澤　お願いします。

橋爪　中央政府がある。そこには男性がいて、権力を揮っている。でも、女性もいる。中央政府に女性がいるところが、日本独特です。

　多くの中央政府では、権力者（皇帝や王）がいて、世襲なのです。子どもがつぎの権力者になる。そのときに、子どもが本当に自分の子どもであることを証明し、人びとに継承権を納得させるいちばん簡単でよくあるやり方は、後宮（ハーレム）をつくることです。これはすでに、説明しました。

　ハーレムには、女性はいるけど、男性はいない。表の行政庁には、男性しかいない。行政官僚には家庭があるかもしれないけれども、王宮とは別な場所に家があって、そこに家族が住んでいる。そこから王宮に通う。これが標準的なやり方です。

　そうすると、女性のコミュニティがどうやってできる？　男性と女性が交流する文化がどうやって確立する？　確立しないのです。そういう空間がない。これが中国であり、トルコであり、ペルシャである。ヨーロッパは、ハーレムをあまり造っていない。封建領主の家族が居城に住んでいるだけ。で、騎士が来たりするんで、ハンカチを渡したりする。歌をよんだりしない。

大澤　騎士のほうは歌ったりしてますけど（笑）。

橋爪　騎士が勝手に歌うだけで、女性はニコニコしてる。

さて、日本の場合、王宮にハーレムがない。ハーレムがないと、天皇の奥さんが天皇の居宅に住んでいて、そこに行政官が出入りする。それから、奥さんたちに仕える女房なる女性も出入りして、既婚・未婚の人びとがたくさんいる。天皇や有力者の家庭で、行政を行ない、家族生活も行なう。公的空間に女性がうじゃうじゃいるんですね。で、この女性は相互のコミュニケーションをし、そして男性とコミュニケーションをするわけ。これは必須のものだ。さもなければ、配偶者が見つからないから。

源氏物語って、この世界を描いているわけよ。

大澤　その通りですね。

橋爪　だから、源氏物語は、世界で日本にしかない。

大澤　うん、なるほど。

橋爪　これはとてもプリミティブな世界だと思う。プリミティブで、しかも、父系社会ではない。父系社会であれば、父親の子どもであることを証明するために、ものすごくみんな神経を使うんだけど、日本の場合、父親が誰であるかに、ほとんど関心がない。ポリネシアとかミクロネシアとか、太平洋海域で、年ごろの娘が別棟に住んで、男どもが通ってきて、子供が生まれたので夫婦になる、という風習があるが、そのやり方なんです。日本の貴族はそうだった。武家になってから変わってくるんですけれども。

カウンター世界

大澤　なるほど。おもしろいですね。非常に明快で、いろんなことが見えてきた。ちょっとだけ付け加えていいですか（笑）。

橋爪　どうぞ、どうぞ。

大澤　公的空間に女性が入っているのが、平安期あたりの日本の特徴という話でしたね。日本のすごく早くからすぐれた女流の文学が出てきた（そして武家の時代になったら消えた）理由も、このあたりにありそうですね。

この話を聞いて思い出したことがあります。今、中国のことや中世ヨーロッパの話が出てきました。建築家の山本理顕（りけん）さんが、ハンナ・アーレントをもとに、古代ギリシャのポリスの住居について論じているんですが、それも比較の対象に入れておきたい。古代ギリシャの市民の各住居には、「ギュナイコニティス」というものに属する多くの部屋と、「アンドロニティス」に属する一つの部屋があるらしい。「ギュナイコニティス」というのは「女の領域」という意味で、要するに、食べたり寝たりという私生活の場のことです。「アンドロニティス」というのは、「男の領域」で、ここが、それぞれのオイコス（家族）がポリスの公的空間と接触する空間です。ここで政治的な話がなされたわけですが、女は入ってはいけなかった。つまり、西洋の古代のポリスでも、公的空間からの女の排除というのが徹底していたわけです。しかし、日本は違った。

誰もが文字を読めるようになるのは、近代化してからですよね、ふつうは。しかし、日本はちょっと違う。その違う原因が、ここまでの話と関係がありそうです。

前近代社会では、必要のある一部の人（行政にかかわる人とか、宗教にかかわる人とか）が文字を読めればいいわけで、ほかの人は読まなくていい、というのが普通です。でも日本では、漢字を極端にカスタマイズしたかなというもの（特にひらがな）があって、しかもそのひらがなはどっちかというと、女性仕様である。そこにやっぱり、日本人の無意識の世界が透けてみえる。漢字をベースにした、公的で政治的な世界が、一見、それだけで自足して動くように見えながら、その実、そのカウンターバランスのようなものとして、ひらがなで象徴されるもうひとつの世界を、どうしても必要としている。漢字じゃないという点ではネガティブに聞こえるんだけど、それをポジティブに表現すると、独自の、女性的な、ひらがな世界が展開する。そういうバランスがあるような気がします。

漢字だけだったら、きっと相当フラストレーションがあるだろう。やっぱりかなを持っているおかげで、十全な表現を持っている気分になる。日本は歴史的に、そうやってきた。

橋爪　律令制で、平安京ができたわけだけど、逆説的なことに、そこにひらがな文化の世界が花開いた。ひらがな文化は、儒教の裏返しそのもの、反儒教の世界なのです。

大澤　そうですね。

橋爪　こういうものが自然に成立してしまっていることは、本当に特筆すべき奇妙なことだと思います。

大澤　そうですね。ジェンダー論的に言うと、女性というものがこの社会の中でどういう存在だったかを考えるいいヒントにはなると思うんです。言葉にしようとすると難しいですけど。

橋爪　うん。

大澤　取りあえずその背景にあったのは、日本人の、ある種プリミティブな系譜意識みたいなものですよね。厳密な父系制とは異なる系譜をもたらした、無意識の社会心理。

9 なぜ日本では、院政なるものが生まれるのか

摂関政治の不思議

大澤　平安時代、藤原氏が政治の実権を握ります。これを摂関政治というのですが、不思議なのは、そんなに権力があるなら、なぜ天皇を倒して、藤原王朝をつくらないのか。そうする代わりに、キングメーカーみたいになった。

橋爪　はい。

大澤　摂関政治のあと、今度は院政なるものが出てくるんですが、これがまた、もっと不思議です。これらがいったい、どういう論理で成り立っているのか、考えてみたい。

橋爪　院政は、摂関政治に対するアンチテーゼなわけだから、摂関政治を理解しないと、理解できないと思う。

大澤　その通りですね。

橋爪　摂関政治そのものにしても、律令制の想定を外れた、アブノーマルな状態なわけですけれど、なんでこんなことになるのか。

律令制は、ポストに従って、権力を配分する。天皇が最大の権力を持っていて、大臣がその次で、……以下順番に、ランクに応じて、権力を持っているというわけです。

中国では、この原則どおりにだいたい……

大澤　動くんですね。

橋爪　動く。しかし摂関政治は、それと違った原理が上乗せされて、できている。それは日本の、結婚のシステムと関係がある。

妻の父の権力

橋爪　誰でも知っている常識ですが、通い婚というしきたりがあった。年頃の娘は、両親のいる母屋から離れた、別棟の離れみたいなところに移る。そこに男が通ってくる。中国ならありえないことなんだが、太平洋海域の島々の社会の習慣とよく似ていると思う。そうやって娘が、比較的自由にパートナーを見つける。子どもが生まれる場合もある。子どもがまだ小さいあいだは、ひき続き親元にいて、ある程度、子どもが大きくなったら、子どもを連れて、娘が夫のもとに移り住む。

大澤　はい。

橋爪　通い婚の期間、娘はずっと、父親の保護下にある。父親は娘と子どもたちに保護を与える。そして、娘が結婚したあとは、娘の夫、すなわち婿の、後ろ盾となる。後ろ盾とは第三者に対して、婿の保証人になるみたいなことです。

父系社会とはまるで、違ったやり方なんです。

こういうシステムは、プリミティブと言えばプリミティブだが、かなり起源が古いもので、中国から伝わったものではない。

通い婚の戦略

橋爪　さて、このシステムで、婿となる男性はどういう戦略をとるかというと、なるべく有力で、資産があり、自分の将来にプラスになる、そういう父親をもつ女性のところに通って、認められようとする。

娘の父親はどういう戦略をとるか。通ってくる婿の中で、なるべく将来性がある婿を選ぼうとする。その婿を通じて、大きなパワーを振るえるから。

父親は、娘とその婿の間に生まれた子ども（孫）の、外祖父になる。その孫に対しても権限を振るうことができ、孫が高い地位に就いたら、さらに大きな権力を手に入れることができる。そういう、持ちつ持たれつの関係になるだろう。

さて、この婿が天皇であった場合、究極の成功例になるわけですね。

婿（天皇）にしてみると、妻の父（外祖父）が権力を振るうのは、面白くない面がある。そこで外祖父は、婿を早く退位させ、孫に天皇の位を譲れと、圧力をかけてくるかもしれない。その場合には、婿と外祖父の対立が起こる。相互利用なんだけれど、利害の対立もあるわけです。

摂関政治の論理

橋爪　摂関政治とは、この外祖父が天皇を利用し、天皇をそっちのけにして、権力を振るうことだと思う。摂政は、天皇が幼い間。関白は、天皇が成人してから。だから摂政と関白が両方いることはないんだけど、同じ政治力学の産物です。

摂政、関白として、天皇に代わって権力を振るうという構図は、天皇を中心とする貴族たちの権力のせめぎ合いの中で、究極の切り札になる。太政大臣や左大臣よりも有利だ。

これが摂関政治の本質であるとすると、この作戦がうまく行くためには、つぎつぎに、天皇に娘を差し出さないといけない。というのが、どの教科書にも書いてあることだと思います。これを詳細に研究しているのが、やっぱり橋本治さんだな。

大澤　ええ、すごく丁寧に。

橋爪　『権力の日本人　双調平家物語ノート1』と『院政の日本人　双調平家物語ノート2』（ともに講談社）でしたね。ものすごく詳細で、どんな歴史書よりも説得力がある。

大澤　摂関政治については、おっしゃるとおりです。

ただ、藤原氏がそこまで権力をもっているのなら、いっそおまえが天皇になったらどうなんだと、誰でも思いますよね。でも、そうならないところが、日本の特徴で、日本にはわりによくある状況だと思うんです。

つまり形式的、公式的には、誰かに権限や権力があったりするわけだけれども、実際にはナンバー2か、側近のほうに、実質的な権力があったり、人事権があったりということです。日本人にとって、なじみのシステムで、結構、それを普通に採用してしまうんですね。社長はお飾りで、専務が実権を握っているとか、引退したはずの会長が、社長よりも発言権が大きいとか。ですから、そこに何か理由があるかもしれません。

一般論ですけれども、日本の政治権力や政治的支配のレジティマシーの根拠はどこにあるかを考えると、あまりたいした根拠はないのですね。王権神授とか、正統カリフだとか、天命とか、といった根拠になる大義がない。血統でさえも、あやしく、橋爪さんも話されたように、子とされているものが、ほんとうに父の子なのか、ほんとうは不倫の子ではないか、という疑いはいつもある。

では、なにがレジティマシーを供給しているかというと、一種の自己言及になってしまうわけですが、誰の意志にも帰属できない非人称のコンセンサスですね。それが「空気」と呼ばれたりもする。国の政治も、組織の中での権力バランスとかも、そうしたものによって維持されている。

いつでも、このようなコンセンサスが得られるためには、トップの意思が明白であると、かえって不都合なんです。トップの意思は、変数Xみたいにして、そこにどんな内容でも代入できるようにしておかないとならない。しかし、それでは、国レベルにせよ、組織レベルにせよ、政治は機能しないので、トップの意思を代行する実効的な決定を下す人が側近にいる。摂関政治型のシステムは、こうしたやり方の理念型ですね。

田中派の論理

橋爪　いや、おもしろいですね。

自民党に、田中支配ってあったでしょ。

大澤　ありましたね。

橋爪　あれと、少し似てるんじゃないかと思って。

田中派は、田中角栄が率いる派閥で、実際に彼が政権をつくったりもしたけど、金脈事件とかいろいろあって、田中氏本人は首相になれなくなってしまった。

大澤　そうでしたね。

橋爪　しかし田中派はかえって拡大したんです。田中氏はキングメーカーとなり、自民党のほかの派閥と提携して、総裁選を制し、首相をつくり出す。

で、そのときに首相は、いま話のあったXになっていて、田中氏の意思が一番投影しやすいような人を、取りあえず置いておく。これが繰り返されたわけです。

これと似ている面がある。

大澤　確かに。田中派は、現代の摂関家だと。

橋爪　田中支配の成立条件を考えてみると、第一に、田中氏本人はトップの権力者にならない。あるいはなれない。

第二に、田中支配によって排除される人びとがいる。例えば自民党に、五つの派閥がある。田中派はその一つに過ぎない。でも田中派は、それを超えた大きな力を持ちたい。そこで、あと二つの派閥を糾合し、残りの二つの派閥を反主流派として排除する。こうして自民党を支配する。そして自民党政権は、野党の社会党とか、共産党とか、公明党とかを政権から排除する。こういう、二段階の排除になっていたと思うんです。
そうすると、田中派は議会の一五％ぐらいしか議席がないのに、まず自民党を支配し、自民党を通じて国会を支配することで、効率よく意思決定を実現していくことができる。この排除の論理があるからこそ、はじめて、田中派の戦略が成り立つ。
もしこれと同じだとすれば、藤原氏支配とは、第一に、藤原氏自身は天皇になれない。あるいはならない。なれない理由がある。第二に、藤原氏には、排除したい別な貴族グループが、中央政府の中か周辺にいる。この二つの条件が満たされているんじゃないか。
まず藤原氏には、四つの家がある。北家とか、式家とか。

大澤　そうでしたね。

橋爪　そのひとつのグループである。

大澤　考えたら「派閥」ですね。

橋爪　さて、その藤原の北家の中にも、実はいくつも系統があり、おじと甥で争ったり、いろいろな排除のメカニズムが働いている。藤原氏以外にも、清原とか、菅原とか、紀とか、いろんな家があって、潜在的には藤原氏と同等だぞと思っている。これらを二重、三重に排除していくんだけれど、排除するには権力が必要で、それが摂政関白である。こういう論理になってない？

大澤　まったくそのとおりですね。だから、まあ田中支配自体は、戦後の、半世紀に満たない最近のことですが、それとほとんど構造的に同じことが、この平安時代にすでにあったということになりますね。

院政という可能性

橋爪　そうすると、これを覆す可能性は、ふたつあると思うな。ひとつは、ロボットである、形式上の権力者が、実質的な権力をふるう。もうひとつは、排除されたグループが団結して、権力を奪い返す。

院政は、この第一の可能性だと思うんです。

後者は、あえて言うなら、武士が勃興したことである。

大澤　院政というのは、直感的に言えば、天皇家が、それまで藤原氏にアウトソーシングしていた実質的権力を取り返したことで得られる状態だ、というわけですね。

ただそのことを確認した上で、なお興味深いのは、天皇が天皇の資格で、権力を振るうわけじゃなくて、引退してから行使することですね。つまり、摂関家と天皇と同じ構造を、今度は天皇家の内部で、院と天皇という形で再現するというところです。天皇自身はやっぱりロボットのまま。そのところが、おもしろいと思います。

院政の秘密

橋爪　おっしゃるとおり。院政が成り立つためには、天皇はロボットでなければならない。その点は、摂関政治と院政って、実は同じ論理ですね。

大澤　そうですね。

橋爪　摂関政治と院政の違うところは、摂政はまだ、律令制の枠内だということです。

大澤　なるほど。

橋爪　摂政は、律令制の官職。関白は、そうではないが、律令制を前提とした職務で、天皇に代わってその権限を行使する。天皇による任命が必要なはずだ。

大澤　そうですね。

橋爪　さて、退位した天皇、すなわち院は、政府職員ではない。任命もされない。律令制の「外」にあるわけです。したがって、天皇がいる政府庁舎と別な場所に、勝手に「院の御所」を造る。政府の建物でもなんでもない。でもそこで、政治を行なう。何だ、これは、ですが、これに当たるものは中国にないし、世界中にないと思う。

大澤　不思議なことですよね。

橋爪　中国でこれに近いのは、則天武后みたいなケースだな。子どもが幼いか、夫が頼りない。女性が、皇后か、皇太后に過ぎないのに、実質的な権力をふるう。でも彼女は、正式に皇帝になっている。

西太后もちょっとそういうところがあった。

皇帝の母親の父が権力をふるうのは、中国でもよくあるが、でも持続しない。

大澤　そうですね。中国の場合、やっぱり皇帝に権力があるべきですから、何らかの事情があると、変則的な事態が起きる。でも事情が解消すると、元に戻る。院政のほうは、むしろ構造的なもので、天皇の能力や年齢とかと関係ないですから。不思議なメカニズムですね。政務の場所が院の御所だったことが示すように、最も私的な空間が同時に公的な政治の中心だという逆説が奇妙ですよね。

院政のあとすぐ、平家や源氏が出てきて、武家政権になるでしょう。武家政権になると、律令制を動かしてきた、貴族政治のメカニズムが頭越しにされるわけです。武士政権は、天皇の支配がうまくいかないことが、客観化されたかたちだと思う。天皇による支配が限界にぶちあたっているので、それを補完し、乗り越える実体が、天皇の外部におかれているわけです。

しかし、院政では、天皇の支配の限界が、まだほんとうには客観化・外部化されていない。つまり、天皇の支配の限界、それ自体が、皇室の内部に刻み込まれたものが、院政ではないか、と思うのです。機能していないのを、無理やり機能させている。エンジンが壊れたので、もうひとつエンジンを取りつける、みたいにしてね。本来だったら、天皇を超える権威とか、レジティマシーの源泉とかが必要です。だけど、それがない。そこで、元の天皇が、天皇の権威を借りながら、天皇の権威を補うという、不可能な自己循環が生ずる。これが、院政というメカニズムかな、と思います。

律令制の影

橋爪　院の条件とは、天皇の父親であること。出家する場合もあった。

大澤　そうですね。

橋爪　出家した場合には、世俗の業務はできないはずで、ますます院に働きかけにくい。

大澤　なるほど。

橋爪　社会的人格として、律令制の中から消えている。ともかく、その権威の源泉は、天皇の実の父親であるという、そのことだけによる。父親は、天皇より上。では天皇の母の父と、天皇の実の父と、どっちが偉いかという問題になり、それで院政が成立している。

大澤　主権者よりも主権者の父の方が偉いということですね。公的・政治的関係が私的・家族的関係から独立したものとして成り立っていない感じがしますね。

橋爪　つぎに、天皇の母の父は、律令制の役職についている。天皇の父は、律令制の外部なのだけれど、なぜ院政が成立したかというと、摂関政治のときに、排除されていた人びとが、これを支持した。院政を支持した人びとが十分多くて、逆に、藤原氏の摂関政治を排除したということではないのかな。

大澤　なるほど。

橋爪　院政を支持したのがどういう人びとかは、あまりよくわからない。でも、政府周辺にいたはずですね。

大澤　だんだんこの構図が見えてきた感じがするな。

摂関政治が成り立つためには、逆に摂関政治から排除される人びとが出てくる。そこで彼らは、「裏政府」みたいなものに参加して、いっきょに逆転を狙おうとしたと。

これは非常に人間的なドラマなんだけど、その背後に、歴史の理性としてはどうだったかと考えると、律令制をベースにした天皇の政府ではもうダメだ。それを否定し、克服しなくちゃいけないんだが、否定のための新しい論理もない。そのときに手持ちのギリギリの札として出てきたのは、（ときに）出家した、天皇の父だったんですね。

天皇の父である以上、何の理由がなくても、天皇を超える権威を持ちうるし、出家という究極の社会の外なので、世俗の政治の力学の及ばない場所に、もうひとつの政治の力学が働く場所を用意することもできる。そこから最後の手を打つ。

橋爪　院政は、律令制の影ではあるが、でも律令制を代行し、模倣している。その意味では、まだ律令制に依存していると言えると思います。

武家政治と院政

橋爪　武家政治と、院政とは、なにか連続性があるような気がします。担い手としては一見、全然違って、正反対に見えるんだけれど。

大澤　なるほど。

橋爪　補助線として考えてみると、まず藤原氏の権力とか、摂関政治とかは、荘園制にまだ支えられている。彼らは所領を持っていて、経済力の基盤は荘園で、そこからの上がりで実力を蓄えている。

さて、天皇が荘園を持っているだろうか。天皇は本来、国税を、公有地から徴収して、国家財政として使うわけであって、個人の財源はそんなにない。だいたい藤原氏出身の母親から生まれて、どういう財産がある？

大澤　うん、そうですね。

橋爪　母親が子供のため、ちょっとはくれたかもしれないが、大した荘園はないはずだ。

じゃあ、院になったとして、どういう荘園を持っているんだろう？　そこがわからない。

大澤　そうですね。そういう物質面はどうなっていたのだろう。

橋爪　出家した場合には、寺社勢力と結びつくチャンスがあったかもしれない。天皇に代わって政府権限を行使すれば、その見返りもあったかもしれない。院の御所を警備する北面武士（めんのぶし）もいたから、彼らを外護する役割を果たした可能性もある。

大澤　なるほど。

橋爪　武士にとって、藤原氏や貴族全般は、邪魔な存在。しかし、恩義（業務委託）も受けているみたいな、微妙な関係があった。その絡みはわかりにくいなあ。

大澤　なるほどね。難しいところですね。

院政と武家政権とは、まあ似てるところはある。大きな目で見ると、武家政権が成立しても、ずっと朝廷は残っているんですね。圧倒的に実効支配していても、天皇を否定しないわけです。鎌倉幕府は、意識して朝廷と二元的な体制になっている。室町幕府になると、朝廷との関係が緊密に一体化している。というわけで、摂関政治〜院政〜武家政権は、きれいな連続線上にあるとも言えますね。

朝廷を基準にしたとき、実効的な権力の原点を、まず摂関というかたちで半分外部化し、ついで院というかたちで、中途半端に内部にとりもどす。武家政権というかたちで真に外部化する前に、内部化する院政がはさまるのが興味深いですね。律令政治との関係では、摂関政治、院政、武家政権へと、まっすぐそれを否定する度合いが高まる。院政は過渡的ですね。

貴族の没落

大澤　ただ三つが連続していると言っても、武家政権が成功したのは、やっぱり東国をベースにやっていたから。摂関政治も院政も、それから平氏もそうですけれど、京都に拠点があるんですね。京都にいることの問題点は、荘園を持っていても、自分は荘園にいないという点。荘園からの上がりが、一〇〇％自分に届くわけじゃない。つまり荘園に対して、実質的に権力を握っているとは限らない。だから、いざという場合には弱いんですね。東国武士は、現場にいるので、そこが違ってくる。

橋爪　荘園は、単純な地主とか、所有とかいう問題ではなく、何段階にもなっている。ある荘園で、農民が上納分を供出したとする。それはまず、領主に対する支払いである。でも、誰に払ったのか、あんまりよくわからない。京都に本所があるとして、かなりの部分が本所に届く場合もあれば、かなりの部分が途中で消えてしまう場合もある。

大澤　と思いますね。

橋爪　途中で消えてしまうのは、下級所有権／中級所有権／上級所有権、みたいに重層しているからでもあるし、運送の途中で、運送を分担しているのが取っちゃうということもある。運送を分担しているのは武士じゃないのか。

大澤　うん、まあ武士的な、腕っぷしの強い連中ですね。僦馬の党なんかが有名ですが。

橋爪　あと、荘園には、地頭の前身になるような人びともいた。地頭はのちに、下地中分とかいって、領主権そのものを奪い取ることもあるわけだから、院政のころには、貴族の実収入は、バケツの水もれみたいに、相当少なくなりかかっていたんじゃないか。

大澤　うん。そうですね。現地の生産者を、負名みたいな人が管理していて、そのうえに、何段階もの地主がいる。生産現場の実態は、上に行けば行くほど把握していないと思うんです。現実には、力関係から言うともう、在地に近い人ほど強く、京都に近いひとは形式上、頂点に立っているけど、ほんとうは寄生しているだけじゃないか、みたいな状況になっている。

橋爪　それが、荘園制の……

大澤　弱点ですね。

橋爪　このプロセスが進行するほど、中央政府は内実がなくなっていく。中央政府に寄生して繁栄したはずの貴族も、中央政府とともに没落していく。こういう流れじゃないか。

10 なぜ日本には、武士なるものが存在するのか

武士とはなにか

大澤 そしていよいよ、武士が登場します。日本史のハイライトですね。まず、武士の定義は、なんでしょう。

橋爪 武士が、地主かどうか、という問題がありますね。武士は、いったんは地主になるんです。でも江戸時代になると、所領から切り離されて、地主かどうかよくわからなくなる。

大澤 うん、確かに。

橋爪 封建制の定義からすれば、武士は地主でなければおかしい。地主で、自己武装していて、所領の支配権を持っていて、その費用を農民に負担させている。でも所領のサイズ

がとても小さい。そのため、もっと大きなネットワークを作ろうと、主従契約を結んでいく。その契約のため、土地を媒介にするわけです。従属者は、土地の安全保障が与えられるが、反対に、軍務を提供する義務がある。これが、封建制というものですね。

馬に乗る武者

橋爪　で、武装の形態ですけど、馬に乗る。

大澤　おもしろい着眼点ですね。

橋爪　そして、刀、槍、弓のようなものを武器とする。鎧兜（よろいかぶと）に身を固める。というのが、古典的な戦闘スタイルである。

　馬を維持するのに、かなり費用がかかりますが、飼料もなにも、すべて自弁です。

　ヨーロッパの封建制の領主は、騎士なわけですが、武士とよく似ている。よく似ているんだけど、ちょっと気になる違いがいっぱいある。

大澤　まず、武士は、あなたは武士ですと任命されるわけじゃない。だから、私たちが、武士と呼ばれるものが、客観的にどんな条件や性質をもっていたかを抽出しなければならないわけですが、橋爪さんのここまでの短い話の中から、武士に二つの側面があることがわかると思います。

第一に、武士は戦闘を遂行する者だということですね。ここから武装の問題が出てくる。しかし、戦闘者だと武士というわけではない。第二に、武士は所領をもっていて領主でもある。ここから、武士は地主かという問題が出てくる。

後者の面に関していうと、歴史のある時期までは、武士自身もふだん農作業に従事していたはずです。武士と農民がほんとうに分かれてくるのは、近世の兵農分離をまたなければならないと思う。

あとの時代のことですが、武田信玄と上杉謙信（長尾景虎）が、川中島の合戦を何回もしているじゃないですか。合戦の時期をみるといつも、田植えや刈り入れのような農繁期を避けていることがわかるそうです。つまりこの時期でも武士は、それなりに農民的な性格をもっていたのです。

それはさておき、武士がどのように武士になったのかを、考えてみたいんです。

平将門は、すでにすっかり、武士のようである。もっと時代をさかのぼって、坂上田村麻呂などになると、果たして武士なのか。ちょっと違うんじゃないかと思う。その違いを、整理しておきたいんです。

橋爪　平将門は、いわゆる武士です。行動様式も武士だし、平氏の一門でもあるし。

平将門は、日本刀を初めて使ったという言い伝えがあるらしい。

大澤　ああ、そうですか。それは初めて知ったな。

橋爪　日本刀は、片刃の鉄剣で、少し反って、曲がっているところが特徴なのです。最初に伝わった刀は、直刀。まっすぐだった。中国軍の標準装備で、渡来人の技術で伝わったのだろう。日本もそれを採用していた時期が長かった。武士はまず刀からして、それ以前と違っているのですね。

最初は馬を飼う人びと？

橋爪　で、私の仮説は、武士は地主が自己武装したものではなく、武装した集団が地主になった、という順番ではないか。

大澤　なるほど。

橋爪　武装することの根本に、やっぱり馬がある。

武士はね、馬に乗る資格のある者（侍）と資格のない者、という区別が、江戸時代も、もっと前も、ずっとある。その、馬に乗る武者が、戦力の中核で、それに歩兵や従卒が従っているというのが、武士の戦闘集団のもともとの姿だった。

そこで、馬に注目すると、馬を飼うにはかなり広い場所がいる。経費もかかる。小馬を育てて放し飼いにしておくのは、日本にあんまり適地がない。水田でも畑でもない、利用しにくい空き地だったろう。大陸から渡来した馬は、荷役用や軍用にするためそうした場所で生産され、政府や有力者や業者のもとに届けられたはずだ。

大澤　なるほど。先ほど、武士の二つの側面と言いましたが、領主という側面より戦闘者という側面が先だった、という仮説ですね。

橋爪　牧場を離れて舎飼いする馬は、牧草が不足するので、飼料（干し草）をパッケージにして届ける必要もある。兵糧ですね。そういうビジネスが成立していたはずだ。

そういう牧場を管理していたか、そういう馬にアクセスできる人びとが、いつも馬に乗っているうちに、だんだん乗馬術に習熟していき、荷役や商人を護衛したりしているうちに、騎馬武者に成長していったんじゃないかと思う。

大澤　おもしろい。先ほど話題にした僦馬の党も、その種のものですね。馬をあやつる、移動や運送の能力に長けた者たちが、武芸も身につけ、武士の起源になった、と。

押領使の任命

大澤　少し事実関係を確認しておきます。たとえば、坂上田村麻呂は、名前からして、かなり高貴な家柄じゃないかと思うんです。ふだんは都にいるんですね。それがそのまま武装して、蝦夷退治に行く。

武士は、都の貴族がそのまま武装するというのではなく、基本はまあ地方の、在地勢力だというところが重要だと思います。だから坂上田村麻呂は、武装しても武士ではない。しかし、同時に、地方の勢力だけで武士が完結するかというとそうではなく、都や中央につながりうる高貴さが、重要な凝集力になっていることも無視できません。武士のリーダーたちのなかには、平何某とか、源何某とか、血筋をたどると天皇にも繫がるぞ、みたいな人はおおぜいいる。彼らが、いわゆる武家の棟梁になっていくわけです。彼らも祖先が地方官になって出ていって、そのまま居ついて、地方豪族として勢力をたくわえたのかもしれない。ここから推測すると、ある時期まで、平安貴族が、氏族ぐるみで戦わなきゃいけないときは、自分で武装したという時期があったんだと思うんですね。

ところが平安朝の特徴って、軍隊がないことじゃないですか。御所の警備にあたる者はいるんですけれども、専門の政府軍がない。大陸からの脅威がなくなった、などの理由で、特に京都周辺は、軍隊を置かなくてもやっていけるようになった、ということは前に話題にしました。

でも、武装しなくてもやっていけるみたいな状況は、列島全体ではない。周辺部に行けば、例えば九州とか関東に行けば、しょっちゅう紛争が起きる。想像するに、徴税との関係で紛争が起こりやすいような気がしますけど、とにかくしょっちゅう紛争が起きる。そうするとそこに、武力をたくわえた集団が必要になる状況が出現する。

京都の朝廷が、そういう集団を巧みに活用し、列島の治安をなんとか維持する、みたいな状態が長く続いた。今、「巧みに活用」と言いましたが、要するに、紛争があったとき勝ちそうな方を「押領使」（暴徒や盗賊を鎮圧し逮捕する任務をおった令外官）に任命し、お墨付きを与えたり、優位な方に負けそうな方への追捕官符（賊を逮捕するように命ずる公文書）を与えたりすること。すると紛争に勝った方が、まるで政府所属の治安部隊だったかのようになる。これは、京都の朝廷が、地方の勢力に依存しているとも言えるし、逆に、地方の勢力も喜んで押領使になったり、そういうタイトルをもらうことで勝負に決着をつけるということで、こちらが朝廷に依存しているとも取れる状況ですね。この「押領使」の部分の重みが増していくと、やがて武家政権になるわけですが……。

貴族は武装した

大澤　ちょっと先走りすぎました。先ほど紹介した橋本治さんの本（『双調平家物語ノート』）で、平安初期の「藤原薬子の変」という失敗したクーデターについて述べていることが参考になります。このクーデターは、桓武天皇の次に天皇になり、さらに上皇となった平城上皇と嵯峨天皇の争いから来ています。上皇側は、自分の重祚（天皇位への復帰）と平城京への復帰をねらっていたが、嵯峨天皇側はこれらに反対です。変の名前になっている薬子というのは、上皇の愛人。

結局、上皇側が負けて、平城上皇が出家することで決着がつくのですが、ここで注目したいのは、この争いの激しさ、暴力性です。そのことは、クーデター後の処分を見るとわかる。薬子の兄、藤原仲成(なかなり)は死刑（弓で射殺）、薬子をはじめ首謀者の女は自害した。

ここで橋本さんの観察力が利いてくる。敵を死刑にしたり、負けたとなれば女でさえも自殺したり、ということは、貴族同士が、場合によっては武器をもってでも、直接的に戦い合うということです。仲成の死刑のあと、三四六年間も死刑が行われなかったそうです。つまりこのクーデターは、貴族が直接戦った最後のケースです。

橋爪　はい。

大澤　で、何を言いたいかと申しますと、こんなふうに、貴族自身が直接戦っているあいだは、まだ武士は出てこない、ということです。京都やその周辺にいる貴族というものが、一般には戦わなくなる。薬子の変あたりを最後にして戦わなくなる。

それとの相関で今度は、戦う武士が出てくる。どこで戦うかというと、九州の南部とか、瀬戸内とか、関東とかです。とくに関東、というか坂東(ばんどう)というべきでしょうか。なぜ、ここが戦う場所になるかといえば、朝廷の権力がぎりぎり届くか届かないかの境界線だからですよね。坂東より先は、陸奥(みちのく)で、蝦夷の世界。境界だから、まつろわぬ蝦夷との戦いがあったり、朝廷権力があまり及ばないので土地等の紛争も多い。ここで戦う武士の活躍の場がある、ということになります。

馬はなぜ大切か

大澤　そうすると、やっぱり武士にとっては馬が重要ですね。馬は、元々は大陸から入ってきたんですよね。

橋爪　もちろん。

大澤　東国に多かったりしますか。

橋爪　私の感じは、馬の総数自体が、圧倒的に少ないと思う。

大澤　なるほど。

橋爪　今で言うと、高級スポーツカーみたいな感じかな。持っているとすごい。でも台数自体が非常に少ない。高級品だった。

馬は日本では、政府も管理していたんじゃないかな。

もともと中国の正規軍のシステムでは、武器や備品、兵糧は政府が供給するわけです。農民を徴用してきて、甲冑を着せ剣を持たせて訓練して、兵士にする。防人(さきもり)は、それを真似した制度で、しばらくは機能していた。中国から正規軍が攻めて来たら、日本も当然正規軍で戦わないといけないわけだから、当然です。

ここでじゃあ、馬はどういう役割かというと、日本の戦争では馬はあんまり主役でなかった。戦車の時代があれば、馬は必需品だが、日本には戦車はなかったのです。

それに中国は、騎馬民族が攻めてくるのだから、対抗上、たくさん馬を常備しておかないといけない。戦車の時代が終わっても、軍用の馬の価値は高かった。

軍のリストラ

橋爪 ところが日本では、そのうち予算がカットされて、正規軍は解散し、民間に外注され、健児（こんでい）制というものになる。健児は、徴用ではなく志願制で、豪族などの抱える武芸に秀でた連中に、丸投げする。たぶん自治体の消防団みたいなもので、いつも部隊が編制されているのではなくて、呼ばれたときだけやってきて、ふだんは別の仕事をしていた。この連中がティーンエイジャーの頃から、馬に乗るのを練習し、弓を射たり、武芸を磨いたりしていた。そういう中から、戦闘のプロが育っていくわけです。

そこで、どうしても馬に乗る。馬に乗るのには、かなりの経済力が必要だ。

大澤 そうでしょうね。

橋爪　だから、ある程度の経済基盤のある家のどら息子が、その役を担う。あるいは、馬を生産する人びとや、馬で荷役を行なう人びとのどら息子とか。彼らが集まって、だんだんグループを形成する。馬は、行動半径が広いので、農業を基盤とした血縁・地縁集団のサイズを超えた、かなり広い地域を勢力範囲にした、暴走族みたいなものができる。

これは、正規軍とは違ったボランティア団体です。しかも地主とは限らない。ただ腕っぷしが強いだけ。

こういう連中は、まず、歩兵より強くなければならない。歩兵が立っているところを、馬で近づいて行って、駆け抜けざまになで斬りにするのが、基本戦法になってってね。

大澤　なるほど。

橋爪　で、スピードを出すから、直刀だとまずいので、少し曲げて、刀がすっぽ抜けないようにグリップをつけた「蕨手刀（わらびてとう）」というものが最初にできたらしい。わらびみたいなかたちで、振り回しても大丈夫。馬上からなで斬りにするのに、ちょうどいい。このあたりのことが最近、明らかになって、日本刀の起源だとして、講談社学術文庫の『日本の歴史』シリーズ（第七巻、下向井龍彦『武士の成長と院政』）に詳しく紹介してある。

こうして、馬に乗る荒くれ武者の集団が、無敵の戦力になって、暴れ回り始めた。

大澤　おもしろいですね。

武士はビジネス

橋爪　そうすると、彼らを利用できると、みんな思うわけ。

例えば土地の紛争。これは民事紛争だが、当時は裁判がほとんど機能していないから、念のため武士を雇っておく。何々の荘の、警備係みたいな役に任命してもよい。また、犯罪の取り締まりとか地方の反乱とか、政府に雇われる場合もある。荘園領主が、物資の運搬や警護のため、雇い入れることもある。遠隔地を移動する商人も、武士とは仲よくしておきたい。こんなふうに、なんでも請け負うガードマンみたいな存在になる。

というわけで、武士はビジネスなのですね。武力サーヴィスを提供して、代わりに報酬を受け取る。でも暴力団と似ているから、頼んでもいないのに守ってやるとやってきて、上前をはねる場合もあるかもしれない。

武士はローカル集団なので、暴力団と同じで、縄張りがあります。縄張りをめぐって、いつもいがみ合っている。競争も激しい。そのため、系列化が進み、やがて源氏とか平家とか、全国規模の大きなネットワークができあがる。

大澤　よく言えば、任侠の徒という感じでもありますね。

ヨーロッパの封建制の場合、割に早い段階から農民（直接生産者）と領主層（騎士）がはっきり分化している。日本の場合は、むしろ武士は、職能であって、身分としてはっきりしたものがあったわけじゃないような気がします。

あと、馬に目をつける点は大事ですね。

先ほど名前の出た平将門は、初期の武士だと思うのですが、強かった。なぜ強いのか。将門の祖父にあたるのが、高望王（平高望）ですが、寛平・延喜東国の乱（九世紀）のときに坂東に派遣され、一門が、その鎮圧の恩賞として坂東諸国の国司に任じられ、そこに定着したらしい。その一門の中でも、将門はとくに強い。どうしてかと言うと、将門のお父さん良持（良将）が、鎮守府将軍でもあったから。鎮守府将軍というのは、今の岩手県の胆沢城に派遣される。そこは、蝦夷との戦いと交易の最前線です。だから、将門は子供のときから、戦いや馬の扱いが身近であるような環境にあったのではないでしょうか。

福島県の相馬に、相馬野馬追という祭礼があって、原発事故があったせいもあって、ときどきこの祭礼のことが報道されますが、これは、平将門が指揮した軍事訓練が発端だと言われています。この一事からも、将門と馬とのつながりが示唆されますね。

運輸を制する

大澤　将門の乱が起きたときにちょうど、藤原純友の乱も起きている。承平・天慶の乱ですね。純友は海賊じゃないですか。将門は、言わば馬賊ですね。どちらも、戦いと同時に、輸送や交易にも関係する。このうち、馬を使って陸上を移動していた人びとが主流になって、武士になったということでしょうか。

橋爪 馬を何頭も、舎飼いにしておくには、けっこうな財力が必要です。いまで言えば中小企業ぐらいの経済力がないと、無理。その経済力は、農地を支配していれば安定して生み出せるから、そういう意味では武士は、小地主であった可能性が高いと思う。

だけど、馬を使う目的は、かなり広い範囲を軍事的制圧下に置くということです。それは、小地主の勢力圏より広いんです。遠方のグループと連携して、何かの権益を持つとかは、このグループが一番やりやすい。

あと、運送ですが、道路は未整備だから、馬に載せていくと便利だ。馬を支配すれば、運送を支配できる。農業が運送に依存するなら、武士に依存せざるをえない。馬による運送は、車輪を使わないから、細道でも急峻な坂道でも対応できる。

大澤 ああ、そうですね。そういえば、平良持－将門父子も、砂金とか、北方貿易による毛皮とか弓矢の羽根とかで、かなり裕福だったようですよ。

義経が身を寄せたのも、東北の砂金を運ぶ商人（金売り吉次）でしたね。

橋爪 治安の悪いなか、遠方に物資を運ぶ場合は、武士との結びつきが必要になる。

馬に乗って強い武士。彼らは、農業以外の副収入がたくさんあったはずだ。

大澤 なるほど。荘園のシステムは、運送業者を必要とする。でも運送業者は、自分がかっぱらったほうが得だと思うかも。まあ、強盗と紙一重みたいな状態だと思うんです。そういう人びとが馬を使っている。

僦馬の党は、東国中心に、馬を使った運送業者ですものね。徒党を組んでいる。そういうところからも、武士が出ている可能性がありますね。

橋爪 それで、小さな農地の範囲を超えた、かなり大きな範囲を管轄してる。

うん、ビジネステリトリーにする。

騎兵なのか

橋爪 さて、武士は馬に乗っているが、騎兵なのか。

大澤 おもしろい問いです。

橋爪 騎馬武者が騎兵かどうか、私は疑問に思うな。

大澤 確かにイメージはかなり違う。

橋爪 騎兵は、兵種の一種で、歩兵や槍兵や弓兵と協同して、指揮官のもとで戦う。最終的に敵を屈服させることが目的。戦術全体のなかで、騎兵には騎兵の特性があるのです。

だけど、武士は、そういうふうに戦争をしているように思えない。まず、個人戦闘なんです。名乗りを上げて、自分の名誉のために戦い、相手の首を取ったりしている。暴走族のタイマンとよく似ている。

大澤　うん、なるほど。この章の最初の方で、武士は、以前とは違った武器を用いるという話が橋爪さんから出ましたが、そのこととも関係づけながら、今、話されたことに付け加えておきます。

古代では弩という武器が世界各地で使われていて、日本もそうです。弩については、この対談でも以前話題になりました。弩は殺傷力がすごく、古代の標準装備ですが、武士は使わないですね。武士の武器は、日本刀とそれから弓矢。どうしてかと考えると、橋爪さんが指摘されたように、武士の戦いは、もともとは個人対個人だったからだと思うのです。矢柄に氏名をつけて、誰の手柄かはっきりさせたこともあったそうです。武士の性格とエートスが、騎兵とはずいぶん違うことを示していますね。

橋爪　組と組が遭遇して、紛争を解決するとき、タイマンで済ませられれば、残りの人びとは戦闘しなくていいから、平和ではある(笑)。そういうルールがまずある。

大澤　武士が誕生した初期の段階の戦では、戦死者数は、古代の戦争に比べてかなり少ないそうです。

橋爪　それから、騎兵にも、軽騎兵と重騎兵がいるんです。

軽騎兵は、防御の装備を切り詰めて、身軽にしている。それなら、遠くまで行けるし、スピードも速い。集団戦法をとりやすい。その代わり、重騎兵が来たら敵わない。

重騎兵は、防具をありったけ着ているから、簡単にやっつけることができない。でも移動スピードが遅い。場合によると馬まで甲冑を着けている。

大澤　ああ、そうですね。

橋爪　日本では、重騎兵は、まるで発達していない。

大澤　そうですね。馬の甲冑はないですもんね。

橋爪　馬の甲冑はない。

武士のルール

橋爪　その辺を考えると、武士は、馬に乗って戦うときに、まず相手の馬を傷つけて落馬したところをやっつける、という戦法を取っていないと思う。

大澤　そんな気がします。

橋爪　騎馬武者は、弓を持っているけど、刀が基本で、すれ違いざまに相手に斬りつけるというやり方。戦術的にちょっとおかしい。地上の一騎打ちみたいで、馬の利点を全く活かしていない。これは騎兵とは言えない。

大澤　地上で戦う人がたまたま馬に乗っているという（笑）。

橋爪　そう。個人戦闘で、軽武装で、しかも騎兵として有効に機能していない。武士の戦法ってこういう特徴があると思うわけです。

大澤　なるほど。日本刀を使った「騎馬個人戦術」の出現は、戦術の上でのかなりの革命で、古代にはなかったものですが、それは、俘囚（朝廷の支配に服属するようになった蝦夷）から学び取ったものだ、という説を読んだことがあります（下向井龍彦『武士の成長と院政』）。

橋爪　それが集団になると、面を支配するのですね。

武士は実利的

大澤　なるほどね。武士は、武力を競い、所領も防衛しなければならないので、そのエートスは合理的で実利主義的。迷信くささもあまりない。こうしたエートスを体現する、機能性を優先させた新しい組織原理を日本列島にもたらしたと思うのですよ。

一九七〇年代末期に村上泰亮さん、公文俊平さん、佐藤誠三郎さんという三人の社会科学者が共同で、『文明としてのイエ社会』という、日本社会論の大著を出しました。この本は、武士を開発領主と完全に同一視するなど、今日の歴史学の知見とも、僕らのここでの対談で提示している仮説とも一致しない見解をいくつか含みますが、やはり碩学三人の共著だけあって、今でも参考になる論点をいくつも提起しています。

この本の中心的な主張は、イエという日本独特の組織原理が武士とともに生まれ、それが現在にいたるまで日本社会に大きな影響を残したということです。イエというと、家族(family)のように思う人がいると思いますが、そうではなく、血縁原理とは独立の、生活を共同にする経営体の一種です。その源流が、東国の武家にある、というわけです。

武家は、家人とか所従とかといった非血縁者を含む、ピラミッド的な構造をそなえた機能的階層組織です。この集団はかなりの程度能力主義的で、しかも擬制的な血縁関係でできている。所属意識や忠誠心が明確である。武士は、戦闘に際して名乗りをあげるわけですが、それは、どのイエに所属しているかを述べることで、自分がどれだけ由緒のある武士かを告げることです。戦闘理由はイエにある。イエに所属して、所領があるので、実利の問題でもある。もともと戦闘集団で、競争的環境にありますから、合理的なんですね。

それ以前の日本の中心的な組織原理は、この対談で論じてきたように、ウジ、つまり一種のクラン(氏族)です。クランは連合し、また連合に際しては、天皇が中心となるような神話的な血縁の物語を示すテクストを編集したりと、かなり高度な戦略も用いられますが、もとになる組織原理はクラン(ウジ)。

武士がもたらしたのは、こういうクランタイプの組織とはちょっと違った、機能的組織ですね。機能集団なのに、擬制的な血縁関係や擬制的な親子関係を装っています。しかし、実際にはメンバーの中には、単なる雇い人みたいな人びとが含まれますから、必ずしも血縁関係があるわけではない。養子についても、きわめて柔軟に活用しているので、血縁へのこだわりはほんとうは低い。そういう擬血縁化した機能集団みたいなものとして、武士の集団が生まれてきた。

こうして出てきた組織原理が、やがて武士以外の、日本のさまざまな社会領域に浸透し、採用されるようになった、というのが村上さんたちの主張です。商家や農家にも採用され、貴族や天皇家にも浸透する。つまりかつてのウジ型の社会もイエ型に変質する。

武士はイエか

橋爪　新しく出来て、成功したこと、擬制血縁だということは、その通りです。ただそれを、イエとよぶことは、できないと思う。

大澤　と言いますと。

橋爪　イエは、江戸の、幕藩制になってから確立した概念である。この段階ではまだ、イエはない。血統、血縁という考え方はある。

あと、多くの武士のビジネスの実態は農地だと思う。何々の荘っていう経営実態があって、それに責任を持っている。それを根拠地とし、自分の拠点がある。こういう意識はあるけれど、それはイエとは言いにくいと思う。

大澤 なるほどね。ただ村上さんたちの「イエ」は、社会科学的な構成概念といいますか、分析する学者の観点に属する概念なんです。もちろん、当事者である日本人がのちにイエとみなすものの源流だから、「イエ」と名付けているわけですが、さしあたっては、イエなる概念を当事者たちが実際に意識的に使っていたかどうかとは別の問題です。

まあともかく、イエとよぶかは別として、武士とともに、これまでになかった、しかも日本独特と言えるような組織原理が生まれたとは言えるのではないでしょうか。その特徴をあらためていえば、第一に、擬血縁性。第二に、系譜性。これは、とにかく「直系継承線」（中根千枝）が存続するということです。第三に、機能的階層性。それからもうひとつ、第四に、かなり高度な自立性をもつ集団であること。

中でも僕が興味深く思うのは、第一の特徴との関係でもつ、武家的な集団の両義性です。社会学の典型的な集団類型に、ゲマインシャフトとゲゼルシャフトがあるじゃないですか。この両方を横断してしまうようなところが、武家的な集団にはある。ゲマインシャフトの特徴は、運命的に所属していて、加入には選択意志が働かないことですよね。ゲゼルシャフトは、契約に代表されるように、選択して加入する。

武家の組織の場合、究極的には戦う機能集団ですから、加入には選択意志が働くのですね。実践的な目的のために、非血縁者を加入させたり、養子をとったりもする。しかし、いったん加入してしまうと、まるで血縁があるかのような扱いで、抜けることがかんたんにはできない。無限定かつ無期限に集団に忠誠を誓わないとならない。昔、F・L・K・シューという社会学者が、これを「キントラクト（縁約）」という造語で表したことがあります。「キンシップ（血縁）」と「コントラクト（契約）」の合成ですね。

封建契約

橋爪　ヨーロッパと日本が似ているのは、小領主がいて、経営単位がそんなに大きくないこと。無数と言っていいほどの領主がいる。経営単位が小さいと、他の領主たちや武装集団から、自らを守る必要がある。安全保障は、自己の武芸を磨くことではかなえられないから、連携をして人数を増やすしかない。で、これがヨーロッパの封建契約の主な動機であり、日本の武士集団が形成された動機でもある。でもその先が、ちょっと異なる。

ヨーロッパの場合は主従契約で、いちおう上下関係がある。ところがこの上下関係は、場合によるとぐる回りになっていて、AがBに、BがCに、CがAに主従契約を誓うみたいなこともないとは言えない。

大澤　難しげにいうと、「推移律」が成り立たないわけですね。

橋爪　それぞれの契約が単独で結ばれるから、そういうことが起こる。日本の場合はたぶん、これがない。日本の主従契約は、教科書に書いてあるようなピラミッド型の組織になっていき、頂点に武家の棟梁、まあ、大ボスが現れてくる。そのポストは、高貴な血縁に由来するというフィクションが必要になる。じゃあその血縁は、集団の全体を貫いているかというと、そんなことが全然なくて、途中から別な血縁集団をつぎつぎ接ぎ木して、だからこそ大きなグループになっている。この論理を考えてみると、私たちが知っているのは、山口組だな。

大澤　ハハハ（笑）。

　山口組に、いま山口さんはいるのか。たぶんいない。

橋爪　山口というのはただの符丁で、親子の盃を交わして身内になるわけだけど、それが何段階にもなっている。なぜなんとか街の小さなシマを持つ暴力団で、こぢんまりやっていちゃいけないかというと、ほかの組が入り込んでくる。それを防ぐには、どうしても大きな組に入っていないといけない。ということは、対立しあう複数の全国ネットが、存在しないといけないんだが、これが源氏と平家になった。

大澤　なるほど。二大暴力団。

橋爪　私が思うに、武士が存在しはじめてから極めて速やかに、源氏とか平家とかいう、大きな門流の大集団ができあがっている。

契約から運命へ

大澤　おもしろいですね（笑）。僕も、暴力団の話をしようかなと思っていたところでした。武士がどんな集団だったか想像するときに、一番わかりやすいと思うんです。暴力団は、入りたいと言ったら入れてくれるかもしれないが、辞めて出るのがむずかしい。

それはどうしてなのか。入る時は契約に似ているわけですよ。ところが契約した途端に、実はその関係は自然化されているんですよね。もう親子のようなもの。一生縁が切れないみたいなことになって（笑）。契約なのに、運命的な血縁関係であるかのような設定に入るわけです。武士もまあそんなような感じだったんじゃないか。

橋爪　武士は、命を懸けて戦うんだから、血でつながる誓約集団だと思っていなければ、やっていられないな。

大澤　この武士がなぜ力を持ってくるか。

いまの暴力団の例で、山口組にみかじめ料を払って変なお客さんが来たら追い出してもらうとして、本当に警察も何にもない状態なら、それでいいわけじゃないですか（笑）。そうすると山口組も正当な警備団になるわけです。という感じなのが武士ですね。

言い換えると、王朝権力の浸透度が低い。日本の王朝権力は、日本列島を完全に一元的に支配したり、秩序を保ったりするほどの性能を備えていない。国司がいることになっているが、周辺部には権力の真空状態のようなものができる。そうすると、やっぱり山口組に守ってもらわなきゃ困る人びとが出てくる。そういう構造だと思うんですね。

武士が主に関東を、結果的には基盤にするのは、そこに原因があるんじゃないかな。

橋爪　はい。

大澤　源氏と平家が武士の棟梁として、意外に早い段階から二大勢力になったことを、ちょっと考えておく必要がある。源氏も平家も名門ですよね。建前からすると、「源」はもともと天皇の子が皇室の外に出て、臣下になったときにあたえられる姓で、「平」は天皇の孫以下にあたえられる姓ですね。結局武士は最後のところで、貴族や朝廷に繋がり得る高貴な血筋を活用する。武士が大勢力を作るときに、貴種が核になる力学があったと思うんです。貴種というのは、天皇か、あるいは摂関家ですね。

それなのに、その貴種性が系譜の全体を貫いているかといえば、先ほど橋爪さんが説明されたように、それはあいまいに拡散していく。貴種性は必要なのか、どちらでもよいのか、定められない両義性が武士の特徴だと思います。

税金逃れ

橋爪　平安時代を理解しようと思うと、いかに税金を払わないか、これに尽きる。このコンセプトで、すべて動いていると思うんです。

本来、政府が税金を農民から集めるべきなんですよ。ところが、税金を払わない工夫がいろいろある。

貴族は、荘園領主だから、免税特権を持っている。荘園は、私有地になっている。私有地では税金でないが、収穫物を集める。税金が貴族の個人収入に化けている。税金を払わなくていいって特権なんです。特権だから、獲得する手続きがあるんだけど、喪失されやすい。で、この喪失を食い止めるのに、まず輸送を確保する。支払いが必要。そして、別な誰かが入ってきて、別な特権を主張しないように、武士を雇用する。支払いが必要。というふうに、だんだん追い込まれていく。

平安の貴族制は、公有地をネコババし、軍隊を解散し、死刑も廃止し、都では貴族たちは自己武装もやめてしまったんだけど、そのおかげで貴族ではない人びとが武装して、貴族の特権に寄生するようになった。特権に寄生することも、特権です。その特権を奪われる可能性があるわけだから、それを防衛するためにはグループ化しなければならない。こういう論理があると思う。

大澤　なるほど。おっしゃる通りですね。

日本の歴史をみると、税金問題が確かにひとつの軸ですね。中央に向かっていく資源の流れと、在地に留まろうとする資源の流れの、せめぎ合いみたいになっている。中央政府は弱いので、ほとんど集まらないんです、どうしても在地のほうに有利に傾く。

ただ、在地は在地で、紛争もありますから、中央のそこそこ力のある誰かの保護下に入ったほうが安全なので、持ちつ持たれつの関係になっていくんですね。

本来は中央に集まってこなければいけない租税が、末端でほとんど吸収されてしまうという傾向が、日本では非常に強い。建前上は末端の人が中央の人に守ってもらってる感じだけど、よく見ると逆なんですよね。中央勢力のほうがむしろ末端に寄生している。

橋爪　日本はそうすると、ヨーロッパに比べて、末端の領主が強い。

大澤　そういうことになりますね。

橋爪　ヨーロッパでは末端の領主が、二つの勢力によって、干渉され、統制されるんですね。ひとつは教会です。教会は、相続の時に干渉する。

大澤　そうでしたね。

橋爪　結婚は秘蹟なので、そうじゃない子どもは相続権がないとか言われてしまう。これには当然、ふだんからお付き合いが必要で、寄付とかしないといけない。

もうひとつは法律の問題で、領主と領主が争ったときに、上級裁判権があって、国王が出てくるわけです。

大澤　ああ、そうか。

橋爪　国王が巡回裁判所をやっていたりして、正義はこうだみたいに、裁決する。その裁判のクオリティが高いと、だんだん、すぐ国王に上訴するという考え方になってくる。イギリスではこれが顕著で、国王の裁判が明らかにするのがコモン・ローといって、ローカルな法規範を超えた法律だという考え方が確立していく。ドイツやフランスでも、領主が外部の干渉をはねのけるということは、あんまりできていない。

日本の場合、それにあたるプロセスが、あまりないと思う。

大澤　そうですね。日本の場合は、やがて幕府ができると、御家人同士の紛争を解決する裁判機能が設けられます。鎌倉幕府は紛争解決のサーヴィスを提供するのです。しかし、裁判のやり方は、証拠はもちろん、法源や過去の判例も訴訟の当事者が用意して法廷に提出するというやり方で、幕府は干渉の度合いが少ない。そういう点からみても、日本の場合は、国の武家や領主が極めて独立度が高いですね。

11 なぜ日本には、幕府なるものが存在するのか

ふしぎな幕府

橋爪　さて、日本では幕府、すなわち、武家政権なるものが成立します。

これは、とても特異なことである。ヨーロッパには、武家政権にあたる現象がない。まして いわんや、中国では絶対ありえない。

まず、ふつうありえないことが起こったことに、驚かないといけないわけですね。

大澤　その通りですね。

橋爪　石井良助さんという法制史の学者が、『天皇』という啓蒙的な本を書いていて、名著なのですが、そこに幕府の説明が書いてある。幕府とは、「右近衛大将(うこんえのだいしょう)の執務所」のことだと。征夷大将軍とは直接、関係ないんです。

大澤　普通、将軍と幕府はセットだと思われていますが、法的には無関係なのですね。

橋爪　征夷大将軍は、右近衛大将（右大将）にも任命されていて、自分の執務室で政務を執る。征夷大将軍は、政府のコントロールが及ばない化外の地を支配するから、政府の機能を持たなきゃいけないわけだが、それを幕府といったのです。頼朝も家康も、朝廷からいろんな官職に任命されているわけだが、肩書のリストをみると、必ず右大将にも任じられている。だから幕府を開ける。

　でもこのことは、日本史の時間にはすっ飛ばされている。征夷大将軍が政治を勝手に始めると幕府、みたいに言っているけど、そういうものではないんですね。

大澤　まず確認すべき重要なポイントですね。

右近衛大将の意味

橋爪　さて、右近衛大将っていうのは、令外官でもなく、律令制の官職である。右近衛大将であって幕府を開いているのであれば、天皇の指揮命令系統の内部にいる。

　だから、天皇が主君であると言っているわけだ。

大澤　そうですね。

橋爪　なぜ天皇が主君であると言うのか。すでに天皇が主君でないからだ。

大澤　おもしろい。日本史学の標準的な語法では、平安後期くらいの国家を「王朝国家」と呼んで、古代の「律令国家」から区別する。中世の国家は、律令からの逸脱の度合いが大きすぎるからです。征夷大将軍なんかが出てきて。でも、征夷大将軍は、それ以前に、律令制の官職である右近衛大将でもあるというお話でした。

実は、天皇がもはや主君ではない状態だからこそ、「天皇が主君である立場」、つまり律令の官職が公言される、というわけですね。すでに律令国家からの移行が終わってしまっているからこそ、律令国家のうちにあるとはっきり言われる。すごい逆説です。

橋爪　『鄧小平』(講談社現代新書)にも出てくるけど、鄧小平は、毛沢東の思想は正しいからその通りにする、と言った。なぜそう言うかというと、毛沢東の言う通りにする気がないからだ。

大澤　なるほど。

橋爪　似たような政治的配慮によって、幕府の外形がこしらえられたのですね。

大澤　おもしろいですね。そこがいちばん重要なところだと思う。

橋爪　幕府を作ることによってさまざまな特権が生じるわけなんだけど、その特権を認めて下さい、ということですね。

大澤　確認なんですが、右近衛大将。右近衛だから、御所かなんかの警備をする?

橋爪　まず、武官ですね。

大澤　武官ですね。右近衛だから、左近衛と右近衛があって、右近衛のほうがちょっと格が高いんですか、そうすると。

橋爪　どっちが高いのかな。左大臣、右大臣は左大臣が上じゃないか？

大澤　上ですね。でも、考えてみると、平安政権には正式な政府軍はないですから、近衛の、警備兵の中のトップのポストに任命してあげれば、軍のトップに就くのと似たようなことになるということですか？

橋爪　警備兵は衛士（えじ）と言って、衛士府。だから衛士府と、近衛府は違う。近衛府は直属軍じゃないのかな。

大澤　直属軍。天皇に対する？

橋爪　はい。近衛師団、みたいな。

大澤　なるほど。

　ここは、いずれにしても、いちばん不思議に思わなきゃいけないところですよね。でも日本人は、もう小学校のときに習ってしまっているので、あまり不思議に思わなくなってしまっている（笑）。よく考えてみれば、いっぽうに幕府政権ができている。この鎌倉政権ができたときに、源王朝ができて、それまでの王朝を倒して、新しい都を関東につくって、みたいになればわかりやすいのに、政府機関が両方あって、見ると、幕府のほうは王朝から任命されたかたちになっている。たとえば、幕府のトップは、近衛師団の中のポジションに就いている。じゃあ王朝政府の関東支局かというとそんなことはなくて、実質的な権限は明らかに幕府のほうが強い。そういう状況でなお、天皇に連なるシステムとのつながりを残しておく。この理由がどうしてなのかを、考え抜かなければいけない。

厳密に、論理的に考えると、筋が通らないようなことが起きている気がするわけですけれども。しかし、現実にはそこそこ機能してしまった。

公家と武士

橋爪　私の考えというより、よく言われていることをまず整理してみます。

当時は、公家の力がまだかなり強かった。寺社領もある。京都に地主が集中している。武家も、領主権を主張しているけれども、戦国領国制や幕藩制のずっと前ですから、基本はまだ荘園制なんですね。

平家をやっつけた源氏としては、平家の二の舞にならないようにしたい。平家は朝廷で高位高官に上りつめたでしょ。天皇の外戚となり、朝廷を乗っ取るみたいな人事をした。これはやめましょう、藤原氏の真似だから。

大澤　藤原氏のかわりに平氏が入っているだけですね。

橋爪　外戚になって朝廷を乗っ取るには、まず、天皇家の血筋が独立に存在しなければならない。ゆえに院政という対抗手段がある。これをつぶす破目になるのは、避けたいで、右近衛大将の重要な点は、身分が高くないことなんです。かなり下のほう。

大澤　太政大臣とかじゃないですもんね。

橋爪　高い位をやるとか言われたはずだが、頼朝はぜんぶ断って、下っ端のノンキャリアみたいなポストに就いた。だから京都にいる必要はない。

大澤　うーん、なるほど。

橋爪　征夷大将軍にもなったし。それで京都にいないことにしますと言って、武士の拠点のど真ん中に執務室を構えた。この執務室にとっていちばん大事なのは、御家人。御家人のシステムをつくったのだが、彼らの「所領を安堵」するために、裁判所をまずつくった。これが画期的です。問注所ですね。御家人同士の紛争をここで解決する。いっぽう、御家人と公家の紛争は従来通り、京都で解決する。寺社領も同様、というやり方だった。

大澤　まず、土地をめぐる裁判権のようなものを武士用に独立させ、公家向けの裁判権と相補的な分業みたいなものを築いたわけですね。

橋爪　それから、犯罪人の義経やその子分が日本中に隠れているかもしれないというので、惣追捕使（そうついぶし）にもなっている。惣追捕使とは、警察権を手にするということです。

大澤 義経だけに特化した警察権を、全体の警察権に使っていく。

橋爪 警察権とは、荘園にずかずか入って行けるということだ。

大澤 裁判権は及ばなくても、公家の領地にも警察権を及ぼすことができたわけですね。

橋爪 徴税権ではないんだが、よその荘園に、自分の反対勢力が存在していたら、やっつけてよいという特権をもらった。

大澤 幕府の実質的な優位は、この警察権のところで確保されているわけですね。

橋爪 ついでに言うと、大ボスの頼朝が低い地位にとどまっているので、武士たちは、朝廷で高い地位に就けなくなった。朝廷が、武士を取り込む道も閉ざされているのです。

以上が、鎌倉幕府の、本質ではないだろうか。

名目と実質

大澤 なるほど。

これから長く、武家政権が続くわけですが、最初はそこそこ公家や朝廷も強かった。しかしその力が、どんどん落ちていく。でも、そうなっても、公家と朝廷はしぶとく残っているんですよ。しかも武士の側は、後で論ずる信長を別にすると、本当の意味で天皇や朝廷を乗り越えようとしたことがない。

結局どこか、へその緒のように天皇とのつながりが残っていたことが、最後の最後に江戸幕府が倒れる場面で決定的に効くことになります。それまで何百年もの間は、天皇なんかいつでもなしにできそうだったのに。

ついでにいえば、鎌倉幕府の中で、これと同じ形式のことが、規模を小さくして反復されているのがおもしろい。よく知られているように、鎌倉幕府は、やがて「執権」を担う北条得宗家に乗っ取られるようなかたちになる。北条氏って、地方豪族なんですよね、もとを正せば。源氏とちがって、高貴なところがなく、公家や皇室にはつながっていない。

源氏の血が三代で途絶えて、しかも幕府の実権は北条氏が完全に握っているわけですから、北条氏自身が将軍になるというか、幕府のトップになればよいのに、形式上は、執権というナンバー2の位置にとどまり、常に、将軍は別にすえておくのですね。四代目以降の将軍は、京都から摂関家とか皇室関係者の子どもを連れてきて、将軍にする。彼ら将軍は、幼いうちに、あるいは若いうちに退位させられ、成熟した大人として政治をする、ということはない。つまり何もしていないわけです。この鎌倉幕府の中の将軍と得宗家の関係は、朝廷と幕府の関係の再現ですよね。しかも、その将軍は、朝廷や公家の世界につながっていて、そうした世界に由来する高貴さの観念に幕府が縛られている。そんなことだから、のちに後醍醐天皇が出てきて反撃したとき、鎌倉幕府はあっさり倒れてしまう。

その気になればいつでも倒せそうな状態なのに、幕府が皇室を排さなかったのはなぜか。どういう理由で、それを維持する必要があったのか。

橋爪　それは、天皇を滅ぼす力学と、自分が滅ぼされる力学が、連動しているとどこかで直感しているからじゃないか。

大澤　そうですね。

橋爪　幕府を英語の辞書でみると、「Shogunate Government」って書いてある。将軍の形容詞が「Shogunate」なんです。

大澤　はい。将軍政府ですね。

橋爪　じゃあ、幕府は、ガバメントなのか？　将軍は将軍としか訳せないから「Shogun」とよんでいるけど、これは王制なのか？　王制でも、政府でもないのじゃないか。

まず、王だったら、王のポストは世襲できる。後継者が何人もいて、もめるとしても、後継者の誰も王になれない、ということはない。王はそれだけ、パワーが強い。

いっぽう将軍は、官職なので、自動的に継承できないのです。毎回任命される。徳川幕府の場合でも、徳川の跡取りはイエ制度で、徳川家で勝手に決められるが、その当人が征夷大将軍になるには、毎回、朝廷に申請する。ま、だいたい辞令は届きますけどね。

大澤　ハハハ（笑）。

橋爪　これはおもしろい問題です。

さて、スルタンとか、アミールというものがある。どちらも、カリフより下のポストで将軍みたいなもので、政府を組織するから王に近いのだけれど、理屈から言うと、毎回カリフから任命されるはずのものであろう。でもカリフがいないからね。スルタンはスルタンを世襲し、アミールはアミールを世襲する。

イスラムには、カリフがいない。でも日本には、天皇がいる。

大澤　なるほどねえ。カリフと天皇とどっちが偉いかという比較は無意味としても、とにかくカリフとは何かは、はっきりと定義できる。しかし、天皇とは何なのかつかみどころがない。でもカリフは途中でなくなってしまうのに、天皇はいつまでもある。

橋爪　そこで、任命権はずっと生きていて、任命され続けている。こういうシステムを取ることに何のメリットがあるか、という話なのです。

承久の乱

大澤　もう一回疑問の核の部分を言うと、武家の権力と天皇の権力との、相互関係がどうなっているかなのです。

平家の場合は、積極的に天皇の権力のなかに入って行って、貴族の一員として成功するという作戦をとった。それに対して源氏の場合は、むしろ距離を取っている。でも距離を取るぐらいなら、いっそ縁を切ったらどうかと思うわけです。頼朝が天皇からもらったのは、もう窓際族みたいなちっぽけなポストじゃないですか。そんなポストだったらなしにしたらどうだろうか。

橋爪　たしかにこの、権力の二重性が、カギですね。

大澤　鎌倉時代の序盤に、承久の乱があるじゃないですか。三代将軍の実朝が公暁に暗殺され、源氏の血が断絶してから二年後のこと（一二二一年）。執権は第二代の義時で、後に三代執権になる泰時も重要。乱のきっかけは、地頭の任命問題で、ささいなことです。これは、将軍を失って弱っている鎌倉幕府に対する朝廷の嫌がらせですね。幕府が受け入れられそうもない要求を出して、幕府がこれをのめないと見るや、後鳥羽上皇は、義時追討の院宣を出す。幕府は降参する手もあったわけですが、西に積極的に攻めていった。

この乱は、いくつかの点で、日本の歴史上、画期的だと思うのです。第一に、武士が皇室全体と対決したのは、これが初めてです。それまでも、武士が皇室内部の争いにかかわったことはありますが、皇室全部と敵対したのはこれが初です。

第二に、武士側（幕府側）が朝廷に勝ったことです。日本の歴史の中で、朝廷と公然と戦って、あるいは朝廷から全面的に敵と見なされて、なお勝利し、その後も繁栄し続けたという例は、ほかにないのです。

第三に、鎌倉幕府が皇室を残したこと。幕府側は、首謀者の後鳥羽上皇をはじめとする三上皇を流罪にするなど厳しく罰するし、天皇も代えてしまうわけです。そこまでやるなら、朝廷を排すればよいのですが、そうしない。皇室を残している。これはある意味、自分たちを敵視した皇室を尊重しているということになります。不可解じゃないですか。

天皇だってもとを正せば、レジティマシーにだって怪しいところがある。さっきのカリフとスルタンの例で言えば、カリフがスルタンを正統化するのは、そのカリフの正統性にきっちりした根拠があるからです。それに対して皇室の持っているレジティマシーは、よく考えてみれば、どういう根拠があるかよくわからないんです。

承久の乱のあと、鎌倉幕府は京都に六波羅探題をつくって、朝廷と西国を一応監視するのです。六波羅探題をつくるぐらいだったら、代わりに、鎌倉幕府京都支店をつくり、朝廷はなくせばいいのに。

農民から見ると

橋爪　なかなか難しい問題ですね。

幕府が朝廷をなくすことができないのは、同じロジックで存在しているから、という可能性もある。

大澤　うーん。

橋爪　まず、農民から見てみます。農民から見ると、公家の荘園領と、武士領で開発地主であるのと、どっちがいいか。武士領のほうがちょっとマシな気がする。

武士はときどき農業もやるし、地元の事情に明るい。在地であって、顔を合わせている。だから、収奪はしているんだけど、収奪する前提として、農民が元気で働いていないといけない。つまり、経営の感覚がある。

大澤　確かに。

橋爪　さて、公家の荘園領主の場合、不在地主だ。

大澤　そうですね。

橋爪　公家は、代官を派遣するだけで、とにかく顔は見せない。で、農民にしてみると、税は重く、負担も重く、また代官（実質的には、武士かもしれない）とかがいて、彼らは自分たちの味方だとは考えにくい。

だけど、日本中の農地の、三分の一が公家領で、三分の一が寺社領で、三分の一が武家領、みたいな状態のときに、朝廷をつぶすとは、すべての所領を幕府が直接支配しなくちゃいけなくなるので、荷が重かったんじゃないか。現状維持勢力も、なかなか手強い。

頼朝の作戦

橋爪　幕府がやっているのは何か。
　まず武家勢力は、本来ふたつ以上あって、互いに争うものなんです。源氏系統でない武士もまだいる。

大澤　なるほど。

橋爪　そこで、武士の中で最も正統なのが源氏であり、その地位は唯一であり、誰も揺るがすことができないと、はっきりさせる。すると配下の御家人たちは、やっと安心する。その唯一性を確保するとは、唯一のポストに就くこと。それがすなわち、征夷大将軍。つまり、武家の棟梁の地位であるとする。
　さて、唯一のポストに就くためには、任命権者が必要だ。任命権者なしに、唯一のポストを自称してのし上がった場合、同じことを自称する別な武士が出てきてしまうな。

大澤　うーん。

橋爪　右近衛大将はひとりしかいない。律令でそう決まっている。征夷大将軍はことによると何人もいるかもしれないけど、ほかの肩書とうまく組み合わせて、唯一の地位であることを武士の間ではっきりさせる。そして、公家領／寺社領／武家領の関係は、均衡していて、予定調和していると強く印象づける。みたいな作戦だったんじゃないだろうか。
　承久の乱までの鎌倉幕府は、そんなに強力ではなかったと思う。

大澤　そうですね。あの乱を境に、だいぶ強力になった。

橋爪　そう。あれは予想外の勝利。

大澤　どう考えても、事前に幕府側が有利に見える、という状況ではなかったですね。

橋爪　だから、鎌倉に拠点を定めた。京都を接収するとか、無理に背伸びをするつもりはなかったんじゃないか。

王朝交替ではない

大澤　もともと、武士が出てきて、そこそこ政府らしきものを作ることができたのは、それまでの政府が十分に機能していなくて、弱体だったからです。政府が強力だったら、少しぐらい武力があっても、反乱軍として鎮圧されてしまっただろう。
　これが中国なら、王朝の力が弱まると、農民反乱が起こる。農民反乱を率いて勝った者が「俺が皇帝だ」と言って、新しい王朝を立ててしまう。その際、勝利者に、天命がくだった、という解釈が入るわけですが。

日本でもそういうことが起きても不思議じゃない気がするわけです。平家は、天皇の政府のなかで出世する作戦をとったが、以後、武士はそういう作戦をやめてしまった。にもかかわらず、天皇を温存した。そういう武家政権のあり方に、やっぱり、わかりにくい不思議さを感じるのです。

橋爪　農民反乱が起こらないところが、ポイントでしょうね。

中央政府が弱体化したのは、在地の勢力が強まって自立したから。武士の基盤も、そこにある。農民は、反乱するどころではなかったと思います。

南北朝の争乱

大澤　鎌倉幕府が終わって、南北朝になりますよね。

橋爪　はい。

大澤　そのとき、なぜ南北朝になったのか。つまり、どうして天皇の系譜を一本化できなかったのか。

状況を解説しながら、疑問を言うとこうなります。まず、後醍醐天皇は、エキセントリックな人だった。鎌倉幕府——というか北条政権——への不満も大きく、政権の土台も揺らいでいるのを感じ、倒幕を画策し、ついに行動を起こす。しかし、この段階では、鎌倉幕府のほうが強くって、後醍醐天皇はいったん敗れて島流しになる。この過程は、承久の乱の反復に見えます。

しかし、そのあとがちがった。後醍醐天皇は復帰し、幕府と二度目の対戦となる。このとき、鎌倉方であったはずの足利尊氏（高氏）が寝返ることとで、幕府は倒れる。尊氏は、後醍醐天皇側につく悪党のような武士たちもたくさんいたりしたので、空気を読んだんだと思うんです、北条政権はもう終わりだなって。

その後足利尊氏と後醍醐天皇の関係も悪くなる。尊氏は、別の天皇、つまり光明天皇を擁立した。後醍醐天皇に歯向かうと朝敵になるので、光明天皇の綸旨かなにかを受けるかたちにしたわけです。尊氏は、光明天皇によって征夷大将軍に補任される。まず、事実上自分が擁立した天皇によって地位を与えられているわけですから、完全な自己言及で、こんなものが機能するのもほんとうは不思議なのですが、とりあえずは何とかなる。

こうして南北朝になる。両朝に分裂しているのだから、天皇の側ももうメチャメチャです。そんな状態なら、尊氏よ、お前の実力で後醍醐天皇を追い落とせ、と言いたくなるわけです。そうすれば、天皇の系譜は一元化できるはず。しかし、それができない。そこが不思議です。南朝の天皇側に、軍隊があるのならまだわかります。でも、軍事力はゼロ。それなのに倒せない。どういう出来事なのでしょう。

橋爪　でも、それを言うなら、平家追討の以仁王（もちひとおう）の令旨（りょうじ）があった。

大澤　そうですね。

橋爪　頼朝はそれを奉じて、挙兵している。何が起こっていたかというと、武士が複数グループに分かれていて、どちらが正統か問題になっている。こちらが唯一正統な武士集団であると、主張する必要がある。その主張が成功すると、バンドワゴン効果で、みんなで寄ってたかって反対グループを追い落とすという力学が生まれる。

武士って本来、正統化の困難な、ローカルなグループなんです。勝手に自己武装しているだけで、きちんとした地主であるかもあやしい。この性格は武士である限り、鎌倉幕府も、室町幕府も、江戸幕府も払拭できないで、続いていると思う。武士の本質なんですね。ゆえに、潜在的な敵は、ほかの武士である。そういう状況での、作戦なんですよ。

大澤　はい。

橋爪　ほかの武士を排除する手段が、武士でない正統性認定権者を、参照することなんです。だからこういう力学が生まれたんじゃない？

武士は脆弱

大澤　そうですかね。

正統性の認定者が天とか神とか、天命を受けている誰かだとか、正統カリフだとかなら、わかるんですよ。でもこの場合、そもそも朝廷の権威が日本の周辺部でほとんど機能していないからこそ、荘園がどんどん拡大し、そして何より武士がのさばることができる、という状況なんですね。そんな機能していない支配のシステムに、それでも頼るというのが、非常に奇妙だなあと思うのです。

橋爪　武士という存在は本当のところ、根本が脆弱なんですね。武芸（暴力）以外の根拠は全然ないんだから。それは、暴力団とかケンカがうまいとかいうのと、同じなんです。

大澤　そうですねえ。

橋爪　これがヨーロッパの貴族や領主との違いだと思う。

大澤　もともと、朝廷のほうもシステムとしてそんなにうまくいっているわけじゃない。でも武士も、単独では機能しない。両方とも機能しないんだけど、合体すれば機能するということになっている（笑）。

橋爪　貴族はね、複数の貴族がいても問題がない。複数の貴族の間のトラブルは、朝廷の官職ポストの配分で解決がつく。朝廷の官職ポストは正統性が高いから、これでいいわけですよ。公的手続きの中で矛盾を解消する。

けれど、武士の誰が強いかというのは、官職ポストではなくて、実際に戦争してみないと、決まりようがない。そして戦争は、事前に予測がつかない不確定性をはらむんです。それから、封建契約（主従契約）は、随意契約ですから、政府と関係ないわけですね。

大澤　確かに、強いから支配するというのは、フィジカルな暴力を根拠にしているわけですから、その支配の及ぶ範囲が狭い。だから武士としてはやっぱり、武士らしさだけでは自立できなくて、それに一点の生命力を宿らせる何かの根拠が必要。それが、細い糸でつながっている朝廷勢力との関係ですね。

朝廷との距離

大澤　その関係の持ちかたが、鎌倉幕府と室町幕府ではまた、違っていたりする。

鎌倉幕府の場合は、幕府を関東に置いて、朝廷勢力に依存はしていても、同時にそこから距離を大きく取ろうともしている。それに対して、室町幕府の場合はもう、京都室町に幕府を開いてしまっている。どうせ朝廷に依存せざるをえないわけですから、思い切り近くに拠点を置いて、朝廷とのつながりも密接にしているわけです。しかし、結局、室町幕府や足利将軍は、だんだんないに等しい存在になっていく。特に応仁の乱のあとは、足利氏もローカルな大名のひとりみたいなことになってしまう。だから、形式的には、室町幕府は、一五代足利義昭が織田信長によって追放されたときに終わったということにはなりますが、実際には、そのときにはとっくに「お前はもう死んでいる」状態です。

ここから二つのことがわかります。ひとつは、天皇の場合、ほとんど権力が奪われ、事実上無に等しいと見えるときでも、実際には、絶対に無にはならず、例外的な状況の中で絶大な存在感を示すことがあるわけですが、将軍や幕府の場合はそうはいかない、ということです。無に等しいときは、ほんとうに無です。

もうひとつは、武家政権は、朝廷に依存しているのに、朝廷に密着すればするほどうまくいく、というわけではないということです。朝廷から離れる、朝廷から距離をとる、という要素もどうしても必要になるらしい。

橋爪　幕府は税金を取っていたのか。取っていないのではないか。

律令政府は税金があって、それを免除する特権が生まれている。それが特権なのは、もともと納税の義務があるから。だけど、幕府は、土地を自己所有する領主、御家人の集合体だから、納税の義務はない。軍務はあったけど。

大澤　軍務はありますね。御恩と奉公ですから。御恩とは、要は所領を安堵するというようなことですね。あと、紛争解決。それに対して御家人がやらなきゃいけないことは、軍務だと思う。租税はないと思います、たぶん。

橋爪　その通りだとすると、将軍家は貧乏になってしまうな。

大澤　将軍家は直轄領から取ってくるしかないですね。
橋爪　ならば、基本的に貧乏だ。国家財政ってゼロに近い。だから室町幕府なんか、しょうがないから、宋と貿易して儲けようとした。
大澤　そうですね。武家政権は、それぞれの所領がほとんど自立しているので、全国に及ぶような租税システムがないのですね。まあ、朝廷のほうも、実質的な租税はわずかしか取れていなかったと思いますけど。

後醍醐天皇はどこが変？

大澤　後醍醐天皇に話を戻すと、網野善彦さんが後醍醐天皇について、本を書いています。かなり特異なパーソナリティに描かれている。この人物を、どう考えますか。
橋爪　北畠親房という家来がいて、『神皇正統記』を書いているのが、日本人にとってとても重要です。簡単に言うと、政府の正統論ですね。
大澤　そうです。
橋爪　儒学の素養もあり、神道も理解していて、天皇を、正統性の観点から位置づけようとした。南朝側にこういう文書があるのに、北朝側にはそれにあたる文書がないから、言論戦でちょっとまずいことになった。

徳川幕府ができてから、水戸光圀が『大日本史』の編纂を進めたけど、この『神皇正統記』のアイデアが底流に流れている。

『大日本史』とか水戸学とかは、どういうことかというと、天皇は正統なのか、なぜ正統なのか。将軍家（幕府）は正統なのか。武士はなぜ統治権があるのか、みたいな根本的疑問（弱点）について、こだわっているということですね。

後醍醐天皇は天皇だから、統治権があるのは当たり前じゃないか、みたいな議論にも読めるけど、武士の無意識のコンプレックスをグサリと突いているところがある。個人的に変なひとだったことは、議論の中心ではないな。

大澤　日本ではずっと、王朝と武家政権という二つの政府がある、「二重の権力」のあるのが、常態です。しかし、そこには、やはり根本的な矛盾がある。これを解消しようとする人が、まれに出てくる。あとでふれるように、信長もそうだと思いますが、後醍醐天皇もそうだと思うんですね。後醍醐天皇の気持ちとしては、何と言いますか、擬似中国型。

橋爪　うん。

大澤　後醍醐は、天皇を皇帝のようにして、日本を中華帝国のミニヴァージョンにしたかったのでしょう。つまり、権利の二重性を、皇帝としての天皇に一元化しようとした。彼は、宋学をそうとう勉強していたとも言われています。その試みが、建武の新政ですが、やっぱりそれはうまくいかない。うまくいかない理由って、当たり前なんですが、そもそも後醍醐が鎌倉政権を倒すことができたのは、武士のおかげなんだから。そうすると武士からすれば、十分な恩賞を与えろということになり、後醍醐天皇と行き違いが出てくる。何しろ、後醍醐のめざすのは、武士の武力に依存しない天皇支配なのですから。

これを見ると、天皇のほうも武士のほうも、どちらかが一本立ちしようとすると必ず失敗するんですよ。天皇の側からそれを試みた後醍醐天皇も失敗して、南北朝の分裂をまねいた。それでも天皇のシステムがいちおう続いたというのが、つくづく不思議ですね。

橋爪　それは、必要だったからじゃないかな。

正統性という観念があれば、必ず中心が必要になります。それは多くの地主、多くの武士たち、多くの農民たちが、最終的に必要としたことだと思う。

大澤　なるほどね。でも、まったく実力もないのに、それでも取り替えにならないシステムって何なんだろう。もちろん、軍事力をもたないという点では、前にも話したように、ローマ教皇だって同じですが、教皇の場合は、分厚い観念の裏打ちがある。それがあれば、軍隊を動員できるわけです。しかし、天皇制の場合、それに匹敵する――いやその一〇分の一程度さえも――観念の裏打ちはないような気がするな。

12 なぜ日本人は、一揆なるものを結ぶのか

農民の自立性

橋爪　ところで農民は、室町時代に、大きく変質した気がするんです。

大澤　そうですね。

橋爪　荘園制の時代の農民は、農奴とは言えないが、自由度が少なく、あまり積極的じゃなかった。室町時代の農民は、村落を基盤として、積極的、主体的に行動するようになった。ヨーロッパと比べてみると、日本の農民は、自立性が極めて高いと思う。

大澤　確かに、その通りですね。

橋爪　中国と比べてみても、そうです。

中国の農民は、しばしば土地を取り上げられてしまったりする。雇農といって、農民な

のに土地を持たない、日雇い労働者のような人びともいっぱいいる。小作人でさえないのです。日本には、こういう人びとは非常に少ない。

話をヨーロッパに戻せば、フランスなどの中世の農奴は、土地に縛り付けられていて移動の自由がない。身分も領主に従属していて、領主のさまざまな特権（無理難題）を認めなければならない。水車小屋で小麦粉をひいたら、料金を取られるとか。でも、慣習に守られてはいる。奴隷制だと、主人は家族をばらばらに売ることができる。でも農奴は土地と一体のものだから、家族をばらばらにすることはできない。これは慣習法の認める、農奴の、家族として生きる権利なわけです。

大澤　そこに、ヨーロッパの農奴と奴隷との違いのひとつがあるわけですね。

橋爪　奴隷制に比べて、大きな権利だと思うんですね。こうして、最低限の財産と最低限の家族生活は、保障されていた。でもそれ以外は何にもない。

さて、日本の荘園からうまれた惣村（そうそん）は、それと比べても遜色ないくらい、権利があると思う。まず、家族をばらばらにして売り飛ばすなんて、聞いたことがない。誘拐はあるかもしれないが、誘拐は非合法です。それから、耕作権か所有権か知らないが、土地に対する権利が発生していた。要するに、独立自作農にだんだん近づいていったと思うわけです。これがヨーロッパに比べても、わりに時期が早いんじゃないか、室町だから。

惣村の成立

大澤　また網野善彦さんの本で読んだことですが、農村を調べてみると、一四世紀より後の農村は、かなり連続性があるらしい。いま集落があるとすると、室町時代からもうその辺に似たような仕方で住んでいたんだ、みたいに推定できる。ところがそれ以前の集落の遺跡を調べると、かなり違う。もういま誰も住んでいない、というような場所にあったり、集落の形態も全然違っていたりする。だから、日本の現在の農村は、ルーツをずっと探っていくと、一四世紀ぐらいまでさかのぼれる。それ以前とは、断絶がある。

一四世紀頃、日本の農村の共同体のあり方にかなりの変化が生じているのです。非農業民系の人びともいるから、ほんとはもっと包括的な変化があって、おそらく、それが農村にも現れているのでしょう。

この時代に、いわゆる惣村が、自治的な共同体として成立した。江戸時代もこの機能は残っていて、徴税でも、村請(むらうけ)制度になっている。つまり、世帯ごとではなくて村全体に対して、一括課税される。だから、税負担は、村の内部で調整する余地がある。村はかなり自立した組織になっていたということです。

まして、中央政府もなければ領主もはっきりしない室町の段階では、農村部に新しいタイプの集団が形成された。それまでの、王朝国家や貴族のタイプの集団でも、武士タイプの集団でもない、ムラ（惣村）です。このムラが、主体性を最も大きく発揮すると、一揆になるわけですが、これが出てきた背景や原因を考えてみたいと思います。

都市と農村

橋爪　ヨーロッパの農奴は、領主や騎士とは身分が異なり、自己武装の権利もないし、移動の自由もない。

でもヨーロッパには、封建領主の支配する領域（農村）と別に、都市があった。都市は、封建領主から独立しています。そこには身分がないことになっていて、農奴が都市に逃げ込むと、身分から解き放たれて、自由になる。そこで、都市はだんだん大きくなっていく。都市と農村の、二重のシステムになっていて、まだらなのが、ヨーロッパです。この都市を基盤にして、商業も発達するし、国王とかも勢力を拡大していく。それに比べて、封建領にいる農民って、主体性をほとんど発揮していないと思うのです。強いて言うなら、ドイツ農民戦争のときぐらいかな。

大澤　ヨーロッパは農村と都市の二元性が日本よりずっとはっきりしているわけですね。

橋爪　日本の農民はもうちょっと主体性を発揮している。まず、都市ではない。

大澤　うんうん、確かに。
橋爪　ということは農民は、身分ではない。
大澤　なるほど。
橋爪　農民と武士は連続的なのです。貴族は身分なのかどうかよくわからないが、はっきりした線がどこかにあるというわけではない。
　中国と比べてみると、中国もまた、身分がないのが特徴です。
大澤　ああ、そうですね。
橋爪　ほぼ全員が農民で、身分差別がない。ただの農民と、字が読める農民がいる。字が読める農民が勉強して知識人になり、試験を受けて政府の役人になる。実力があれば政府に採用されて軍人となる、みたいになっている。農民が姿を変えたものが政府職員、軍人、あと宦官。皇帝も農民出身だったりすれば、全員が農民なわけです。農民～軍人～役人～皇帝は移動が可能だから、身分制社会ではない。階層社会ではあるけれど。
　日本はそこまで徹底していないが、身分はないのではないか。貴族（公家）がいて、僧侶がいて、武士がいて、農民がいて、みたいに職能にもとづくカテゴリーがあり、カテゴリー外のカテゴリーみたいな人びともいるけれど、これらは、身分ではないと思う。

平等で自由

橋爪　身分がないとは、人びとは対等で同等だという考え方が、根底にあるということです。日本社会の特徴として、まず、これがある。これは伝統ヨーロッパにはないし、インドにもない。かなり日本独特のことである。

大澤　なるほど。そうですね。見ようによっては、身分とか階級とかは、ヨーロッパ的な現象ですね。

また、ヨーロッパだと、都市に行くと自由になる。領主に束縛されている農民と、それを逃れた都市住民。日本の場合はそうなっていないですね。農民がそこそこ自立的になっている。ヨーロッパの農民よりは自由だが、都市民ほどには自由ではない。で、農村は租税を取られるわけです。取られすぎじゃないかみたいな文句があれば、ムラ全体で抗議する。そのとき一揆を結ぶ。

橋爪　一揆を結ぶ手続きは、まずみんなで神社に出かけていくのです。それで、字の書ける人が誓詞を紙に書いたりして、火で燃やす。その灰を水に溶いて、みんなで回し飲みする。嘘ついたら針千本、みたいな誓いを立てるわけですね（一味神水〈いちみしんすい〉）。連判状を書く場合もある。傘連判の場合は放射状にして、首謀者がわからないようにする。

原理は要するに、対等、平等です。リーダーははっきり立てない場合が多い。ある争点に関して、村人共通の主張があることを確認して、団結して行動を起こすのです。中国でもヨーロッパでも、あんまり聞かないやり方だ。

大澤 そうですね。惣村の一揆型の組織というのは、少なくとも、この対談の中でこれまで論じてきたどの組織原理とも違うという意味でも、独特ですよね。これは、氏族のようなものとも違うし、武家の組織とも違う。武家の組織では、階統構造が重要です。武家の内部には、「惣領→庶子→一族・家子（いえのこ）→郎党→所従・下人」みたいなランキングがある。しかし、一揆型組織は、平等で、ある意味で民主主義的でさえある。もっとも先ほどの、日本には身分がない、という話を考えると、日本社会のベースには、平等主義があって、その強い現れが一揆であるとも解釈できなくはないかもしれませんが。

とまれ、この一揆というやり方はどうして日本で出てきたのでしょう。しかもこの時期に。

橋爪 農民と領主の関係が間接化して、あいだにムラが挟まる。農村を自律的なコミュニティと考えて、領主がコミュニティに責任を負わせるようになったからじゃない？

大澤 なるほど。

橋爪 すると、団体交渉になるわけだ。

となると、農地が、領主のものなのか農民のものなのか、よくわからなくなる。少なくとも農民がいくぶんかは、この農地は自分のものだと思うようになったから、このような現象が生まれる。領主のものだと思っていれば、言われた通りに払うしかない。

惣村は社会を変えうるか

大澤　一揆でいちばん強烈に自己主張するのは、一向一揆の場合です。先ほど話したように、これは、いままでの日本の集団の組織原理と、まったく違うタイプですね。で、その惣村コミュニティが、それなりの主体性を発揮していく。領主と対決したり、徳政を要求したりする。

そうすると、思考実験をしてみます。ヨーロッパでは都市が人を自由にした。自治都市をつくり、市民社会の基盤になった、とよく言われる。では、それと同じように、日本の惣村も、領主と対決して、自立して、新しいタイプの社会原理として普及する、全体社会を平等で民主主義的なものにする、なんていうことがあってもよかったのじゃないか。

しかし、実際には一揆は、成功した場合でも山城の国一揆とか、加賀の一向一揆とか、ごく限定的なものだった。つまり、一揆がそのまま民主的な自治組織になったケースは、あるにはあるけれども、そう多くはなく、持続期間もそう長くはなかった。ヨーロッパの都市は、市民革命の母胎になったけれども、日本の惣村は、一揆革命の母胎となったとまではいかなかった。一揆はどうして、そこまでの力を持たなかったのか。

農民と領主

橋爪　ヨーロッパの都市は、城壁があって自己武装していて、自由がある。潰すのはなかなか大変です、力のある封建領主といえども。都市はほかの都市と同盟したりするし、いろいろ対抗手段がある。都市は、軍事力と経済力をそなえ、慣習法で守られ、参加メンバーの結束も固いので、頑強なのです。

農村は、領主は自己武装していても、農民は自己武装していない。戦争の素人なんですね、農民は。領主は戦争のプロなので、これに立ち向かうのは至難の業です。農民が一斉に立ち上がるうえに、軍人の一部も農民の側につく、という条件が整わないと、農民の蜂起はうまくいかない。ドイツ農民戦争のときに限っては、かなりの規模で広がりましたけど、ルターが、叛乱した農民どもをやっつけろと檄をとばして、封建勢力が束になって襲いかかり、全滅させられてしまった。日本の一揆とほぼ、同時期だと思います。

日本の一揆はまず、自治権をもつ都市がないので、都市と連繫できない。農民は、ときどき戦争に駆り出されるので、戦闘のセミプロではある。

大澤　そうですね。

橋爪　領主にしてみると、農民を皆殺しにしてしまうと、たいへんな損害です。継続的に納税してもらうため、決定的な対決を回避しようという動機を持つ。そこで、日本の農民と領主の争いは、条件闘争になると思うわけ。

大澤　労使交渉みたいですね。

橋爪　もし農民が領主を追い払ってしまったら、農民が自己武装しなければならない。

大澤　そうですね。

橋爪　武士の役割も農民が果たすことになるわけですが、これは荷が重い。むしろ、そういう役割は、武士にやらせておいたほうがいいと、農民は思ったんじゃない？

大澤　農民と武士が画然と区別されず、かなり連続的な上に、両者の間に持ちつ持たれつの関係があった、というわけですね。

国人一揆

大澤　「国人一揆」ってあるじゃないですか。

橋爪　はい。

大澤　国人一揆というのは、在地のある程度武装した人びとの連合体だと思うんですね。きっと、いくつもの惣村にまたがるようなかたちの一揆を起こすんじゃないかと思うんですけど。そうなれば、ある程度は軍事面での力を持ちえた可能性もあるのでは。

加賀の一揆は、どのくらい続いたのかな。

橋爪　一〇〇年ぐらいですかね。

山城の国一揆というのもあった。

大澤　応仁の乱の後の混乱に乗じて。一瞬だけれども平等だみたいな、直感で言うなら、災害共同体めいたものができた。でも、そんなに持続しなかった。

一揆は一時期、かなり力を発揮して、歴史の中に登場するわけですけど、やっぱりちょっと弱点があって。ひとつは橋爪さんも言うように、軍事面で、本当には自立していないということが大きいですね。もうひとつが、一揆ってどうしても、暫定的なものじゃないのでしょうか、集団として。

橋爪　はい。

大澤　例えば、自分が武田家の一員として武士をやっているという人なら、武田家の家臣だと、名乗ることができて、集団に帰属意識を持ちつつ、自分が何者であるか（アイデンティティ）を、歴史的なパースペクティブの中に位置づけることができる。ところが一揆の場合は、なにかある状況で、特定の要求のために結ばれる。一揆は、そのメンバーに対して、「自分が何者であるか」ということまでは請け負ってくれないんです。そういう、歴史性とか持続性を、ほとんど持っていない。一瞬力を持つけれども、永続的な集団として長くコミュニティを持続するのは難しい。それが弱点だったんじゃないか。

橋爪　惣村は、農地を、それぞれの世帯が所有し、相続していくわけだから、世代間の連続性は信じられていたはずだ。だからメンバーとして対等で、協力したろう。

大澤　なるほど。

橋爪　でも、いまの弱点は、その通りなんですね。

一向一揆の論理

橋爪　これを乗り越えていく、たぶん唯一の可能性は、武士と農民が一緒になって、一揆をつくってしまうということです。

武士と農民が一緒に一揆をつくるのは、さっきのべた一味神水の一揆では無理だと思う。一味神水の一揆は、アドホックな集まりで、一時的です。けれども、浄土真宗の一向一揆、それからキリシタンの一揆、この二つは、それを超える可能性があった。だから強かった。

一向一揆の論理を考えてみると、決定（けつじょう）往生（おうじょう）、必ず往生するんだと信じる。往生の条件はなんだ、それは信じることだ。で、信じて念仏をする。絶対に往生するか、保証を求めたら信じていることにはならない。ゆえに、信じている以上必ず往生するわけであって、

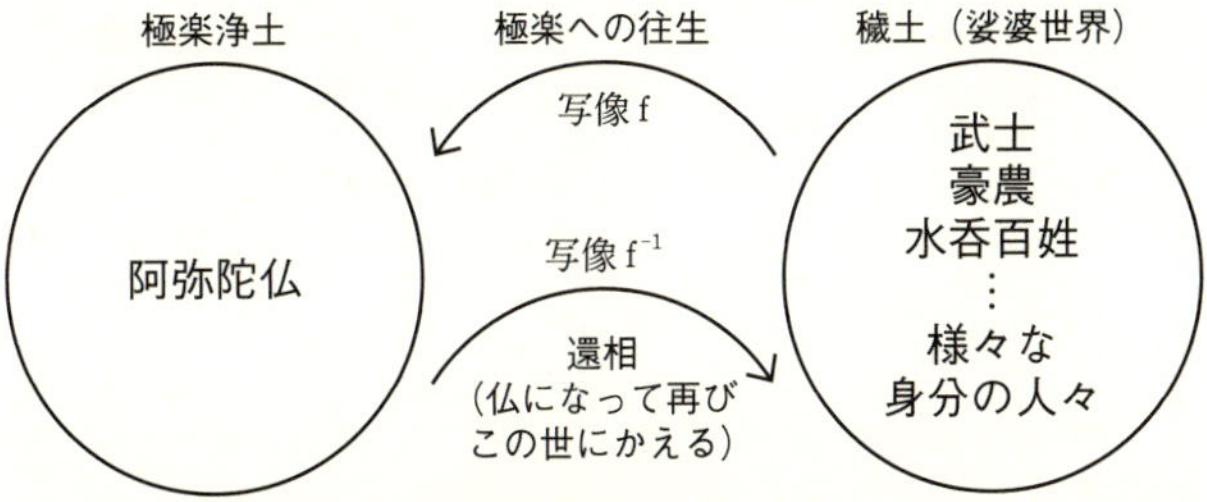

往生して、阿弥陀仏という対等な関係になることを前提すれば、信徒たちは現世の身分差を超えて連帯できる

私もあなたも惣村の全員、そしてそれを統治している武士もみな、極楽浄土のメンバーである。だから、往生のいわば逆写像をとれば、この穢土（娑婆世界）に、信徒の共同体ができる。

大澤　なるほど。

橋爪　極楽への往生を写像fとすると、その逆写像f^{-1}があるはずで、往相還相なんです。逆写像をとって形成された共同体の信徒同士は、ほとんど仏と仏の関係なのです。

大澤　うん、なるほど。

橋爪　ゆえに、対等である。現実には豪農がいて、水呑百姓がいる。武士もいる。だけど、人間としては対等であるので、一揆が組めるわけです。こうなると封建社会を突き抜ける可能性が出てくる。織田信長が一向一揆に手を焼き、徹底的に弾圧したっていうのは、当時の社会のルールとこの一向一揆が、根本的に背反していたからではないか。

大澤　わかりやすい説明ですね。

橋爪　そのような一揆があるなら、武士と農民の間に再配分がなければならない。

大澤　そのはずです。

橋爪　それは、封建制の否定です。

一揆の限界

大澤　一揆の特徴は、いまあったように、とにかく徹底した平等性だと思うんです。特に一向一揆なんかの場合は、それが顕著である。いっぽう武家集団は、ピラミッド型の階層性があって、固定されている。武家集団は、戦闘のための機能集団ですから、そうならざるをえない。一揆と、原理が相反しています。

一揆はたいてい、土一揆とか、徳政一揆とかみたいに、債務をなくしてくれ、税率を下げてくれみたいな要求が多い。ボストン茶会事件みたいな、根本的な反抗の原理をもっているわけではない。あくまでも条件闘争です。農民の側からすれば、領主に年貢を取られる理由はないはずなのに、納めない、とまでは言わないんです。一見、反体制運動のように見えるんだけれども、本当の反体制には絶対にならない仕組みになっている。農民は必ず領主に対して、納税の義務があるという、負債の感覚を持っていて、それを前提にした上で、負債を小さくして、と要求するだけ。

さらに一般化していえば、武家の組織も集合的目的をもっていると言えますが、その目的は、結局、その集団そのものの存続なんですね。だから、目的がすごく包括的なものになる。しかし、一揆の集合的目的は、常に限定的です。

農民と武士の機能分化

橋爪　ヨーロッパで、農民戦争で殺されたのは、再洗礼派というグループですね。

大澤　ああ、なるほど。

橋爪　アナバプティストともいいます。カルヴァン派とは、ちょっと違うんだけど。

カルヴァン派もフランスでいじめられ、イギリスでいじめられた。

カルヴァン派や再洗礼派が考えたことは、ただ物理的に生きていてもしょうがない。信仰を理由に殺されるのなら甘受するが、できれば殺される前にこの社会から脱出し、信仰者だけで共同体を作ろう。で、信仰者だけで信仰共同体を作るのだけど、そうすると封建領主もいないし、身分や階層もないし、何もない。結局、統治権力とか、税金とか、軍隊とかをワンセットで、自前でこしらえなければならなくなる。

これの類推で言えば、日本で一向一揆がうんといじめられたときに、樺太かなんかに行っちゃえば、そういう論理で、仏教共和国をつくる可能性もあったかもしれない。でもそういうふうにはならなかった。

大澤　ヨーロッパの都市は、平等で自由。市民たちの自治組織をつくって、財政的に自立し、武装もし、都市共同体として存続した。

日本の惣村にはそこまでの力量はなかった。一揆を結んだりして、精一杯自己主張をしたけれど、領主の支配から独立に、共同体を持続的に運営するまでにはいかなかった。

橋爪　農民と武士は、機能的に分化しているんですね。農業に専従する人びとと、軍事に専従する人びと。これが分かれて、相互依存しているのが近世封建制だとすれば、このロジックが、一揆を上回って、どこまでも発達していった。そして、室町時代まで残っていた、荘園とか寺社領とかを、リセットして、いわゆる領国の一円支配（フラットな法空間）をつくり出した。これが、日本の歴史の本流だと思うんです。

そして、この戦国領国制の完成者として、織田信長が登場するのです。

第三部　たけなわの日本

13

なぜ信長は、安土城を造ったのか

斜陽の室町幕府

大澤　戦国大名のなかから、織田信長が現れます。

武士たちは、鎌倉幕府にせよ、正統性の調達に困った、という話がありました。北条得宗政権も、あるとき、オセロゲームの裏返しみたいに、武将たちが叛旗を翻して、倒れてしまった。それで足利政権になるんですけれども、鎌倉幕府よりもいっそう正統性の調達に苦労している。足利一族はもともと御家人にすぎず、武士の集団を率いるリーダーになる確たる理由がない。三代将軍の義満が、明に朝貢しているのも、あまりにも正統性がないので、明からお墨付きをもらって、冊封体制の中で最低限の正統性を確保したかったからじゃないかと思うんです。

けれども、室町幕府がここまで正統性が希薄だと、逆に、戦国大名が続々名乗りをあげて出現してくる条件となったとも言えますよね。

橋爪　大名には守護大名と、戦国大名がいるのでした。

守護と地頭が置かれました。地頭は各荘園ごとに置かれ、けっこう横暴だった。守護は国ごとに置かれ、国司に匹敵するような権限をもっていた。これが世襲化していって、没落する守護もいるいっぽう、所領を蚕食（さんしょく）して力をたくわえる守護もいた。

荘園には、公家領と寺社領があります。公家は代替わりごとに、相続が起こる。相続トラブルで権利関係があいまいになると、誰かに横取りされやすい。いっぽう、お寺は死なない。本山の管理がしっかりしていれば、権利を主張し続けることができたろう。

守護や在地の領主からみると、自分の勢力範囲のなかの自分の所領はごくわずかで、他人の所領や、寺社領や、公家領が混じっている。ここに、包括的な統治権をふるいたい。行政権を確立したい。それには軍事的実力を高め、対抗できる相手がいなくなればよい。それでも、公家領や寺社領は、既得権を盾に抵抗する。そこから税を取り、実効支配を主張できるかどうかが難しい。その主張に成功したら戦国大名、ということだと思う。

大澤　で、かなりの守護が軍事的な実効支配に成功したと言ってよいでしょうか。

橋爪　うーん。一ヵ所で成功すると、その戦国大名は資源の動員力をもち、軍備を増強できると思う。そうすると近隣を蚕食するから、隣国も同じやり方で対抗しなければならなくなる。そこで、どんどん伝染していくと思う。

誰が戦国大名になるのか

大澤　戦国大名は、それまでの守護よりかなり広い範囲を、実効支配するところが特徴だと思うんですね。

さて各地の守護は、もともと軍事動員権や警察権を根拠にしていたものが、域内の荘園での年貢の徴収請負や、年貢の半分を徴収する権限などを手にし、地頭を配下にして、支配権を強めていった。これを、守護大名というわけです。

守護大名がそのまま戦国大名になり上がったケースもあるけれど、あまり多くないと思う。守護代が代わって権力を簒奪（さんだつ）したり、単に在地の領主が実力を伸ばしたり、全然関係ない人間が成り上がったり、いろいろなケースがあった。

そうして出現した戦国大名は、それまでの守護や領主と何がどう違ったのでしょうか。

橋爪　在地の領主が大勢いる。彼らを配下に従えて、ある国全体にあたる広い範囲を支配する人物が出てくると、在地の領主とは違うから、大名とよばれる。在地の領主から、領主権を取り上げることは、ふつうできない。

大澤　そうですね。

橋爪　だから、在地の領主のあいだからのし上がった大名は、元の場所にいる限り、あまり大胆なことは実はやりにくい。ところが、近隣と戦争して、隣国を占領した場合には、そこにいた在地の領主を追い払い、自分の配下を代わりに送り込むので、隣国では思い切ったことができると思う。

というふうに、配置替えが、配下への支配力を強化する基本戦略になる。配下に領地を恩賞として与えたって、また取り上げることができる。隣国を併合する動きが始まると、連鎖反応で、戦国大名の権力基盤はどんどん強化されていったはずですね。

大澤　なるほどね。戦国大名の時代は、みんな出自はめちゃくちゃですから、下剋上の時代といいますか、誰がどこのポジションかが流動的な状況だと思うんですね。その中で戦国大名がいちおう出てきた。

正統性の創出

大澤　それまでの武士の支配は、そんなにうまくいっていたとは思えませんが、それでも幕府ができたときに、天皇の統治システムや律令制に、ほんのわずかだけ寄生するかたちで成立していた。

でも戦国大名が現れた。戦国大名の割拠とは、幕府とも皇室とも、つまりこれまでの権力のいずれともまったく関係ないのに、その地域を事実として実効支配しているという状態だと思うんです。各戦国大名が支配した領域は、列島の全体から見れば局地的ですけれども、でもそれ以前の領主の所領よりはずっと広い。戦国大名の支配は、そういうサイズの地域政権として出現した。配下には、従来の同族ネットワークや寄子・寄親関係などを下敷きにしたりしながら、これまでの在地の領主や、新しく抱えた家来などを従えている。末端の武士まで、何段階もあるような、ヒエラルキーを形成した。

このように、戦闘組織で、同時に行政組織でもあるような、領域的なユニットがあちこちに成立した。

橋爪　はい。

大澤　でもその中にあって、信長が画期的と言っていい成功を収める。なぜ信長は成功したのでしょうか、あるいは、なぜ最終的には成功を目前にして挫折したのでしょうか。ほかの戦国大名との違いはなにか。

信長なしに、その後の豊臣政権や、徳川政権はありえなかったでしょうから、信長という人と彼の支配の特徴を、考えておくべきだと思います。

橋爪　戦国大名の特徴は、自分の統治権が、伝統に基づかないこと。

大澤　まさしくその通りですね。

橋爪　守護であることも関係ない。朝廷とも関係ない。

領域内に対抗する他の武装勢力が存在しない。存在させない。それがまず第一です。そこで、家臣団を組織し、彼らを軍勢として動員する。そして、域内のどんな農地からも税金を取る。それで最低限の公共サービスを行なう。つまり、政府である。

大澤　日本史上初めて出現した事実上の政府ですね。

橋爪　政府の機能を持っているのです。そういう、正統性のはっきりしない政府が日本中に多数現れた、というのが戦国大名ですね。

戦国大名が対抗したのは、従来の、伝統や由緒に基づく所領の支配関係や、支配従属の関係です。これを、軍事的な優位で圧倒し、一元化していく。この対抗関係は、ヨーロッパの絶対王制が、貴族や封建領主と戦いながら登場していくプロセスと、似たところがある。王も、戦国大名も、歴史のなかに新しく登場した主体なのです。

大澤　戦国大名と絶対王制の類比。おもしろいですね。

橋爪　では、戦国大名の相互関係は、どうなるか。

戦国大名が多数集まってネットワークができて安定する、とはならない。戦国大名がつぎつぎ正面衝突し、相手を吸収合併するという、戦国時代の戦争ゲームが起こった。戦争ゲームの終着点は、唯一の戦国大名が日本中の統治権を握るということなわけ。これは頼朝とは違う。頼朝は御家人を組織しただけだった。けれど戦国大名は、空間を支配している。自分に服属しないものを、残さない。これを、一円支配というのでした。

戦国大名・信長

橋爪　さて、このような戦国大名の統治が完成した場合、律令制や朝廷とどういう関係になるのかが、大きな問題として残る。

レディメイドの解決法は、幕府をつくることです。

大澤　そうですね。

橋爪　もうひとつのレディメイドの解決法は、関白太政大臣になることです。

そのどちらでもないもうひとつの可能性は、天皇を廃止して、新しい政府とポストをつくること。少なくともこの三つの可能性があった。

信長はこれらを、意識したはずです。でも、そのどれかをはっきりさせる前に死んでしまった。信長とはそういう存在。戦国大名の極限の可能性を体現した人物だと思う。

大澤　信長というのは、思うに、もちろん、戦国大名の中の戦国大名ですけど、同時に、戦国大名を超える戦国大名といいますか、ふつうの戦国大名だったらまずできなかった域に入りかけた。運がよかっただけじゃない、と思うんですね。

信長の安土城と天皇

大澤　信長は、安土城を造った。本能寺の変のすぐ後に焼失してしまったので、いま残っていないんですけれども、発掘などを通じて研究がなされています。

安土城は、信長が何を考えていたかを、物質化していると思うんですね。

天守閣をつくったのは、安土城が最初です。あとで、多くの城に天守閣がつくられるようになりますが、それは安土城に始まる。さらに、天守閣をもつ後の城と比較しても、なお安土城には圧倒的な個性があります。安土城の間取り等を示す平面図だろうと推認される図面も発見されていて、いろいろなことがわかる。

まず、本丸と天守閣があるじゃないですか。本丸が、京都の御所の清涼殿とほとんど同じ間取りになっているのだそうです。清涼殿というのは、天皇の日常の住まいです。なぜこんなものがあるかというと、天皇を安土城に迎えることを考えていたからです。以前、安土城の建築の特徴を伝えるＮＨＫスペシャルを見たことがあるのですが――内容が濃いおもしろい番組でした――、この清涼殿風の本丸について、信長を研究している歴史学者は、信長は天皇に不敬と思われていたが、意外にも天皇を大事にしていたんですね、と解説していた。

　でもこれは、天皇への極端な不敬とも言えますよ。信長が天皇に関心をもっていたことは確かですが、今話したように、天皇の方が、信長の城に来ることを想定しているわけです。ふつうだと、武士から天皇のもとに出かけて行って、官位をもらったりするものだが、あべこべに、天皇が安土城に来るべきである、と。これまでの武家政権は、あるいは後の武家政権も、自分と天皇の上下関係をややあいまいにしながら、究極的には天皇の権威のもとにあるという構図だった。だけど、信長が密かに、あるいはかなりはっきり考えていたのは、自分のほうが上で、天皇が下にいること。そういう構図を、視野に入れていたんじゃないかというのが、僕の考えなんですけどね。実際、本丸の横にはそれよりずっと高い天守がある。あとで話しますが、天守は信長の住まいを兼ねていますから、本丸に天皇がくると、信長が天皇を見下ろすかたちになるのです。

橋爪　ほうほう。

天皇をしのぐ権力

橋爪　それはおもしろいですね。その可能性は十分にある。

　信長は何をやっているかというと、ジェネラル・マッカーサーをやっている。

大澤　うん、なるほど（笑）。

橋爪　連合軍最高司令官、マッカーサーは、天皇を辞めさせて、自分が大ボスに収まってもいいようなものだが、それだと『地獄の黙示録』になっちゃう。

大澤　ああ、なるほど、『地獄の黙示録』。あれは、米軍のカーツ大佐が、ジャングルの奥で、原住民をてなずけ、自分がそこの王となって君臨している、という話でしたね。

橋爪　まあ、ジョークですけどね。そこで、天皇を温存したまま、自分はそれより上のポストに座ることにした。接収した第一生命の建物を執務室に、窓からお堀越しに皇居がみえて、天皇を監視しているという位置関係にした。そして天皇が、第一生命のほうに行かなきゃいけなかったわけじゃないですか。だから、考えていることは信長とほとんど同じ。不遜な大男の脇に小柄な天皇の写真を、日本人はとても納得できた。とすれば、信長のやり方も、うまく行った可能性がある。

では信長を、何と呼べばいいのか。関白でも、摂政でも、太政大臣でもない。それらはどれも天皇より下だから。天皇より上のポストは日本に存在しないから、まあ、戦国大名最高司令官とでも言うしかない。

大澤　そうですね。実際、信長は天皇からマイナーなポストを、ほんの申し訳に受け取ってはいますが、基本的には天皇から申し出られたポストを蹴っとばしていますからね。ですからもう、天皇からそれより下の地位をもらう気はまったくなかったのでしょう。この方針は、のちに関白になった秀吉とまったく違うところです。

橋爪　これに近い前例を探すと、中国では、宋の時代に、北から遊牧民族が入ってきて、宋が負けてしまうわけです。戦争に負けて賠償を支払ったり、皇帝が捕虜になったりした。その夷狄（いてき）の金に、宋の皇帝が臣下の礼をとらなければならない（紹興の和議）。だから、皇帝より上の者ができてしまった。

大澤　なるほど。

橋爪　そのあと、もっと攻められて、国ごと取られて元になったから、このことはかえって目立たなくなったけれど、皇帝より上の存在、という概念は、あることはある。

大澤　なるほど。それは何か呼び名があるんですか。

橋爪　何と呼んだのかわかりません。でも中国の人びとにとっては大変なショックで、こんなことがあってよいのかと、朱子学が興ったぐらいだ。

大澤　なるほどね。

橋爪　いまの安土城の設計図の話は大変おもしろい。信長が、自分が天皇になるのでなく、天皇の上に立とうと考えていたというのは、十分ありうる。

天守閣とはなにか

大澤　と思いますね。

まず天守閣は、ヨーロッパの教会建築、つまり大聖堂がモデルになっていると思うんですね。似たようなものを日本で造ってみると。信長のことは、彼の旧くからの家臣が書いた『信長公記』という日記とも一代記ともつかぬ記録をもとにして研究されているのですが、これには、安土城の天守のことを「天主」と書いてあるのです。当時、教会建築は天主堂と呼ばれていた。ここにも、安土城の天守閣がキリスト教建築の模倣であることが暗示されています。信長は、宣教師から得た情報で、ヨーロッパにある厳かな教会建築の空間を、日本で再現した。

よく、信長は、いかに宗教をないがしろにしたかが言われますが、逆に、彼は非常に宗教的なセンスがあったと思う。特に、日本人にはめずらしく、一神教への直観的な理解があったように思います。彼は、非常に宗教的であるがゆえに、ときには、ほかの宗教を否定したり、克服したりしなきゃいけないわけです。

発見された間取り図がもし本当に安土城のものだとすると、いろんなことがわかりおもしろいのです。あれは七階建てなんですけど、上の二階は、完全に宗教施設ですよ。しかも、一見、多文化主義的な宗教施設に見える。まず、六階が主に仏教関係の絵が壁に描かれている。外側の廊下には地獄絵が、内側の部屋の壁には極楽浄土が描かれていたそうです。六階は、八角形になっているところも仏教的です。最上階の七階は、四角形で、孔子とか、老子とか、仏陀とかに関係した絵がたくさん飾られていたらしい。

以上が上層ですが、下層も宗教性が濃厚です。安土城の天守閣はどうも、真ん中が吹き抜けになっていたらしいんですね。

橋爪　ですね。

大澤　で、四階まで吹き抜けになっている。この吹き抜けの構造は、大聖堂を意識したものでしょう。そして、その吹き抜けの真ん中には、仏教の宝塔があったのではないか、と推定されているようです。宝塔は仏舎利を収めるものですから、安土城にも、仏舎利の代わりになるものが収められていたと考えられます。発掘では、容器だったと思われる、陶器の破片も見つかっています。

ここから、信長が、なにを考えていたのか、明らかでしょう。普遍宗教の、いや、普遍宗教を超える普遍宗教の、つまり、あらゆる宗教の上に立つウルトラ宗教の権威を、自分の身に帯びようとしていたわけです。自分自身を、これらすべての宗教の上に立つ、真に普遍的な唯一神にしようとしているわけです。そして、このことを、支配の根拠にしようとしていた。七階の宗教画のひとつが、「孔子（こうし）観欹器図（ききをみるず）」。欹器というのは、水がほんの少

内藤昌氏による復元図における安土城外観。6階と7階は宗教味を帯びたつくりで、1階から4階までは吹き抜け構造になっていたとされる（内藤昌『復元 安土城』講談社学術文庫より）

し少なすぎても、多すぎてもひっくりかえってしまう器で、信長は微妙なバランスの上で、諸宗教を共存させ、その上に自分自身を置こうとしたのではないか。彼には、そういう強烈な野心と言うか、使命感があったと思うんですね。

空中の信長

大澤　信長にこうしたねらいがあったということの傍証になるのが、信長があの天守閣の中で実際に暮らし、寝起きしたという事実です。

天守閣をもつ城は、その後も造られるわけですけれど、そこで暮らす人っていなかったらしいですね。ただの象徴的な建物になってしまう。本当に暮らしたのは信長だけだそうです。というか、明治時代になってからは、ヨーロッパの建築の影響で、二階建て、三階建ての建物が造られ、日本人も地面に着いていないところで暮らすようになりますけれども、それ以前の日本人で空中で暮らしたのは信長しかいない。仏教建築など、信長以前から、何階も、何重もある建物は造られていますから、技術的には地面から離れたところに床がある建物を構築することはどうということはなかったはずですが、日本人にとっては、生活するということは、地面に接触しているということだった。

ところが、信長だけは、高いところ、天空で暮らしたわけです。だから、先ほど話したように、清涼殿（本丸）の天皇を下に見るかたちにもなる。ここにも、信長が、日本では珍しい、宗教的超越の感覚を体現した支配者、権力者だったことが示されています。

橋爪　それはまさに、近代としか言いようがないな。

安土城がいわばパンテオン、宗教融合施設だったということ。諸宗教を融合させるには、個別のどの宗教よりも上位に立たなければならないが、信長がそれを演出しているんだとすれば、非常に明確な権力への意志を感じますね。宗教から超然とした権力への。

仏教もよいが、この程度である。儒教もよいが、この程度である。道教もよいが、この程度である。神道もよいが、この程度である。そのように決め、すべての宗教を共存させるという考え方を、ユニバーサリズムといいます。

ユニバーサリズムは、個別の宗教をすべて肯定し、承認し、それらに同等の価値を認める宗教です。実際、そういう教会がアメリカにある。だから信長は、ユニバーサリストだと思う。ユニバーサリストは一見、宗教的寛容に見えるんだけど、よく考えてみるとどの宗教にもコミットしていない。どの宗教にもコミットしない宗教、と言ってもいい。普遍的な宗教をいくつも並べているとすれば、普遍のさらに普遍、という立場である。これと、天皇の上に立つという考え方とが、並行関係にあると思う。

大澤　私もそう思いますね。

橋爪　これが、戦国大名の時代を終わらせる基本アイデアだった。

大澤　こういうことをやったのは、信長しかいないんですね。とても宗教的な人間にもみえる。

安土宗論（あづちしゅうろん）といって、日蓮宗の僧侶と浄土宗の僧侶とが争論になったので、信長が公開討論させた出来事がありました。この場合、日蓮宗側がダメだみたいな裁定になるんですけれども。諸宗教の上に立つ宗教みたいなことを考えると、他の宗教を否定するやつは困るわけです。共存してもらわなきゃいけないわけですから。日蓮宗はすぐに論争を仕掛けて、争論になる。そこで公開討論をさせて、相手の勝ちとするわけですが、その判定をしている信長が、超越的な位置を占めることになる点が大事です。

浄土真宗（一向宗）もあまりに攻撃的で、信長の目から見れば、やっぱり受け入れ難い。実際、一向宗との戦争になって、かなり手を焼いています。

もし信長が生きていたら

大澤　信長が以上のように考えていたとしても、その考えどおりになるわけでもない。信長は途中で斃（たお）れてしまいますからね。

信長がもし、あと一〇年ぐらい生きていたらどうなっていたか。列島を統一して。

橋爪　天皇の上に立つというアイデアを実行に移した段階で、日本史は完全に違ったものになったはずです。そうしたら、律令制を超えることができる。

大澤　その通りですね。律令制を、廃棄できますね。

橋爪　明治維新は王政復古。律令制への復帰なんだから、そういうアイデアの根拠もなくなる。そもそも、江戸時代が存在しなくなる。

大澤　明治維新も違ったものになる。尊皇攘夷の尊皇が言えなくなりますから。

橋爪　だから、信長の後の、秀吉とか家康とかは、たいへんな後戻りだと言えると思う。

あと、信長は、残っている記録から見るかぎり、クリスチャンにとても興味を持っている。

大澤　そうですね。

橋爪　興味を持ち過ぎるぐらい興味を持った。

歴史研究者の立花京子さんが、信長のことを研究しています。立花さんいわく、そもそもカトリックがなぜ日本にアプローチしたかと言えば、それは、中国に宣教しようとして、うまくいかなかったから。そこで信長に、「日本を統一してくれ」ともちかけた。

鉄砲の、黒色火薬の原料は、硝石なんだけど、硝石は稀少物資で、南米でたくさん採れる。それが流通して、ヨーロッパの船で日本に届く。硝石は、日本で採れないのです。硝石の供給はたしかにとても大事。鉄砲は国産化されたけど、火薬の製造はなかなか苦労したんだろう。貿易をしないと、硝石はふんだんに入手できない。

信長は、天下統一のため、鉄砲を必要とした。カトリックのねらいは、信長が中国に攻め込んで、中国をキリスト教国にすることだった。

大澤　なるほど。

橋爪　途中で信長は死んでしまった。この構想を耳打ちされていた秀吉は、信長の遺志を継いで、中国に攻めて行くことにこだわった。

大澤　うん。中国のだいぶ手前で終わりましたけど（笑）。

橋爪　秀吉が中国に攻めて行くとは、不可解なことでしょう。なかなか理解しがたいのだが、カトリックが後押ししていたという補助線を入れると、それなりに合理的に見えてくる。この説は歴史学会では相手にされないらしいが、私は興味深く思っています。

信長が殺される理由

大澤　信長はね、かなり偶発的な負け方をした。本能寺で殺されなかったら、もっとうまくやれたんじゃないかと、みんな思うんです。僕はでも、信長のやり方がうまく行ったかどうか、微妙なところもあると感じます。

どういうことか。とにかく信長以前の日本人は――以後の日本人も――、普遍性ということに興味がないんですよ。けれども信長は、自分が普遍性を体現しなければ、「天下布武」はありえないと考えたらしい。天下どころか、大陸まで行こうとしていたかもしれないわけですが、そうなれば、普遍性はよりいっそう重要だ。いずれにしても、なぜ普遍思想が必要かというと、普遍思想がない場合は、支配は必ずローカルなものになってしまうんです、空間的にも時間的にも。そのローカルなものを超えて、例えば帝国をつくろうとすれば、世界宗教なり、万民法なり、そういうものを可能にする普遍思想を必要とする。

古代日本は、ちょっとその真似事をやろうとしたこともあったが、うまく行かなかったし、そもそも、その普遍性の核の部分を理解できていなかった。そのため天皇も、列島すら実効支配できない。その隙間から、今度は武士が出てくるんだけれど、武士集団も何か新しい普遍思想を持っているわけじゃない。そこで、うまく行っていないはずの天皇のシステムに寄生するという、わけのわからない展開になって行った。そんな中で初めて、信長は自分自身で普遍思想を体現することにチャレンジした。

普遍思想がないと、かなり頑張っても、戦国大名の一国ぐらいまでを治めるのが関の山で、それを超える領域を統治することは難しいのです。信長は、独特のカリスマと軍事的な天才で、日本のかなりの地域を支配しました。しかし、信長一人が普遍思想に連なるアイデアを持っていていても、伝統的に培われてきた日本人の社会形成の論理みたいなものは、普遍思想にそぐわないので、それを実質的に機能させることはなかなか難しいのです。強い支配者が出て、広域を支配しようとしても、ローカルな勢力がローカルに根づいてしまう。その上に立っているはずの将軍や天皇よりも、こうした勢力が実質的な支配をするという構造になっていくわけです。

信長の場合も、どんどん領地が拡大すると、自分一人だけでは統治できないので、有力な譜代的家臣に分国支配をさせた。ここからが難しいところですよ。みんなで分担して支配しているんだからうまくいくように見えるけれど、分担した国で、それぞれの分国大名が自立してしまって、むしろ信長にとって脅威になりうる。その脅威を取り除こうと、家臣を巧みに使ったのが信長です。

信長は、原則として家臣団を城下町に住まわせて、自分の領地に住むことを許さなかったのです。家臣を城下に集めると、彼らが在地の農民や豪族なんかと結託することがない。しかも、信長はしょっちゅう拠点を変えるので、家臣たちは家族ごと移動しなくてはならない。単身赴任しちゃいけないらしい。

あと、もうひとつ重要なのは、しょっちゅう任地替えをすることですね。任地替えをしても、農民はもちろん残っているわけですけれども、家臣団は全体で移動する。そうすることで、広い範囲を分担して支配するけれども、どの家臣団も信長にとって脅威になるような自立性を持たないように工夫するというやり方なんです。

これは後々、江戸幕府の幕藩体制なんかでも、応用されていきます。

橋爪　なるほど。

大澤　しかし、これはそれまでの日本人のやり方とは大幅に違うじゃありませんか。このやり方の根本にある考えは、自分の家臣がローカルな共同性に根を張ることを禁ずることです。言い換えれば、家臣をできるだけ普遍的な空間の中で動かそうとした。しかし、これはうまくいかない。

明智光秀に裏切られて、殺されてしまう原因もここにあります。光秀と信長との葛藤は、馬が合わなかったとかいうことだけじゃなくて、もっと、信長がやろうとしていたことと反りが合わないという、構造的な問題があったと思うんですね。

明智光秀は確か、譜代の家臣じゃなくて、途中から入ってきたのですけれど、それなりの才能を認められ、丹波国を与えられた。でも、本能寺の変の数日前に任地替えになっているんですよ。しかも、まだ獲得していない領地への任地替えなんですよね。中国地方、毛利のところをやっつけたら、そこにおまえ、行け、みたいな。明智は古いタイプの領土支配をやろうとしていたと思うんですね。任地ではけっこういい政治をしていたんです。それはでも、信長にとってよくないことだった。

信長のやり方は非常に画期的で、独創的ですが、この国では、すぐには成功しない方法だったと思うんですね。ですから、あの日に死なかったとしても、いずれ際どいことになっていったでしょう。この挫折にはやはり、偶然以上のものがあったと思うんです。

直属軍がいるか

橋爪　王と大名は違うんですね。

王は、直属軍を持っているんです。

家臣と直属軍は違う。直属軍は王に任命された軍人で、個人的忠誠を王に対して誓っているから、人数は少ないかもしれないけど、勇敢に戦う。ダビデ王にも直属軍がいたし、聖書の中に出てくるほかの王たちにも直属軍がいる。王になろうという野心のある者は、直属の若者を何十人も武装させて、あたりを走らせてアピールする。

織田信長には御小姓組がいて、信長に個人的忠誠を誓っている数十人の若者がいるわけです。最期の時も、本能寺でみんな死んでいる。直属軍の要素はあるんだけど、いかんせん人数が少ない。武器も貧弱だ。直属軍は、家臣団が束になってもかなわない程度の、軍事力がないといけない。

大澤　精鋭部隊。

橋爪　直属軍がいれば、本能寺に泊まっていたって、簡単に攻め落とせないはずだ。

大澤　なるほどね。

直属軍とは別な話ですけど。信長は家臣団を、城下町に集住させていたわけだから、彼らは農業をやらないわけです。信長の家臣は、これまでの武士のように、ときどき農業をしたりはしない。つまり、家臣を専門の軍人（常備軍）にしたということです。これが信長の強みのひとつなんですね。

濃尾地方はかなり豊かな場所じゃないですか。だから、自分が農業をやらなくても、領地からの上がりだけで生活できる人がたくさんいた。彼らを、おまえは農業しなくていいから、軍務に専念しろと、軍人に特化させることができる状況だったと思います。専門の軍人をつくったのは、のちのちの兵農分離の考え方にもつながってくる。やはり、ここにも信長の新しさが現れている。

ただ、信長に直属軍がいなかったことは確かで、それがあの本能寺の変になった。

武力を超えた権威

大澤　先ほどの安土城は、新しいタイプの城だった。

姫路城なんかに行くと、城の入り口に向かう道（大手道といいます）がとても細いし、曲がりくねっているんですね。敵が侵入しにくくなっている。攻めてきた敵は、一人ずつしか前に進めないようになっている。いくら町の真ん中にあっても、軍事施設としての意識がとても強い。ところが安土城は、大手道が、すごく広いわけ。これで、天皇を迎えるときの荘厳な行列が通るときでも、大丈夫。でも軍事施設としては、無防備なんですね。

でも、敢えて無防備に開いているとも言える。攻めるなら来てみろ。信長の権威が怖くて、とてもそんなことはできないだろう、といったことを誇示している。軍事力だけに頼ってては、大した支配はできない。信長は、宗教やイデオロギーによって支配すれば、レヴェルの異なる支配になると考えていた。信長は、軍事的天才なんだけれども、同時に軍事力以上のものを自分が身に帯びることを、基本にしているんですよね。だから、城もけっこう無防備。本能寺にも無防備で来ている。明智光秀はそこを攻めた。

橋爪　まあ、これこそ、ヘーゲルの「理性の狡知」と言いましょうか。

大澤　明智光秀はちょっと、林彪（りんぴょう）（中国の軍人。毛沢東暗殺を企てたが失敗した）みたいね。

毛沢東はそんな無防備に宿泊したりしなかった。ちゃんとスパイがいろいろいて、動きをつかんでいた。

橋爪　林彪はもっとかわいそうですよね。結局、何もしないで、ただ死んだだけですからね。逆に言うと、信長は、毛沢東にはなりきれなかったですね。

信長とキリスト教

橋爪　信長は、さっきも言いましたが、キリスト教にすごく興味を持った。

興味の核心を想像してみると、教会と国王はどっちが偉いか。答えは、教会が偉い、ですね。そこで信長は、なぜだと尋ねる。国王は何人いるのか。たくさんいます。イギリスにもフランスにも、国王がいて、国王は安定した支配をしています。ときどき戦争をするけど、国王として認められています。ああ、日本と同じだ、みたいな。

教会が、なかなか理解できなかったと思う。国王より偉いのに、なぜ自分で政治をやらない、と思ったかもしれない。

大澤　なるほど。

橋爪　それから、日本には宗派がいくつもあるわけだが、カトリックをその連想で理解したと思う。あと、プロテスタントもあるのか、と。

大澤　でも、宣教師たちはプロテスタントがいたとは言わないんじゃないですか（笑）。

橋爪　言わない可能性はありますね。でも、キリスト教がなぜこんな地球の裏側まで来るんだと、疑問に思ったはずだ。仏教はそんなことはしない。それが信仰のためだとわかったら、信長は尊敬したに違いない。

それやこれやで、そこからほの見えてくるのは、「超越」ですかね。

大澤　そうですね。

橋爪　人間を超えたものがあり、そのために人間は動き、そのために政治は権力をふるい、そのために社会は回転している。超越があってはじめて社会は完成する、という考え方をそこから学んだ。

で、信長は思う。日本人がクリスチャンになればいいのか。それはやめておこう。外国の影響が強くなりすぎる。じゃあ、儒教ならいいのか。仏教ならいいのか。仏教も儒教も、道教もダメだ。ならば、新しい宗教をつくるしかないと思ったんじゃないか。

大澤　そうですね。自分が神なのか、教祖なのかわかりませんが、とにかく、今までの宗教を超えて、すべての宗教の上に立つ超越的な宗教。

橋爪　仏教よりも儒教よりも、神道よりも上にあり、天皇よりも上にある権威が存在することが、日本国の自立と安定のために必要だ、みたいなことを漠然とでもイメージした。これは、国家主権とか、英国国教会とかの理念に近い。

大澤　そうでしょうね。

ただ、不思議に思いますね。なぜ信長だけが、そういう、普通の日本人から見ればぶっとんだ発想を持てたのか。でも、いずれにしてもこの構想は、信長が死んでしまったこともあって、秀吉、家康政権にはごく部分的にしか継承されませんでした。信長の遺産なしに、彼らの成功はありえませんでしたが、肝心の、超越を設定するかわりに、彼らは天皇の下に立った。

後醍醐と信長

大澤　信長が、武家政権に権力を一元化する。そのためには、天皇を超える超越が必要だった。それに対して後醍醐天皇は、逆を考えたわけです。

彼は、王朝の側に権力を一元化しようとした。しかも、日本の伝統的な観念、土俗的な観念の延長線上でそれができるとは思っていなくて、彼なりに理解した儒教を、普遍思想として採り入れ、それに基づいて、ちょうど天命を受けた天子の統治のようなものを実現しようとした。それは、信長以上に実質のない話で、空理空論に終わる。

橋爪　後醍醐天皇の限界はもう明らかですね。天皇の統治を実現しようとしながら、その手段が武士であることです。

大澤　その通りなんですよ。

橋爪　これは律令制から言っても、ありえない。

信長の限界は、武士であることを超えなきゃいけないのに、自分が武士であること。権力の主体は武士であるという制約の中で考えている。

なぜ武士を超えられなかったかというと、武士はその出自から言って、武芸、スキルなんです。そのスキルは属人的であって、子どものときから修練してやっと身につく。修練して、刀や槍や馬の使い手となって、武士になる。修練していない人は、もう全然スキルが違うから、武士にもなれず、勝負にならないんですね。

武士は、自己武装権と、自己決定権をもっている。

こういう武士たちを、どう組織し、集団化して、どういう権力と政府をつくるか。これが、武士が考えていることなんです。

ところが、信長の時代、軍事力というのは、子どものころから修練するスキルではなくなりかけていた。鉄砲は、ちょっとの練習で、大きな殺傷力が手に入る。それなら、傭兵で十分だ。ヨーロッパでは結果、スキルがただの技術に解体し、封建身分が消滅した。イタリアの都市がスイス人の傭兵を雇って、戦争が強くなり、スペインが真似して、フランスが真似して、絶対王制が始まった。でも、日本には傭兵が育たなかった。

大澤　そうですね。

橋爪　武士という考え方と、傭兵という考え方は水と油で、百八十度違う。

大澤　スキルをもつ武士の自尊心のようなものと傭兵的な精神は相容れそうもない。

橋爪　信長は、超越的なアイデアを実現するために軍事力が必要で、軍事力が正統性を作り出すというところまで、まことに正しく考えた。レーニンみたいに。でも、その主体が武士であると考えていた点で、大変に矛盾している。

武士という矛盾

橋爪　だから信長はね、オレは武士をやめるとか言って、髷をちょん切って、何者でもないものになってしまえば、可能性はあった。

大澤　なるほど。おもしろいですね。後醍醐天皇は、自分が頼っていた他人のほうに問題があるわけです。それに対して、信長は、自分自身に限界があるわけですね。武士に頼ることも、武士であることも、どちらも限界だったと。

橋爪　日本の中世史、近世史は、武士という存在の矛盾をめぐるストーリーなのです。

大澤　なるほど。

橋爪　武士は、貴族でもない。騎士でもない。イスラムにも、インドにも、中国にもいない。日本人だけが悩んだ問題で、日本人だけが解答を与えられるはずだった。そもそも武士が存在し始めたということ自体、日本人の考え方と行動のクセなのです。

14 なぜ秀吉は、朝鮮に攻め込んだのか

後継者・秀吉

大澤　じゃあ、信長の政権を引き継いだ、秀吉について考えましょう。

いろんな意味で秀吉は、信長とは違っていた。信長が八割がた仕事を片づけたのを引き継いだのだから、楽なところもある。けれども、秀吉にはちょっと荷が重いところもあったと思うんです。信長が画期的に成功したのは、信長の圧倒的なカリスマ性によるわけじゃないですか。もともと秀吉よりも、血筋もいい。秀吉は信長の最底辺の一家臣だったのが、というか家臣ですらない卑しい身分だったのが、やがて家臣のトップに座った。ほかの家臣たちは、なんで秀吉について行かなければならないのかと思う。そういう苦労もあり、その流れの最後で朝鮮出兵になったのかと。

橋爪　秀吉は、まず、武士かどうかという問題がある。最近、被差別部落の出身者だという有力な説が出たけれども、よくわからない。

大澤　わからないですね。

橋爪　若いころ何をやっていたかもわからない。いろいろ仕事をしながら流浪していた。それで、世間の裏をよく知っていたんじゃないか。市場とか、物流とか、製造業とか、農業とか、地主・小作の関係とか。社会を支える物質的基盤がどうなっているのか、よく見た。信長も見ていたんだけど、秀吉は裏から見ていた。

それから、情報を取ることにかけては能力がある。信長も情報は取ってるんだけれど、秀吉はもっと徹底していたかも。つまり、何かのネットワークがあった可能性がある。

そういう背景があったから、足軽みたいな、草履取りの非正規職員から始まって、つぎつぎ出世していくことができた。彼にも強い上昇志向があった。

後継者を意識した

橋爪　つぎに、上昇して満足した男かというと、そうではなく、信長の「次」を、いつのころからかは知らないが、意識していた。信長が事故かなにかで急死したとして、「次」の問題があるんだけれど、彼はそれを予想していて、すばやく行動に移っている。明智光秀をやっつけて、それから柴田勝家と決戦するって、準備してなきゃできないでしょ。

大澤　なるほど。

橋爪　一報を聞いて、岡山から取って返すわけだけど、そういう信長に関わる重大情報をいち早くキャッチして、敵側が知る前に和平停戦をして、「大返し」をすることは、強い決意と準備があったからこそできたと思う。この準備は、そのとき急にではなく、ずっと何年も前からそうだった。

そういう決意があれば、ある意味、信長は邪魔になる。信長の権力によって自分は権力を得ているという立場だから、信長がいないと困るんだけど、最終的にトップに立つことを考えると、信長は邪魔でもある。

そこで陰謀説というのがあってね。明智光秀をそそのかし、反逆を起こさせて、それをやっつけると、合法的に自分が後継者になれる。明智光秀は、林彪の役回りでね。

大澤　まあね（笑）。

橋爪　信長と秀吉は、毛沢東と鄧小平みたいだ。

大澤　ああ、なるほど。

橋爪　鄧小平は、毛沢東の権力があるからこそ、副首相とか、いろいろな立場で力を発揮できるんだけど、毛沢東がいなくなったら、と考えなきゃいけない。林彪をやっつけたわけではないけれども、毛沢東の後継者を押し退けて、出てきている。だから秀吉も、後継者候補はもっとほかにもいたと思うんだけど、彼らをやっつけて出てきているという展開は、これはやっぱりただのネズミではない。

大澤　橋爪さんは秀吉評価が高いですね（笑）。厳密な点についてはいろいろな研究もありますが、まあ、秀吉はとにかく由緒正しい出ではないことは確か。そのような地位からあそこまで上り詰めたという点では、まことに画期的だと思います。

秀吉の手法

大澤　とは言え、信長と秀吉では、やっぱり格が違うんですね。安土城ひとつ見るだけでも、信長はそれまでとは全然違う、超越的な権威を樹立しようとしたことがわかる。その試みは挫折するんだけれども、「もうちょっとで成功」というところまで行った。こんな人物は、日本の歴史のなかで、信長だけです。圧倒的に斬新だった。

それに対して秀吉は、逆に、すでにあるものを巧みに利用したという感じがします。わかりやすいのは、豊臣という姓ですね。これはたぶんそのとき作られた姓だと思いますけれども、要は天皇からいただく姓。信長からもらった姓（羽柴）を捨てて、いかにも特別だという印象を与える姓を、出自を捏造するみたいなかたちで、天皇からいただいた。関白にもなった。律令制からもっとも疎外されていた人物が、そこまで律令制をわがものとするのだから、個人の人生としては、すごいと言えばすごいんです。でも、信長がまさに破壊しようとしていたものを、秀吉は転用しているという、そんな印象を持ちます。

橋爪　信長よりもコストを少なく、政治的統一を達成しよう。つまり、相手を存在させながら、自分の勢力下に置こう、という作戦を秀吉はとっている。天皇家に対してもそうだし、他の大名に対してもそうである。毛利とか、島津とか、地方の大大名はほぼそのままの場所で、ややサイズが小さくなる程度のことで存続させる。そういう道があるのなら、雪崩を打って服属するわけだから、期間もコストも節約されて、統一が成し遂げられる。

唯一そうでなかったのが、小田原攻めです。北条氏を攻め滅ぼした。これは、抵抗を続けると最後はこうなるぞという、脅しの意味。戊辰戦役のときの会津藩のようで、すべてをあのやり方でやったわけではない。

明を征服すれば……

橋爪　だけどこの手法の限界も、秀吉は十分感じていたはずです。限界とは、これでは永続する支配にならない、というおそれですね。それを乗り越える手立てはなかったのか。

それが、明を征服するプランだったと思う。仮にその征服が成功していたら、何が起こるか。明の皇帝は逃亡するか、殺害される。秀吉の軍勢が、明の首都に入城し、中国を支配する。モンゴルが攻め込んだのと同じです。中国が脆弱なら、征服は不可能ではない。

そうしたら、秀吉は、中国の皇帝になる。中国を征服すれば、皇帝が空位になるから、自分が皇帝になるのだと意識していたはずだ。皇帝は、天皇より上です。天皇は皇帝に冊封される、王にすぎない。こうやって天皇の上に立てるという、アイデアが秀吉の射程のなかにある。ただし国内で、このことは言わなかった。国内では天皇の下。矛盾した両方の要素が存在している。

大澤　なるほどね。

橋爪　ついでに言うと、このアイデアは、前の章、信長のアイデアと類似している。信長は日本国内でやろうとした。秀吉は、日本ではやらないで、中国を経由しようとした。

朝鮮出兵の焦り

大澤　あくまでも推測なんですけれど、信長は、ゴッドに対応するような、普遍の帝国のようなものを、理論上はめざしていた。だから、信長こそ速やかに列島の統一に成功していたら、朝鮮半島を越えて、明にまで行って、皇帝になっても当然だったろう。秀吉は、そういう意味で言うと、信長が潜在的にやったかもしれないことをやっていると、取れなくはない。

秀吉の朝鮮出兵は失敗で、愚行ということになっている。信長がやれば、エキセントリックで、いかにも信長らしい。秀吉の場合は、焦りも感じちゃうんですよね。秀吉は、本来であれば信長家臣のワン・オブ・ゼムにすぎないわけで、例えば家康より自分が上に立つことだって、微妙なところで、十分な根拠がない。だから、常に勝ち続け、領土を獲得して論功行賞を進めていかなければ、権威を保てないのです。国内が安定すると、逆に困ってしまう。そこでさらに外に目を向けるという側面もあったかもしれない。

秀吉は、自分がすべての大名たちから一目置かれるには至っていないことを自分でも感じてたんじゃないか。すると「すごいところを見せなきゃ」みたいなことになる。家康はそんなことはやらないわけです、もうちょっと余裕があるから。そういう意味で、秀吉に微妙なコンプレックスがあって、朝鮮半島に行った可能性もあるかもしれない。そんな仮説も立てられます。推測ですが。

戦争マシン

橋爪　朝鮮出兵は、今日からみて愚かなことに見えるんだけど、ではなぜ、それほど愚かなことが、実行されてしまったのか。しかも二回も。

それは当時、朝鮮出兵は、十分リアルな政治的、軍事的選択肢だと、百戦錬磨の大名たちが思ったということです。もし秀吉個人のコンプレックスや夢想が膨らんで暴走しただけだったら、ほかの大名が寄ってたかって止める。「押し込めの構造」とかあるじゃないですか。日本だと、リーダーが決断しても、家臣が一致して反対すると、押し切れない。ということは、家臣の中に賛同者がなぜそれだけいたかを、考えないといけない。それは秀吉のコンプレックスでは説明できない。

私の仮説はこうです。領国制が熟して、戦国時代になると、どの大名も、ほとんど戦争マシンになる。

大澤　確かにね。

橋爪　隣の大名に負けないように、過剰に軍備を増やし、過剰に戦闘員を増やす。その分農民が苦しくなり、いろんな無理が起こるんだけど、それは戦争に勝ち、隣の領国を併合することで乗り切る。そういう、過剰競争の成長ゲームになっている。

そうすると、領国の任地替えが起こる。もとは在地の地主だったはずが、まず城下町に集められ、行政官僚化する。直令軍型になる。そして、大名と家臣団が、農民を置き去りにして、ごそっとよその領国に移ってしまう。

こうして、封建制が覆されて、絶対君主型の行政官僚に一歩近づいているわけです。ただ、イエ制度があるから、家産官僚的なんだが、中間型の、ちょっと不思議なものになる。

さて、このやり方が続き、戦争マシンがそのまま継続するためには、いつでも敗者がいて、敵の国が潰れ、浪人が大量に生まれなければならない。だけど秀吉が採用したのは、敵の国は潰さないという方法だったから、天下統一が成った時点で、それまでの過剰な投資を回収できない大名がたくさん現れてしまった。

ここでやらなければならないことは、軍縮です。戦争の必要がなくなったんだから、軍備を減らし、戦闘員を減らし、これまでなおざりになっていた殖産興業をしなくちゃいけない。でもこれに抵抗が大きかった。そんなことをやるなら死んだ方がマシだと思った武士たちがたくさんいた。そこでその戦争マシンが、新しい領地を獲得しようとした場所が朝鮮だった。無謀と言えば無謀だが、戦争マシンを止める方法がなかったんじゃないか。

消極的な気分

大澤　なるほど。それは一理あるけれど、逆の要素もみておいたほうがいいと思います。

おっしゃるように、戦争マシンが安定するのは、両刃の剣です。戦争だけして投資したのに何もいいことがないというのは、戦争に動員した者にとっても、動員された者にとっても非常に苦しい。だから、常に拡張的に戦争をしていかなければやっていけないという問題がある。

ただ、その上で、当時の武士たちの微妙な感覚にも注意しておきたい。最終的には秀吉の命令に従っているわけですから、合意はしたけど、「ものすごくいいじゃん」という気持ちではなかったのではないか。当時、日本に布教に来ていたイエズス会の神父の日記に、朝鮮出兵のころ、大名の誰かが叛乱を起こすのではないかという噂が流れていたとあります。この日記は、朝鮮なんて行かなくてもいいのに、という気分が広がっていて、外国人の滞在者にさえもそれが感じられた、ということを示しています。行けばうまくいくかもしれないが、相当むちゃなことをやってる、という感覚を、持っている大名は多かったと推測します。

文禄の役（最初の朝鮮出兵）のときには、朝鮮に渡った武士たちは、勝手に朝鮮と和平を結んで戻って来ちゃいますよね。このとき、朝鮮側が理解している和平と、秀吉が理解している和平とでは内容が食い違っている、ということが和平交渉の最終局面で明らかになった。向こうが降参したと秀吉は理解しているんだけれども、朝鮮側は単に戦争が終結しただけだと思っている。要するに、勝敗が定かではないような状況で、現場の戦争遂行者たちは、とにかく戦争を終わらせることを優先したがために、こんな食い違いが出たのではないか、と思います。

そんな無理な戦をあえてしたのは、戦争マシンと化していた武家集団にとって、それをやり続けることだけが唯一の存在根拠になっていたのだ、と言ってもよいとは思います。

領地が報酬

橋爪 大名は貴族かというと、貴族ではない。

大澤 はい。

橋爪 武士のリーダー。戦争マシンのトップにすぎない。

それで、この戦争マシンは、戦闘員に対して領地を、報酬として与えなければならないという原則でできているんです。信長の場合もそうだし、秀吉の場合もそうだし、家康の場合も、厳密に言えばそうなんです。

大澤 そうです。

橋爪 これが領地でなく、金銭とか、ポストとか、そういうものなら、物理的空間を拡張していかなくてもいいから、同じ戦争マシンであっても、そういう膨張圧力はない。ヨーロッパは傭兵隊で、戦闘員に金銭で報酬を与えるから、この種の圧力はなかった。

日本の場合、傭兵は存在しないから、武士は領地と名誉を求める。この問題を乗り越えられなかったのが、朝鮮出兵が起きた理由で、朝鮮出兵が失敗した理由である。朝鮮の農民が、日本の武士に統治されるはずがない。彼らは、儒教の原則で生きているんだから。

大澤　そうですね。

秀吉の政権はすぐ終わってしまって、戦争マシンの矛盾はそれ以上表に出なかった。それが問題となったのは、むしろ徳川幕藩体制になってからです。徳川幕府は今度は逆に、あえて拡張型に行かないことを選択し、かつ本来戦闘集団であるものを、行政統治に専念させることにした。

これでどこまで行けるか。二五〇年ぐらい保ったんだけど、なかなか大変だった。

統治のルールが違う

大澤　秀吉の場合は、ある意味で正攻法ですね。それで朝鮮に出て行ったが、あまりにも朝鮮や大陸のことを知らなかった、ということでもある。

それに対して徳川体制は、領土拡張という正攻法を禁じ手にして、新しい方法を考えなきゃいけない。それで苦労しているんです。

橋爪　ヨーロッパの場合、ヨーロッパ全体が政治的区分はどうあれ、封建制や貴族制ででできている。農民は領主に税金を払うのは当然だと思っているので、例えばイギリスの君主がフランスの土地を所有したり、オーストリアとスペインが同君連合を組んだり、こういうことが容易にできる。同じカルチャーなんだから。

だけど、中国と朝鮮と日本は、そうは行かない。日本は武家政権ができて時間が経つうちに、まるで違うカルチャーになっているので、軍事的に拡張していく余地がそもそもない。そのことが、朝鮮出兵に失敗して、日本人は身に染みてわかった。

ヨーロッパみたいな軍事征服によって拡張するというオプションが絶たれたことが、大きな動機となって、幕藩制に向かっていくんじゃないかな。


大澤 なるほど。それは重要なことですね。

確かに、朝鮮半島が日本列島と同じような感覚で作られていれば、九州にまで行ったんだから、朝鮮半島まで行っていいことになる。でも朝鮮半島はむしろ、中国仕様でできているから、日本と全然違っていて、同じ原理では征服できませんね。

それで連想するのは、ノルマン・コンクエスト（一〇六六年）ですね。あれは、フランス北部の一領主が、つまりノルマンディ公ギヨーム（ウィリアム）がドーバー海峡を渡って、イングランド国王になってしまうという出来事です。毛利氏が朝鮮半島へ行って、朝鮮国王になったみたいなものです。ヨーロッパでは、こういうことがありうるわけです。西ヨーロッパ全体が、似たような論理で支配されているからです。

でも東アジアはそうはいきません。日本の場合は、ドーバー海峡よりずっと大きな海で大陸から隔てられていたうえ、中国の真似をしたつもりでも、全然できていない。そのため、中国・韓国と日本とでは「お互いの感覚が違いすぎましたね」みたいなことなのでしょうね。

橋爪　まあ、沖縄はこの時点で、日本フォーマットではできていなかった。

15 なぜ鉄砲は、市民社会をうみ出さなかったか

鉄砲開発の目的

橋爪　鉄砲のもとは、火薬です。火薬は、爆発力があって、殺傷力のある武器・兵器をつくれる。火薬を発明したのは、中国人なんですね。

大澤　そう、ヨーロッパより中国が先ですね。いわゆる三大発明はすべて、中国が先行しています。

橋爪　だけど中国では、鉄砲や大砲はあまり発達しなかった。鉄砲は、試作はされたようなのですが。

こうした技術が、はるかヨーロッパに伝わって、彼らが鉄砲と大砲を実用化した。開発には数百年かかっているんですけど、それだけニーズがあったということです。

鉄砲は小型で、甲冑を射抜いて、人間を殺すことができる。大砲はもっと大型で、砲弾を発射して、要塞などを破壊することができる。要するに、封建領主の軍勢である騎兵と、彼らの拠点である要塞と、この両方を破壊できるのです。これらを破壊したい人びとがいて、彼らが開発費用を負担した。

イタリアは、金はあるが、軍事力が手薄だった。そこで、オーストリアとかフランスとかからしょっちゅう攻められて、やられていた。イタリアは、都市を城壁で囲ってあるんだけど、それでは足りない。軍事力を強化したい。それにうってつけの武器が、鉄砲だった。鉄砲があれば、重装備の騎兵だって、無意味になるんだから。

大澤　そうですね。それにしても、中国で鉄砲や大砲があまり発達しなかったのは、やや不思議ですね。というのも、中国は、戦争が好きといったら語弊がありますが、戦争がおきやすいポテンシャルのようなものを抱えた文明ですから。鉄砲・大砲といった火器の発明のずっと前のことですが、春秋戦国時代の戦争犠牲者の数は、近代兵器を用いた二〇世紀の戦争を別にすると、人類史上、最も多くなる、という専門家の推計を読んだことがあります。それから、人口のどれだけの比率を戦争に動員できるかという数値でも、古代中国はずば抜けて高いのです。共和政ローマは一%くらい、ギリシャのデロス同盟は五%くらいですが、秦は、八%から二〇%らしい。その後も、王朝の交代期には特に戦争が激しくなるのが中国です。中国にとって、戦争に勝つことの意味はことのほか大きい。こういうタイプの文明なのに、しかも火薬を最初に発明したのに、中国で鉄砲や大砲が発達しなかったのはどうしてか、と思います。

まあ、とにかく、今は、日本とヨーロッパの比較について考察を進めましょう。

橋爪　このあたりのことは、『戦争の社会学』（光文社新書、二〇一六）に書いておきましたから、興味のあるひとは読んでください。

鉄砲は社会を変える

橋爪　さて、鉄砲は、製造するのがそれなりに困難だが、いったん製造してしまうと、誰でも引き金さえ引けば、簡単に相手を倒すことができる、というすぐれものです。お金さえあれば、鉄砲を調達できるし、鉄砲さえあれば、強い軍事力が手に入る。傭兵や市民階級が、軍事力の主力になっていくのですね。

歴史の流れをみると、ヨーロッパでは、鉄砲のない封建制→鉄砲のある傭兵制→鉄砲のある市民革命、という順番に、社会変革が生じている。

その変革が起こるためには、誰が鉄砲をコントロールするのか、という問題がありま す。ヨーロッパで封建領主は、鉄砲をコントロールしていなかった。都市住民が鉄砲をコントロールしていた。封建領主と都市は対立していたんです。そして、絶対君主が鉄砲に目をつけ、貴族をやっつけるために強力な常備軍を整備して、強力な政府を樹立した。その絶対君主も、のちには、鉄砲によって打ち倒されてしまった。

これが世界史の流れだとすると、日本のケースはとても異例だと、私には思える。まず、鉄砲がこんなにあっと言う間に普及して、全国を統一する決め手になったにもかかわらず、最後まで武士が、鉄砲をコントロールしている。それ以外の人びとの手にまず渡らなかった。ここが日本の歴史を理解する、いちばんの急所ではないか。

大澤　なるほど。おもしろいですね。ジャレド・ダイアモンドは、『銃・病原菌・鉄』で、江戸時代の直前、つまり一六〇〇年の段階でみたとき、日本は、世界でもっとも高性能な銃を世界のどの国よりも多く持っていた、と書いています。短期間にこれほど銃が普及したのに、日本で、ヨーロッパのような社会変動が生じなかったのは奇妙ですね。

テクノロジーと戦争

大澤　社会の変化と武器の変化は連動しています。だから、鉄砲が普及した社会と、中国のように先進文明でありながら、あまり鉄砲を使わなかった社会とでは、単に技術の問題だけじゃなくて、社会のタイプも恐らくだいぶ違ってくるのでしょうね。

ちょっとだけ余談的なことを付け加えておくと……

橋爪　どうぞどうぞ。

大澤　NHKスペシャル『新・映像の世紀』という番組で、第一次世界大戦のことをやっていた。新しい武器や兵器が、社会が変わるのを実感させる内容でした。

例えば、機関銃。おかげで、塹壕（ざんごう）で戦うようになるんですよね、兵士たちが。敵と向かい合って戦わないわけです、もはや。かつては敵と対面して戦った。ここから、戦う男としての威信みたいなものも出てきたわけです。でも塹壕で這いつくばって弾をよけているだけで、最後は戦車に轢かれて死ぬのでは、そんな威信も崩れてしまう。よく言われるように、第一次世界大戦で西洋が終わる。一九世紀まではあった、戦争の威信みたいなものが完全に粉砕されたことと結びついています。

唯一、飛行機だけは、その当時、まだ新しすぎて、現代的使用法が確立していないため、逆に古いタイプの戦士が残っているのです。当時、ドイツの操縦士で「レッドバロン」、赤い男爵といわれる英雄が出てきて、八〇機も撃ち墜（お）とすんですよ、敵の飛行機を。最後は自分も撃ち墜とされて死ぬんだけど、空の英雄になって、敵からも「あっぱれなやつだ」みたいに英雄的に葬られる。それはなぜかというと、他の兵士たちは塹壕に潜って、泥の中に集合的に潜って戦っているのに、飛行機だけはタイマンを張って、決闘しているから。戦争のロマンや英雄性が空にだけは残っていたんですね。そこに、終わりゆくものに対する哀惜が、投影された。

橋爪　なるほど。

大澤　その飛行機の英雄性も、第二次大戦では失われます。B29に乗って、日本の都市に爆弾を落としたパイロットは、レッドバロン的な英雄ではありませんから。

鉄砲と集団戦

大澤　話を戻すと、鉄砲が出てきたときも、恐らく同じだったんじゃないか。

日本では急速に、鉄砲が普及しました。誰もが鉄砲を買い求め、あるいは同じものを、あるいはより高性能なものを作ろうとした。大名だけじゃなくて、一向宗の門徒とかもその競争に加わった。

やっぱり鉄砲の用い方が一番上手だったのは、信長ですよね。信長は、兵農分離的なことをやり始めていた。今まで武器を持っていなかった者が、鉄砲を持つことによって政治的力を手にしないように注意を払った。そして戦争が、個人戦ではなく集団戦であることを徹底させた。個々の武士の戦闘力は、相対的に低下する。かと言って、鉄砲隊に戦闘力の重心が移りすぎないようにする。そういう微妙なかたちでの戦力の再編を、うまく進めたと思う。

橋爪　確かに、鉄砲の数は多い。けれども、使い方（戦術）からみると、補助的なんですね。主役ではない。大砲の開発も遅れていると思う。

例えば、関ヶ原の合戦で、鉄砲がどれぐらいの役割を果たしているのか。また、野砲が、歩兵の集団をぶっ飛ばしたりしているのか。野砲は、攻城砲に比べて、ヨーロッパでも実用化が遅れるので、戦国時代には間に合わなかったろう。鉄砲はかなり使われているけれども、戦力の中心ではない。騎馬や歩兵が、旗指物を立てて、軍勢単位で動いている。鉄砲隊はいるけれど、戦術の中心ではないのです。

大坂冬の陣と夏の陣ではどうか。大坂城はよくできた城郭で、堀割もあった。堀割を埋めて寄せ手が攀じ登って、というふうに攻略している。もしも大砲が強力なら、城を撃ち崩してしまえばいいのです。戦史の本をみると、ナポリにあった難攻不落の要塞は、七年持ちこたえたものが、大砲で攻撃したら七時間で打ち崩された。それぐらい破壊力があるはずなのに、大坂では出番が少ない。

つまり、鉄砲も大砲も、十分に発達しないまま終わってしまった。

武士が鉄砲を支配する

橋爪　日本の戦国時代の特徴は、鉄砲が常に武士にコントロールされていることなんだけど、それにはふたつの理由があると思う。

第一の理由は、都市が存在しないこと。大きな町はいちおうあるんだけれど、政治的な主体ではない。ヨーロッパの場合、貿易が盛んで、貿易の範囲は封建領主の勢力圏をはるかにはみ出しているから、都市に富が集積する。近くの封建領主がそれを奪おうとして、争いになる。争いで、都市は封建領主に圧倒されてきた。そこに、火薬革命が起こった。都市はその富で鉄砲や大砲を整え、自前の武装力でもって、封建勢力から自立をはかる。傭兵を雇って鉄砲を持たせる。鉄砲や大砲はどんどん性能が向上し、単独で軍事行動を起こせるまでになった。

これがヨーロッパ型だとすると、日本は伝統的に、武士だけが戦闘員資格を持ち、農民や商人は戦闘員になれなかった。寺社には僧兵がいたけれど、戦国時代までには廃れてしまっていた。

大澤　石山本願寺が最後ですかね。

橋爪　あれは一向一揆だな。

一向宗の門徒に武士がいるので、一揆を結ぶと、戦闘員資格のある武士が指揮して残りも武装する。その昔の寺社勢力の、僧兵とは由来が違うと思う。

大澤　そうですね。

橋爪　武士は生まれたときから戦闘員なので、刀や槍や弓や乗馬の練習をして、プロなわけだ。付け焼き刃では太刀打ちできないから、武士と農民が戦えば、必ず武士が勝つ。農民軍が武士の正規軍を破った例はまずない。唯一の例外は島原の乱かもしれないが、天草四郎の軍勢には武士も加わっている。

さて、戦闘員資格があるのだから、鉄砲を管理しなければならない、という非常に強固な考え方があると思う。種子島から信長、家康に至るまで、武士が必ず鉄砲を管理した。例外があるとすれば雑賀衆（さいかしゅう）という人びとで、和歌山県の山の中にいた。

大澤　そうですね。熊野のあたりですね。石山本願寺に加担して、信長とも戦っている。

橋爪　公称でも三〇〇〇梃というのだから、大した数ではない。

兵農分離

大澤　なるほど。

兵農分離が少しずつ進められるんですけど、それがかなり大きな一歩を踏み出したのがやっぱり信長のときじゃないかと思うんですね。秀吉はそれをさらに徹底させて、刀狩りをやった。幕藩体制のもと、兵と農とが身分として完全に固定された。鉄砲が導入されていった時期と、兵農分離が進んでいった時期とが、ちょうど並行していたと思うんです。

信長の出てきた場所は、肥沃なところではあるが、農業も戦闘もするというのは負担が大きい。信長は戦闘員をかなり専門特化させた。そして家臣団を城下町に集めた。太閤検地の前触れみたいなこともやっている。これらが、鉄砲の導入とシンクロしている。

安土城みたいな、天守閣を持つ平城が造られたのも、戦闘のやり方が変わってきたことと関係あると思う。敵が鉄砲を持っているのなら、山に城を造ってもあまり安全でない。むしろ、ある程度賑やかな、交通の要地のようなところに城をガンと造って、象徴的な意味を持たせるほうが重要だ。

鉄砲は、反武士的

橋爪　兵農分離と聞くと、当たり前のような気がしますが、とても特異な現象だと、まず思わなければならない。

大澤　そうですね。

橋爪　インドだったらカースト制で、戦闘員資格はクシャトリアに限定されているから、わざわざ分離しなくたってはじめから分離しているわけだ。中国の場合は、農民しかいない。兵士は農民から抜擢されて、軍人として政府に雇用される人のことだから、常勤または非常勤の公務員である。分離するには、身分が必要なんだけど、中国には身分がない。

ついでに中国の話をすると、中国では正規軍が、しばしば農民軍に敗れる。なぜ、訓練や装備がしっかりしているはずなのに敗れるかというと、正規軍も農民だから。農民軍には親戚も同郷の人びともいる。政府の側に立って農民と戦っていいのかと、兵士も悩む。部隊まるごと反乱軍に寝返ってしまうこともある。それで、正規軍は敗れてしまう。

この現象は、日本にない。武士は身分だから、農民の側に付く理由がない。付くとすれば、一向一揆かキリシタンだけ。もともと武士と農民の間に深い溝がある、これをさらにはっきりさせようというのが兵農分離だけど、これは鉄砲が入ってきたタイミングで起こった。鉄砲が本来持っている平民性、反武士性を、抑止するために起こった。

大澤　日本では、江戸時代の直前に、高性能な銃が普及したのに、結局、銃が社会変動の主要なファクターにならず、どこかマイナーなものにとどまったのは、やはり、武士的なエートスと銃とがまったく相容れなかったからでしょうね。

鉄砲とパイク兵

橋爪　ヨーロッパの場合をもう少しのべましょう。

これも『戦争の社会学』に書いてあるが、ヨーロッパで、戦争の主力は傭兵になっていきます。傭兵の時期が数百年続く。傭兵は雇われて、汚い仕事をする連中だから、外国人がよい。そこでスイス人が雇われた。スイスには、職のない若者がごろごろいて、金稼ぎのために傭兵になった。

鉄砲ははじめ、弾込めに時間がかかった。射撃したあと、突っ立って弾込めしていると、騎兵にやられてしまう。そこで、うんと長い槍をもったパイク兵というのと、組み合わせた。弾込めしているあいだ、槍を突き出してイガグリみたいにし、騎兵を寄せつけない。この戦法が有効だというので、ヨーロッパを席捲するわけです。やがて長い槍のかわりに、銃剣をつけるようになり、パイク兵は姿を消した。

鉄砲を撃つ兵士を、銃士といいます。『三銃士』という小説があるでしょう。『Three Musketeers』で、マスケット銃を持つ兵士、という意味なんですね。三銃士は剣術がうまくて、酒飲んで、無頼漢じゃないですか。ふだん、銃は持たされていないんですよ。

大澤　そう言えば、BBC制作の人気ドラマ『マスケティアーズ』でも、主人公たちはマスケット銃なんて持ち歩いていませんし、マスケット銃を使うシーンは実はあまりない。むしろ、剣術が得意だということの方がずっと目立っていますよ。ちなみに、原作のデュマの小説は一九世紀に書かれていて、時代設定は、ルイ一三世のときだから一七世紀。

橋爪　ふだんは剣しか、持ってない。剣ではそんなに悪いことができない。銃を持たせると反体制になるかもしれない。そこで銃は、武器庫に鍵をかけて保管してある。戦争のときだけ、渡されて、すんだら取り上げられる。

だから傭兵は、自己武装が原則ではなく、武器は支給されるわけだ、雇い主から。これがヨーロッパの標準である。のちに国民軍ができるけれど、同じやり方です。

大澤　大変おもしろいですね。ただ、「銃士（マスケティアーズ）」と呼ばれるくらいだから、銃が得意だということが、威信の根拠にはなっていますね。ここが日本とは違いそうです。日本では、猟師でない限り、銃が得意だということはかっこよさの理由にはならない。戦闘者としての威信は、銃によってはもたらされないようです。刀の技術は、宮本武蔵が典型なように、威信の最大の根拠なのに、です。日本における、銃の技術ゆえの英雄は、二〇世紀のゴルゴ13を待たなくてはならなかった……というのは冗談ですが。

オスマン帝国の軍隊

大澤　それから、軍隊には武器を持たせるわけですから、為政者からみるとリスクが大きいんです。誰を軍人にするのかも、非常に難しい。

『〈世界史〉の哲学　イスラーム篇』を書いたときに、オスマントルコで発展した、「デヴシルメ」という独特の傭兵システムに注目しました。どうやって兵を集めるかというと、帝国の周辺部とかにいる異教徒（つまりキリスト教徒）の若者を、「拉致」するんです。もう少しおだやかな言い方をすれば、今日のスポーツのスカウトに似ています。帝国の役人たちが、周辺部の村々をまわって、肉体的にも精神的にも有能そうな若者を探して、連れてくるわけです。彼らは奴隷ですが、冷遇されるわけではない。むしろ、その能力に応じて、エリート教育をほどこされる。軍人にされる。実は、官僚に育てられることもある。もちろん、イスラム教も教えられます。能力さえあれば、軍人としても、官僚としても、いくらでも出世できます。

どうしてこんなことをするのか。自分たちの仲間うちから軍人や権力者を育てるのは危険だからです。どうしてか。誰にも部族的背景がある。先ほど、橋爪さんが話されたような、中国で起きたことと似たことが生じうる。そこで、家族や親族や部族から切り離された者を軍人にし、皇帝に直属させるわけです。そうすると、部族への忠誠心によって、軍隊が分解したり、裏切ったりすることはない。

オスマントルコで、と話しましたが、このやり方は、イスラム系の帝国ではかなり古くから使われていたようです。アッバース朝（七五〇—一二五八）あたりから。どうして、イスラムの帝国だけが、この方法を使ったのか、使えたのか、は興味深いところですが、私の本を読んでください。

ただ、このやり方は皮肉な結果を生んだ、ということだけは言っておきます。やがて、奴隷である軍人の方が、強くなってしまうわけです。また奴隷たち自身の中に、あらためて部族的なつながりが生まれたりもする。そうすると、奴隷であった軍人自身が、帝国を乗っ取り支配する、ということになる。マムルーク朝（一二五〇―一五一七）が、その名に示すように典型です。「マムルーク」というのは、軍人奴隷のことです。

まあ、ともかく、このイスラムの帝国の「傭兵」のシステムは、スイス人傭兵をちょっと思い出させます。異邦人を拉致するかわりに、どこの国にも属さない者を兵としてちゃんと雇えば、スイス人傭兵になるわけです。ヨーロッパの王権は安心して兵を使える。

橋爪　スイスが中立だという点が、とても大事なんです。スイス人の傭兵なら、スイスの君主と内通する恐れがない。

大澤　だから、ヨーロッパ中で信用される。お金さえ払えばいいわけですから。

鉄砲と刀

大澤　日本に話を戻すと、鉄砲を導入しましたけれども、それでも刀には、ある種のカリスマ性があるじゃないですか。幕藩体制になっても、武士は武士だからと、刀を持っていることに異様にこだわるわけです。使いもしないのに。ちなみに、日本の戦前の軍人も、絶対に使いそうもない刀をもっていますね。

刀は、個人の英雄性に結びつくタイプの武器ですよね。もとをただせば、刀は一騎打ち向きです。武士は戦場で、自分がどのような由緒の武家に属しているか名乗りをあげ一騎打ちし、そこに誇りを覚える。刀は、このように武士的エートスと深く結びついている。江戸時代の戦わない武士でさえも、これに固執している。

それに対して鉄砲は、個人を際立たせないんですよね。それは、人々を集合化し、平等化する。集合として戦ったら強いかもしれないけれども、個人の威信につながらない。相手を倒しても、個人の功績とは言えない。

幸か不幸か、鉄砲が導入されて一〇〇年ぐらいで、幕藩体制になって、あまり戦闘がない時代になると、鉄砲は、本当の意味での武器として価値を持たなかったので、それ以上改良されることもなかった。徳川幕府は、銃の製造を許認可制にした。

橋爪 そうですね。

大澤 鉄砲とそれ以前との戦いの違いは、こんな感じです。鉄砲以前は、自らアクティブに戦う、先制攻撃が効果的だった。典型的なのは、織田信長の桶狭間の合戦です。でも鉄砲が主戦力になると、向こうから攻めてきたのを迎撃するかたちで効果を発揮する。長篠の戦いなんかが典型です。だから、信長は、両方の戦術に長けていた。新しい武器の導入によって起きた戦術の変化を、巧みに使い分けたと思います。

刀や馬に乗っている段階だと、戦う人びとの中に英雄が出てきて、自分はこれだけの軍功を挙げたみたいなことになる。だけど、鉄砲になると、集合的な戦いにしかならないので、軍事指揮権をもつリーダーだけが際立つことになる。そこに含意される社会のイメージがちょっと違う。ですから、信長のカリスマは、鉄砲向きかなと思います。圧倒的なカリスマに集合的に従う軍事集団、という構成になりますから。

鉄砲に対する軽蔑

橋爪　鉄砲の威力に対する驚異もあるが、鉄砲に対する軽蔑もあるんですね。

軽蔑の根源を探って行くと、武士の屈折した心理です。武士は子どものころから刀や弓を一〇年、二〇年と修練し、使いこなして、戦士としての名誉を保っているのに、鉄砲はすぐ撃てるようになってしまう。しかも、刀や槍より強い。これが、軽蔑の根源になっているんですね。でも、使わないわけにはいかない。

そこでどうなるかというと、補助的な武器として、身分の低い者に使わせる。それが足軽鉄砲隊である。そもそも、使うのに大変な抵抗がある。信長はその抵抗を排除して、戦術的、戦略的に使うことに、もっとも意欲的だった。意欲的だったけれども、ヨーロッパの銃士のような使い方はしていない。

大澤　そうですね。武士が、足軽の銃の一発でやられてしまう、というのは、日本人にはとても不快なことだったのでしょう。だから、最初の問題設定に戻りますけれど、日本では、鉄砲を持ったからといって政治的主体にならなかったんですね。鉄砲を持っている人びとが、従属的な地位にとどまった。

橋爪　鉄砲に威力はあるが、鉄砲を持っている人間には威力がない、ということにした。

大澤　うん（笑）、確かにおっしゃる通り。鉄砲を持っていることが政治的威信につながらず、逆にマイナスのイメージをともなった。

橋爪　で、傭兵を使わなかった。傭兵ではなくて、足軽。身分的従属関係にある者にしか鉄砲を渡さない、という原則だった。

大澤　そうですね。

橋爪　そうすると、武士の戦闘力の一部分だから、社会は変化しない。

大澤　考えてみると、指揮官だって鉄砲なんか持つことは絶対ない。日本では、鉄砲の社会的効果の大きさと、鉄砲を持つ人の社会的無効性とが、すごい対照になっていますね。

橋爪　はい。

大澤　鉄砲を持っている人びとが集団的に反乱を起こす可能性があったら、フランス革命の第三身分みたいで危なかったでしょうが、日本の足軽はそうはならなかった。常に従属的地位に甘んじた。だからこそ安心して鉄砲を持たせたのでもあるわけですけど。

橋爪さんの話をうかがいながら、こんなことを思いました。刀に対応している武士的な個人主義と、鉄砲の集団化作用みたいなものを対比させてきましたが、ヨーロッパのケースを考えると、鉄砲の集団化・平等化作用に媒介された、もう一つの個人化・主体化の作用のようなものもあるらしい、ということがわかる。まあ、それが、ヨーロッパの都市の市民的個人をもたらしたということですが、日本にはそれがなかったのですね。

絶対君主の下にいる鉄砲をもつ傭兵というときには、集団化・平等化の作用が前面に出ていますが、やがてそれが自己否定的に転回して、絶対君主に抵抗する鉄砲をもつ市民が出現する。日本では、鉄砲をもつ者は政治的に主体化しなかったけれど、ヨーロッパでは、新しいタイプの主体がそこから出てきたということになります。

鉄砲を統制する

橋爪　日本でその後に起こったことは、

一、戦争禁止。

で、鉄砲が廃れる。なぜ戦争を禁止し、なぜ鉄砲が廃れたかというと、身分秩序を守るため。で、そのあと、

二、幕藩制

なるものができあがる。これは私に言わせれば、鉄砲が入ってきたことに対する防衛反応ですね。社会の「フリーズ」、現状凍結である。ここに幕藩制の本質がある。

大澤 なるほど。鉄砲史観ですね（笑）。

橋爪 鉄砲史観ですね。

だってヨーロッパでは、武器・兵器によって、社会が変革されていくわけだから。

大澤 確かに。

橋爪 それが起こらなかったのは、そう考える以外にないと思う。

大澤 確かにね。同じ鉄砲が入ってきても、日本とヨーロッパは、だいぶ違った反応になる。社会の持っている体質と武器とが、化学反応みたいなことを起こしていく。鉄砲が入ることによって日本もヨーロッパも変化しているけれど、変化のしかたが全然違う。片や平等化、片や身分化（笑）。どっちかと言えば、反対方向ですよね。

16 なぜ江戸時代の人びとは、儒学と国学と蘭学を学んだのか

橋爪　こうして幕府が開かれ平和が続いた、江戸時代の二五〇年間の意味を、つぎに考えてみましょう。

江戸時代とは何か

大澤　二五〇年間もそこそこの平和が続いたことは驚異的です。

家康は、うまくバランスを取ったと思います。秀吉は思い切って朝鮮出兵しましょう、みたいなやり方でしたが、家康はそれをはっきり断念した。その上で、国内でも平和の道を探った。関ヶ原の合戦で勝った段階で、家康が圧倒的に強かったのは確かなんです。その気があれば、自分に敵対した勢力を徹底的にやっつけることもできたでしょう。ただそれをやれば、相当長い時間がかかる。長期安定政権も望めなかったろう。そこで基本的に

は、かなり分権的なシステムを作ることになった。結果的には、かなり絶妙なバランスを作ったんだと思うんですね。

この政権は、長くもっているけれども、実は根本的なウィークポイントがあった気がします。そのウィークポイントがあったがために、儒学や国学や蘭学、それから石門心学（江戸中期の思想家・石田梅岩の始めた倫理学）みたいな、分類不能の新しいイデオロギーとエートスが出てきたりした。それらは、徳川政権の持っているウィークポイントと、実は車の両輪のようになっていると、僕は思います。

安定しているがゆえの、幕藩体制の究極の歪み。領土はもう絶対に、拡大できない。でも統治にあたっている武士は、戦闘者集団である。戦闘なき戦闘者集団という矛盾が、幕藩制のベースにある。でも二五〇年あまり、決定的な破綻には至らずにやってこられた。それがちょっとした外圧で大きく変化したのも、もともとごまかしていた弱点を抱えていたからだと思います。

絶対王政ではない

橋爪　家康が何を考えていたのかというと、今までと違った段階に進むこと。まあ、「平和と安定」ですね。

平和とは、戦争がないこと。だから、戦争を禁止した。

本来、戦争を禁止しようと思うと、圧倒的な軍事力があって、残りの人びとの武装解除をするのが、ひとつのやり方です。絶対王政がそうだった。強力な、傭兵の常備軍ができ、封建領主らはあらかた武装解除されてしまった。

大澤　うん、なるほど。

橋爪　フランスでは貴族たちは、王宮に集められる。領地に住むことも許されない。イギリスでは、領地に住めるけど、国王に対して戦争ができる状態ではない。

いずれにしろ、国内の戦争を回避するシステムができて、直接税制も整えられて、裁判権や行政権みたいなものも、国王に集中されていく。

これに比べると、江戸の幕藩制は、大名の連合なんです。大名は、統治権者ですね。全員、裁判権や徴税権を持っている。要は、三〇〇ほどの独立国か自治州みたいなものがあって、それを束ねたものが幕藩制。幕府と各藩の連合体になっている。常備軍は存在しないし、直接国税も存在しない。

徳川の平和

橋爪　徳川幕府に、幕府軍は存在しない。圧倒的な軍事力は、どこにもない。軍事力がないにもかかわらず、二五〇年間、大名同士の抗争がなかったというのは、じつに不思議なことだと思う。しかも大名は、みな戦闘能力があり、自衛権もあったのに、ですよ。侵略戦争が不法で、専守防衛は認められていて、でも集団的自衛権は禁止、みたいな、ある種の理想的な平和状態ですね。

大澤 なるほど（笑）。

橋爪 これが、なぜ可能だったのか。これは家康の、苦心の設計なのです。

鎌倉幕府と比べてみると、鎌倉幕府は、大名がまだいない。御家人がいる。

大澤 そうですね。

橋爪 御家人とは、小領主ですね。で、彼ら小領主が、上級領主権が必要なので、将軍家と封建契約を、一対一で個別に結んでいる。

大澤 その通りですね。

橋爪 鎌倉幕府の場合、武士であっても、御家人ではない者が存在してもよかった。

いっぽう、江戸幕府の場合、御家人は存在しない。

大澤 そうです。

橋爪 強いてそれに当たるものを探せば、旗本である。旗本は、徳川家譜代の家臣で、一万石未満の者をいう。一万石以上なら大名。すべての武士は原則として、旗本か、大名か、彼らの家臣でなければならない。さもなければ、浪人。

大名はもともと徳川家と対等だった。それなのに、徳川将軍家と一対一の家臣契約、封建的主従契約を結んで（結ばされて）いる。もしこれを拒否したとなると、ただちに内戦になって、近所の大名がその大名のところに攻めていく。で、その大名は多分負けて、空き地ができるから、それを論功行賞で近所の大名が取ってしまう。近所の大名にとっておいしい話なので、必ず幕府に言われてその大名を攻めるであろう。こういう強い期待によって、幕藩体制はできあがっているわけです。

ということは要するに、戦国時代が平和の裏に「伏流」していると考えられる。

空気を読む大名たち

大澤　なるほど。互いに仲がよく連帯しているから平和なのではなく、潜在的には戦国時代だからこそ平和になっている、という構造ですね。
「空気」ってあるじゃないですか。空気を読むとか。空気は、全員の総意だという想定になっていて、誰もがそれを前提にして行動するわけですが、実は個人的には全員、空気と違うことを思っているということがあります。しかも、そのことを、つまりほとんどの人が個人的には空気とは違った見解をもっているということを誰もが知っている。それでも空気は機能し、人びとの行動は空気に規定される。幕藩体制にこれに似たものを感じます。

この場合、空気に帰せられている判断は、徳川家（幕府）がずば抜けて強いということ。関ヶ原の合戦に勝った以上は、徳川家が圧倒的に強い、ということになっている。まあ、強いことは強いんですよ。しかし、その強さは、相対的なもので、絶対に勝てないかっていうとそうではなく、少なくともいくつかの藩を束ねて勝負すれば勝てるわけで、そんなことはどの大名もわかっているのです。しかし、そんなことがわかっていても、誰もが空気を読んで、他の大名たちが皆「徳川家が強い」という想定で行動することを知っているので、あるいは少なくともそのような想定で行動すると予期するので、どうしても、徳川家に刃向かうことができない。だから、結局は完全な自己言及です。誰もが徳川家が強いという前提で行動するから徳川家は強い、と。

空気というのは、「水」をさすと一瞬のうちにしぼむ。誰かが公然と空気に反して行動すると――他の皆が空気を前提にして行動するだろうという予期がこわれるので――、水がさされるわけです。徳川政権の場合、二五〇年間、ほんとうには水をさす人は現れなかった。後の話になりますが、外から水をさされるのです。ペリーですね。ペリーには空気なんか関係ないし、幕府が、ペリーに対して「圧倒的に強い者」としてふるまえなかったので、空気が消えちゃった。空気にはもともと実体はないので、消えるときは早い。

時代をもとに戻すと、この空気を維持する上で、徳川幕府も、飴と鞭の使い方がなかなか上手だったと思うんです。しくじると、領地を取り上げられたり、改易されたりとかする。あんまり不興を買うとそうしたサンクションが加えられる。あとは、参勤交代をやらせたりとか、大名の妻子はみんな人質に取ったりとか、かなり強いことをやっているんですけれども。まあ、空気を維持する政策としては、かなり成功した。

橋爪　そうですね。

正統性が弱い

大澤　ただその上で、究極的には、大名たちにしてみれば、何で俺たち、徳川幕府に従わなきゃいけないのか、みたいな問題がある。つまりレジティマシーの問題が残る。その問題については、家康や徳川幕府のリーダーたちには、ちょっと甘いところがあった。

レジティマシーに問題があることは、たいていの大名は自覚していたと思います。そのことが、後で話題になるはずですが、徳川時代の学問の発展とも関係しているのです。とにかく、みんな幕府の弱点を知っているが、まあ、それでもうまく回転している間は、言わないことにしようね、的なことが起きている。それで、なんとかやってこられた。家康がどのぐらいまで、この問題を読んでいたか、ちょっとわかりませんけれども。

橋爪　少なくとも大名は、リアリストでエゴイストじゃないですか。じゃあ家康は、リアリストでエゴイストでしかない大名たちと同じかというと、それ以上にリアリストでエゴイストである。でも、それを超えるアイデアがない……。

大澤　ええ。

橋爪　家康は、日本はまとまらないということを、強く意識していた人間だと思うんです。そこで、いろんなオプションがあったんだけど、鎌倉幕府の第二幕をやると決めた。

大澤　なるほど。

橋爪　鎌倉幕府のいい点は何かと言うと、武家の棟梁が唯一、存在する。すべての武士が彼に服属する。その形式を整えるため、征夷大将軍の職を朝廷から受けて、ポストに就いた。これが、大変わかりやすいやり方だと考えて、これをもう一回やることにした。

だけど、鎌倉幕府は一五〇年ぐらいしかもたない。

大澤　しかも後半は、かなり足腰が立たなくなったような状況で。室町幕府よりはちょっとましかもしれないけど。

橋爪　だから、鎌倉幕府よりもうちょっとましなものをつくって、もうちょっと長く続かせようと考えたと思う。そこで、多くの大名と家康の間には伝統的な支配／服属の関係がないにもかかわらず、鎌倉時代を擬装して、永続的な服属関係があるかのようにした。あと、源氏の血筋が絶えてしまったことが大きな問題だったわけだから……絶えないように、御三家などをこしらえた。いざとなればそちらから養子が迎えられるように、それなりに手を打っている。

あと、天皇が武士を集めて暴れ出した後醍醐天皇の二の舞が起こらないように、天皇や公家を京都に封じ込めた。

このように、当時考えられている手はほぼすべて打っていると思うわけ。

大澤　なるほど。

武士が行政をやる矛盾

でもね、まず、幕府や藩の行政担当者は、実は戦闘集団だという問題があります。彼らは、戦うことを存在理由にしている人びとです。中国なら、行政担当者はみんな本来的に官僚で、そのプレステージが軍人よりもずっと上。でも日本では逆。だから武士は、最後まで、軍人的な性格を残そうとしている。実際には、まるで戦いがない。そこで、武士はアイデンティティ・クライシスに見舞われる。何のために俺たちいるの？

実際には、彼らがやることはほとんど行政職なんです。藩の仕事は、番方という軍人系列の役目と、役方というデスクワークの仕事とに分かれている。番方のほうが肩書では上なんだけど、やることがない。官僚的な実務のほうが、実際には重要になっている。

ところが、ここがむずかしい。戦争があるなら、軍功で出世するからわかりやすい。戦争がないと業績評価や昇進の基準はどうしたらいいか。デスクワークが得意でも、出世するわけじゃない。そんなことは評価に値しないことになっているから。家臣の序列は、石高や家の格で決まっているのですが、その家柄がいいと言っても、実は何代か前の先祖が戦場で手柄を立てた、みたいなことだったりする。そういう理由で地位に就いている上司に従う気分にはなかなかなれない。こうした状況の中で、武士たちの仕事への積極性や、藩や主君への忠誠心を引き出すのは、かなり大変なことだったろうと思うわけです。

なぜ儒学か

大澤　儒学が導入されたのも、それと関係があると思うんですね。

武士たちに、軍人とは違った存在意義と、幕府の正統性を教え込む。そのために、儒学が有用だろうということになった。

でも、どう考えても、儒学が本当の意味で機能したとは思えないですね。中国なら科挙もあるし、儒学の高い学力を証明したひとは高級官僚に採用される。でも江戸時代は、武士のたしなみとして少し勉強した程度の人びとが多かったのであって、出世とほとんど関係ない。朱子学を、先端の学問として導入してはみたけれど、すぐ政治に役に立つとはとても思えない。江戸幕府は、そういう状況でまずはスタートしたんじゃないでしょうか。

橋爪　幕藩制は、現状を「フリーズする」という考え方だから、出世という考え方はない。出世などないし、あってはならないし、出世しようと考えてはいけない。家老で一二〇〇石なら、そのイエを。なんとか奉行で五〇〇石なら、そのイエを。賄い方で二〇〇石三人扶持ならそのイエを、存続させていくのが武士が最も強く要求されたことなんです。

農民や商人にもその考え方がある。商人には、まだしも競争原理が働いている。

大澤　そうですね。

橋爪　武士と農民には競争原理が働かない。農民の場合、田畑の売買、質入れが禁止されているから、田畑の所有権はイエごとに全部決まっている。みんな中小企業だとすれば、年商いくらっていう売上高が決まっているのと同じだから、農村の中でも身分の上昇はありえない。これが基本だと思います。

石高制は、GDPを固定しているわけです。日本国のGDPは何千万石というふうに決まっていて、それが藩ごとに分割される。たとえば六〇万石の藩があるとすると、その石高を武士がおのおの俸禄として受け取る。武士の人数が決まって、それを増やすことも、減らすこともできない。税額も固定される。各農家の負担は、直接税に一元化されている。地主がいないことになっているから小作料もない。自分たちは公共の仕事を行なう農民だという、百姓意識が形成される。農民は正当性の感覚を持ち、税額が大きすぎるのは、不当だと考える。戦争はあってはならないもの。農民の公共性の感覚と、武士の人数が制限されている現状の正当化が、表裏になっている。

幕藩制は、マジョリティーである農民がそれを支えないと成立しないものなんだけど、農民には、税額がむやみに大きくならないというメリットがあった。

武士の悩み

大澤　うん、なるほどね。現状をフリーズするやり方は、農民にとっては、よい面がある。搾取される側ですから。最初から石高が決まっているので、それ以上、税率が上がることはないのです。仮に、決まっている石高よりたくさん生産できても、今年の税額が高くなるということはない。

問題は武士だと思うのです。現状が固定化されているなかで、やる気を維持させなければならない。レゾン・デートル（存在理由）を確保しなくてはならない。先ほども言ったように、その「現状」というのは、自分の先祖の戦闘における功績のことです。その上、今自分たちがやるように求められている仕事は、戦闘とはまったく関係のない事務仕事。

『葉隠』という本があるじゃないですか。佐賀鍋島藩の藩士・山本常朝が武士の心得を口述筆記したものです。「武士道と云ふは死ぬ事と見つけたり」という一文が有名です。でもね、世は泰平で、武士たちが死ななきゃいけなくなるときなんてないんです、戦わないんだから。かっこいい言葉だけれど、ドン・キホーテみたいに現実から遊離している。

これは、実はとても変な本です。この有名な一文とはまったく対照的に、大半の内容は、サラリーマンのちまちました処世術のようなことが書いてある。あまり好きでない上司に酒を勧められたときにはどうやって断るかとか、他人の面前であくびをするのをどうやってこらえるかとか。こちらは、実は当時の武士の現状にとてもマッチした実用的なアドバイスなのです。

僕の解釈では、『葉隠』というのは、当時の武士の悩みというか苦境の表現になっている。「死ぬ事と見つけたり」とは、生きるか死ぬかの場面になったら、無条件に死ぬほうを取りなさい、という趣旨です。ほんとうは、命をかけてもよい、というようなもののために戦いたいわけです。しかし、そんなものはない。そんなときどうすればよいのか。

本末転倒の作戦です。真に価値あるもののためなら、死ぬこともできるじゃないですか。死は、最大の犠牲ですから。そこで、逆に、いざとなったら死んでもかまわない、いやむしろ積極的に死ぬのだ、と覚悟を決めてしまうのです。それほどの犠牲を恐れないのであれば、何か価値あるものがあるはずだ……ということになる。神を信じていなくても、祈る真似をしていると、神がいるように感じられるとか、よく知らない人の葬式なのだけれど、周囲の人にあわせておごそかにふるまっているうちにほんとうに悲しくなるとか、というのとちょっと似たメカニズムです。

いざとなったら死ぬんだ、と思いながら、上司の酒の勧めを回避する策をねったり、つまらない話を聞きながらあくびをこらえたりする。すると、ちょっとは何か意味があることをやっている気分になる。『葉隠』は、武士道なんていうものは、ほとんどもうないからこそ語られていることだと思います。

おっしゃったように、江戸時代では、商人が、農民や武士よりも生きがいをもつことができる。努力と競争を通じて成功を獲得できる。もちろん士農工商の枠内でのことですが。おまけに彼らは、農民と違って税を払う必要もないので、すべて自分の報酬です。

イエ制度の実際

橋爪　幕藩制はどこまで合理的か、という話ですね。

まず、イエ制度。イエは、幾世代にもわたって固定されているので、個々人の人生にとって外在的なものです。出世とは、自分のパフォーマンスにふさわしい地位や報酬が与えられるという話なんだが、イエ制度はそういう原理でできていない。イエは、親が与えたものですらない。イエとイエは、相互関係のうえに成立しているから、わがイエだけでなんとかなるものではない。家臣団やムラとの関係で成立していて、動かしようがない。

死ぬことについて言うと、鎌倉時代の武士は戦場で、喜んで死んだ。名誉なしに生き残るより、名誉の死をとげたほうがよい。なぜなら、子孫が所領を相続できたから。そして主君が、御家人の地位を保障し、残された家族の生活が成り立つようにしたから。だから死ぬことに合理性がある。武士は小領主だから。

だけどイエ制度は、領主ではなく俸禄制である。名目上の所領（知行）はあるが、土地を実際に経営するわけではない。そして、ポストを相続できる。相続できるから、財産のようなものである。まことに奇妙なものなんです。

これに少し似たものは、プロイセンの、ユンカーかもしれない。地主で、代々そこに住んでいて、軍務をこなす。でも現実に農家を経営する。武士にも所領があるが、名目だけである点が違う。

イエの定義

橋爪　さて、イエ制度の問題点は、次男、三男の場所がないこと。長男が死ぬリスクにそなえ、スペアがいるんだけれど、単独相続が原則。次三男は、身分は武士だが、結婚もできず、部屋住みの一生が待っている。チャンスは他家に婿養子に入ること。娘しかいないイエもある。その婿に入ることを念頭に、相手のイエの家風に合わせ、相手の両親に気に入られるような、気立てのよい子に躾けられる。さもなければ、学問か武芸で身を立てる。どちらもダメかもしれない。大変なストレスだと思わない？

大澤　なるほどね。読者のために、イエを、定義しておいたほうがいいでしょうね。

橋爪　はい、簡単です。

まず、拡大家族の一種である。拡大家族は、核家族（夫婦と子どもだけ）なら含まれないメンバーを含む家族のこと。イエは、日本型の拡大家族で、ある世代の夫婦はひと組だけだが、上下の世代の夫婦が幾組も同居することがある。

経済的単位としての機能をもっている。武士の場合は、俸禄とポストを継承する。農家の場合は、田畑を継承する。商家の場合は、ビジネスを継承する。

男子がいればその一人（多くは長子）に、男子がいなくて女子がいれば、婿をとってその夫婦に、男子も女子もいなければ、男女を別々に養子にとって結婚させ、その夫婦に、イエを継承させる。この最後の、赤の他人の男女を養子にして跡継ぎの夫婦とする、「両養子」の習慣は、世界広しといえども、日本だけです。血縁が途切れているので、イエは、実は親族集団かどうか疑わしい。人為的に形成された結社だと思われる。

大澤　そこがポイントですよね。

橋爪　事業体なんです。なぜ事業体がそのように存続義務を課せられているかというと、それは家臣団がフリーズ（現状凍結）されているので、家が消滅すると、現状が維持できなくて綻びが生まれるから、これは禁止、となっているわけです。

意識されたイエ

大澤　イエは、日本の独特の集団原理だと思うんですけれど、どうやって出てきたのか。

私自身はこんなふうに思うんです。ヘーゲル的に言うと、即自的（アンジッヒ）なイエがまずあった。その時点では、イエについて自覚的な意識はそんなにない。やがて、対自的（フュアジッヒ）なイエが出てくる。それが、近世とか江戸時代だと思う。

じゃあまず、アンジッヒなイエ（事業体）がどう出てきたか。血縁集団を擬装しているけれど、本質的には事業体だというところが、イエの特徴だと思うんです。そうすると、ここはちょっと橋爪さんと意見が違うかもしれないけど、近世になってから意識されるイエの起源を見ていくと、やっぱり、武家集団でしょう。武家集団は戦う集団なので、合理的な事業体じゃなくちゃいけないんです。先ほど言った、自由で血縁を無視した養子制度なども、血縁にこだわっていては、有能な人材を確保できないからなんです。
　では彼らがアイデンティティをどう探すかと言うと、結局、イエが存続していることそれ自体なんですよね。それが自己目的になっている。基本は戦う集団なので、合理的な、アソシエーションの部分も持っているんですけれども、他方で、自分たちの存続理由をナチュラライズするというか、自明化していかなきゃいけないので、一種の擬装的血縁関係をまとっていく。そういうものが、江戸時代以前に、あったと思うわけです。

橋爪　ふむふむ。

大澤　それが江戸時代になると、戦うことをやめたために、ますます自分たちが何ものであるかを自覚せざるをえなくなる。そのため、対自的（フュアジッヒ）なイエに、脱皮していくんだと思う。例えば、漫画の『キャプテン翼』。サッカーでとにかく勝つことだけが目標なんですよ。勝ってワールドカップに出てって、それでもう十分なんですよ。しかし彼らがもうワールドカップもないよ、戦いもないよ、だけどサッカーチームだよって言われたらどうするか。ふつうなら解散する。でも存続しようと思ったら、何か理由をつけなきゃいけないじゃないですか。江戸時代のイエも、似たようなものだと思うんですね。

イエは幕藩制の効果

橋爪　近代社会では、政府が、公共サービスを提供する。公共サービスを、それまでの貴族や領主に代わって、国王（これは政府の職務ですね）が分担する。国王は、部下の公務員を募集して、公共サービスを行なわせる。税を集めて、公務員に報酬を支払う。

これら公共的なことがらがだんだん、属人的なもの（身分）ではなくて、職務であることがみえてくるわけですよ。それで、国家とか地域社会とか、公共性を人びとが意識するようになり、個々人に、新しいモラルが生まれてくる。

大澤　なるほど。

橋爪　じゃあ、イエ制度はどうかと言えば、幕藩制と緊密に結びついている。これは、日本のすべての業務を、それぞれのイエに分担させる、という壮大なシステムです。武士が担当する行政も、農家が担当する農業も、商家が担当する商業も、すべてイエが分担し、イエが事業体となる。このためにまず、イエを、士農工商のカテゴリーに分離する。個人はイエに属し、イエはカテゴリー（身分）に属する。それが固定されて、移動できない。個人身分で世襲だから、本人の選択の余地がない。日本のすべての業務が安定的に運行するため、イエの存続が至上命令になります。

イエ制度を基礎とする幕藩制がこういうものだとすると、世界でも唯一無二、空前絶後の、特異な仕組みです。これを、当たり前だと思ってはいけない。驚かなければ。

個々人のモラルはどうかと言うと、イエ制度の場合、二段階になる。個人がまずイエに所属する。そしてさまざまなイエが、社会の業務全体を覆い尽くす。個人はイエの要請に忠実でなければならない。業務を担うのはイエなので、個人はイエを通して、間接的に業務に関わることになる。ヨーロッパ近代とは別種のモラルが、育つことになります。

具体的にはどうなるか。○○左衛門、おまえは勘定方のイエを継いだのだから、勘定方をやれ。イエを継承することで、職務が割り当てられる。結果的に公共サービスを分担しているけれど、武士のアイデンティティとは直接の関係がない。武士は戦争をやめたので、やむをえず行政官僚化していくんだけど、それは個々人が、行政サービスが大事だと納得して選択したから、ではないのです。

大澤　うん、そうですね。

橋爪　どうして人びとはここまで、イエに縛りつけられるか。それは、幕藩制の、政治的な効果なのです。すべての業務をイエに割り振ると幕府が決定した以上、人びとはイエに帰属する以外に生きていくすべがない。

イエ制度は、江戸幕府が幕藩制をしいたことで始まったもので、戦国の武士や在地領主だった時代の武士の組織原理と異なる。混同してはいけない。

大澤　うん、確かに。おっしゃるようにイエは存在すること自体が目的なのですが、結果的に、それぞれのイエがその役割を果たすように存続していると、社会システムの全体が維持される仕組みになっている。これが幕藩制ですね。こういうシステムがうまく機能するためには、イエの存続に、なにか「それ以上の意味」といいますか、崇高な価値があるかのような幻想をもたせなくてはならない。ひとつの戦略は、イエを重層化させることで、このイエの存続は、藩というイエの存続に貢献している、といった形式です。

イエ制度のなかの自由

橋爪　その反面、確かに日本の近代は、イエ制度や幕藩制のなかで準備されたのです。

大澤　ああ、まったくそうですね。

橋爪　それはどういうことか。

イエ制度が割り当てる職務を果たしさえすれば、あとは自由なのです。そうすると、こうした力学から相対的に自由である人びと――次三男、上層の農民、上層の町人、そのほか比較的余裕のある人びとが、精神的な自由の担い手になる。

一流の儒者で、ちゃんとしたイエの武士なんて、ほとんどいないでしょう。

大澤　うん、なるほどね。

儒学をなぜ採用したかと考えると、儒学は政治の原理として、徳治主義じゃないですか。軍事力を表に出さない。戦闘者じゃなくなった武士たちは、行政をやるしかなくなった。そこで彼らにちょうどよい指導原理として、朱子学を導入することになった。

よく考えてみると、儒学は、日本社会にもっとずっと前に輸入されているんです。中国から儒学が最初に入ってきたのは、六世紀の初めです。でも、日本の歴史の中で儒学者なるものが出てくるのは、近世しかないんですよね。仏教では、それ以前にもたくさんすぐれた思想家や実践家が出てきて、日本の文化史に大きな足跡を残してきたのに、儒学のほうはさっぱりだった。ところが、江戸時代になったらいきなり儒学者が出てくるわけです。

しかし、本格的に応用しようとすると、どうも日本人にはピンと来ないんですよ、朱子学が。そこで、日本社会仕様へのカスタマイズの連続みたいなことになっていく（笑）。結果的に日本風儒学のようなものが生まれる。

どこがピンと来なかったのか。いろいろですが、たとえば、朱子学は、理と気の二元論で、理が基本的な原理ですよね。理という超越的な原理があって、物質界である気を支配しているような感覚が、日本の知識人には、全然ピンと来なかったと思う。それでもいろいろ手直ししてやっていくと、もう朱子学じゃダメじゃない？　みたいなことになるんです。朱子学って、かなりかっちりした、体系的な議論じゃないですか。宇宙論があって、歴史哲学があって、道徳哲学があって。だけど、何かこう、ピンと来ない。そこで、孔子孟子の世界に戻ってみるみたいな展開になっていく。伊藤仁斎や荻生徂徠といった、それなりにオリジナリティの高い儒学者は、こうした展開の中で出てきたと思う。

もともとは、存在価値のなくなった武士たちに、どうにかして存在価値を与えよう、みたいなモチーフが、まずひとつあったと思うんです。そのうちに、その原理が、町人にあてはめられたりもする。それに、優秀な儒者には、武士なのか町人なのかわからない、マージナルな人びとも多い。武士なのかと思っていたら、よく見れば商人なんだな、みたいな人が多い。日本の近世の儒学は、元は戦闘者だった武士の精神的な空白を、何とか埋めようとする努力のなかで、結果的に、当初の動機からも逸脱しつつ、かなり独創的な思想を生み出した。

江戸時代の社会

橋爪　商人の話になったから、商人のことをちょっと考えてみます。

戦争がないということは、商業にとって有利な条件である。

話は秀吉に戻るけど、岡山で城を囲んでいた軍勢が、大坂にとって返したでしょ。岡山から姫路まで数日。さらに大坂に戻って天王山の戦いで勝利するまで、一〇日間しかかかっていない。つまりそれだけ、街道が整備されているってことですよ。

大澤 なるほど。

橋爪 それなら、商人たちもわりに自由に移動できたはずだ。

大澤 そういうことになりますね。

橋爪 信長が勢力範囲を広げ、秀吉がさらに勢力範囲を広げた。勢力範囲を広げていくと、その内側では、領主が違っても人員や物資が自由に移動できるようになる。

この成果は、江戸時代に引き継がれている。幕府は街道を整備した。関所を作ったけれど、通行手形を見るためのもので、税金は取らない。

大澤 そうですね。

橋爪 税金を取っていないのは、大事です。ドイツでは一九世紀になってもあちこちに関所があり、税金を取っていた。それをなくすのが大変だった。日本では、江戸時代の初めに通行税がなくなった。農産物の直接税を払えばよく、あとは自由じゃないですか。

大澤 そう言えば、以前、ヨーロッパ中をかけめぐるルネサンス期のブックハンター（古代の文献を探す人）のことを書いた本を読みましたが、通行税の費用がたいへんなのです。日本では、信長から江戸時代までの過程で、それがなくなったのですね。

橋爪 商人にとって理想的な空間ができあがっている。そして、自由競争です。すると合理性を追求しなきゃいけないから、帳簿をつけたり、手形を切ったり、金融とか為替とか、文字を使ったビジネスの合理化が、どんどん進んでいく。

大澤　なるほど。

橋爪　まあ、資本主義になったかどうかはいろいろ議論があるところだが、それなりに市場経済が発達していった。

武士と行政文書

橋爪　さて、これに対応して、武士のほうも進歩しないといけない。戦国時代の戦争マシンの時期、戦術とか兵站(へいたん)とか、いろいろな面でパフォーマンスは高まっていた。それまで大名は、行政文書を必要としていたが、必ずしも自分でそれを作成する能力がなかった。僧侶は字が書けたから、アルバイトに、行政文書を書いていた。祐筆ですね。行政文書は儒教風に書くもの。儒教を勉強していたのは僧侶だった。

僧侶は、政治的に中立だから、敵方と外交交渉をさせる、という役割もあった。

家康が、朱子学を勉強しろと武士に命じたのは、これから行政文書は、自分でつくれという意味だと思う。

大澤　その通りですね。

橋爪　行政を行なうのに、武士の能力が高くなければならないから。

　こうして仏教が必要でなくなり、仏教の地位が下がった。入れ替わりに、儒教の地位が高まった。しかもその担い手は、武士になる。

大澤　その通りですねえ。……ただ日本の場合、識字率も高い。武士だけじゃなく、商人なんかもかなり読み書きができた。でもじゃあ、字が読めると社会的プレステージに繋がったかというと、中国ほどではない。それでも文字が読めることは近世の社会で成功するための条件だったから、大した身分じゃない人もみんな文字を勉強したんだと思う。

　歴史の教科書に書いてある通りだが、なかなかうまい決定だったと思う。

鎌倉仏教と江戸儒学

大澤　日本の歴史で、知的生産性が高い時期は、鎌倉の仏教と、近世の儒学・国学と、二回あると思うんです。で、それぞれの時期にそういう思想を求めた社会的ニーズは、かなり違っていると感じます。

　鎌倉時代から見ていくと、当時は転換期です。この時期の仏教の典型は、浄土宗系のものじゃないですか。当時の社会で、冷遇されていたり、搾取されていたり、位置づけを持たなかったりする人びとに対する救済なのですよね。たとえば、「非人」とか「河原者」

とか呼ばれた人たち、つまり死のケガレを清めることを仕事とした人びと。網野善彦さんが繰り返し述べていたことですが、こういう人たちは、もともとは商人や金融業者と同じカテゴリーに属していて、畏敬の念をもって見られていたのですが、一三世紀末くらいから、彼らを賤視するイデオロギーが普及し、「穢多」などという語が用いられるようになった。伝統的な寺社の僧侶とか、貴族とか、武家の反対側に、こういうカテゴリーの人たちを生み出すようになった。

鎌倉仏教は、彼らを救済する思想であり、運動だという側面を強く持っていたのではないでしょうか。親鸞の悪人正機（悪人こそが救済の対象だという考え方）とか、一遍の阿弥陀信仰の勧めとかは、こういう文脈で解釈すべきかと思います。勧進上人の活動にも、そういう意味合いが濃厚です。勧進で得たお金で土木工事とかをやると、非人や河原者やその他の職人を雇うことができるのです。

では、近世の儒学・国学はどうか。それらには虐げられた人びとの救済という意義はあまりない。近世の儒学・国学は、むしろ、社会的にはそこそこ恵まれた人びとのためのものです。彼らのアイデンティティ・クライシスというか、「私ってなに？」みたいな問いに、意味付けを与えた。

町人の儒学

大澤　ただ、その上で、こう思うんです。朱子学は最初、武士を念頭において、彼らが担うはずだったのが、江戸時代の思想の転換の中で、結果的には、最も多くの恩恵をそこから受けたのは、町人だった、と。

たとえば、近松門左衛門。彼は、もともと武士なんですね。

橋爪　武士ですね。

大澤　『曾根崎心中』という、有名な作品がある。『曾根崎心中』は町人の話ですね。タイトルは、いかにも恋愛もののような印象を与えますが、その主人公が自殺する理由は、恋愛じゃない。商人で、自分が提示している証文が正しい証文なんだけれども、偽物だって疑われるわけです。偽の証文で、人をゆすったかのように疑いをかけられる。でも、本物だと証明できない。屈辱的な思いをさせられるわけですね。商人としてのプライドが許さない。そこで自殺する。かつてだったら武士がもちそうな自尊心を商人がもち、武士がやりそうなことを、商人がやっているわけです。

武士のためのものだった儒教道徳が、実際に役立ったのはむしろ町人なんですね。武士はなかなかそれを、わがものにできない。空振りなんです。たとえば荻生徂徠なんかは、朱子学を批判し、古代の聖人への回帰を謳い、「古文辞学（こぶんじがく）」を唱え、といろいろなことをやるわけですが、武士からすると、「どうかなあ、もうひとつしっくりこないな」みたいなことではないでしょうか。だけど、彼が唱える「聖人の道」などは、どちらかと言えば町人仕様になってきて、新しいエートスの形成になにがしかは貢献する。やがてそれが日本の近代化に生きていく、みたいな流れを感じます。

ついでに井原西鶴のことを言えば、彼は、もともと町人です。彼の場合は『日本永代蔵』とか、金儲け自体に積極的な意味合いを与えていく。こうして、江戸の学問や思想は、町人にはそこそこ、その存在価値を認めるイデオロギーをなんとか供給できた。しかし、いちばん肝心の、武士に対してはあんまりうまく行かなかったのではないか。

日常と儒学

橋爪　うむ。そこはよく考えてみないとわからないな。

私の感じは、町人層のもっている倫理、道徳、法規範みたいなものは、もともと朱子学や儒学と無関係にうまれていた。一部は仏教の体裁をとりながら、都市や農村の日常のなかで実践的に育まれてきた、ルール規範ではないか。嘘をついちゃいけないとか、お天道様は見ているよとか、そんなことすると罰が当たるとか。

大澤　そうですね。

橋爪　そういうもので、社会は回っている。それに問題を感じても、日常を超えたメタレベルの言葉にならない。政府とか軍事・外交とか、そういう領域と接続しにくい。

さて、儒学は、その日常のモラルが届かない領域を言葉にする。まず、政府がどう機能すべきで、どのように正統であるかという議論。誰が政府職員となって、公共サービスを行なうかという議論。こういう議論は、儒学が得意とするものなんだけれど、町人層の常識ではカバーできない。

日本人の常識的な考え方は、まず武士は存在する。武士は身分として戦闘員で、平時は行政をやっている。武士も、自分は武士で、いざとなれば戦闘をし、ふだんは行政をする、と思っている。そこまではわかっているんだけど、それだけでは、さっきの言い方だと対自的（フュアジッヒ）にならないから、モラルとして自己を律する原理にならない。自己を律する原理にならなければ、リアリズムのエゴイズムにしかならない。経験の中で学んだ、実力がものをいう世界、つまりやくざみたいなものになる。

やくざと武士が、どこが違うかというと、倫理のあり方にあると思う。自分に不利な場合でも正義を貫くことができるか。自分を犠牲にしても、公共のために尽くすことができるか。そういうモラルの高さが、武士に求められる。それを供給するのに、家康が思想家となって自分で本を書く代わりに、外国から書籍を輸入して済ませることにした。

大澤　うん、そうですね。

橋爪　町人には、波及的に、儒教的表現をとった商道徳が広まっていって、それなりに血肉化されたけれど、その主戦場はやはり、武士である。というのが、私の考え方です。

主君のため、イエのため

大澤　なるほどね。やっぱり町人に、意図せざるかたちで儒学は受容された、と僕は思うんです。少なくとも、儒学は武士のためのものなのに、武士には結局役立たないんですよね。観念は、本で読んだらすぐ身につくものではない。中国と全く違うシステムなのに、朱子学を勉強してもピンと来ない。すると、朱子学は、ほとんど自己否定といってよいほどに変形されてしまう。

例えば、山崎闇斎。いちおう朱子学なわけですけれど、全然朱子学になってないぞみたいな朱子学になっている。朱子学を日本に適用するならば、「天がこの皇帝に天命を与えたから正統な政府です」という議論でなくてはなりませんが、それは日本の現状に合わない。朝廷と幕府と、両方あるのはどういうわけだというのも、朱子学では説明しにくい。

で、日本側でよくやる手は、山崎闇斎の尊皇論もその一例なのですが、つべこべ言わずに主君に仕えるのが素晴らしい、みたいなことにするのです。主君に能力がなさそうでも、主君がその資格を失ってさえも、家臣の務めを果たせ、と君臣関係を絶対化する。現に朝廷は、もう全然弱いんですけど、幕府は朝廷に従っている。それは、山崎闇斎の論理では、幕府がいかに倫理的に卓越しているかの証拠になる。儒学的に正しいロジックとは言えませんが、日本的にカスタマイズされた儒学ではよくあるやり方です。

いずれにしても、日本のそれまでの思考回路には、いわゆるイエをはるかに超えた、全体を政治的に正統化する論理が、まったく用意されていなかった。それを、儒学を導入することでなんとかしようとしたんですが、なかなかうまくいかない。そこで、いろいろな議論が出て、たとえば、「孔子は昔の周の封建時代が素晴らしいと言ったのだが、もしかして俺たちの今やっていることは周タイプの封建時代じゃないか」といった解釈も出てくる。そうすると、なんかいい感じ、みたいな気分にはなる（笑）。

それで、古典をなるべく当時の読み方で、つまり古い中国語で読むのがよい、という考えも出てくる。伊藤仁斎や荻生徂徠がそういうタイプの儒学をやるわけです。けれども、これも相当無理がある感じで、なかなか、幕藩体制にぴったりと適合しない。

朱子学と幕藩制

橋爪　そこがポイントですね。

中世封建制とスコラ哲学があるとすると、ぴったり合っている。スコラ哲学をやると中世封建制が正統化できるし、中世封建制を正統化するとしたらスコラ哲学しかないみたいな。でも朱子学と幕藩制って、そうなっていない。

大澤 その通りですね。

橋爪 朱子学は、中国の宋の時代の統一王朝を正統化するようにカスタマイズされたものなので、当然、日本には当てはまらない。

そこで、伊藤仁斎や荻生徂徠の仕事を、私は高く評価するんだけれど、どうしてかと言うと、朱子学は、儒学としては特別な、宋の時代にカスタマイズされたものにすぎないと、彼らははっきり見抜いた。

大澤 確かに、彼らの学問的な洞察は妥当だと思います。

橋爪 朱子学には形而上学がくっついているが、その正体は、仏教の密輸入である。

大澤 朱子学を見ると、儒学の仏教に対するコンプレックスがわかりますよね。

橋爪 もともと、儒学にあったものではない。なのに尾ひれのようにくっついて、君主はただ一人しかいないという結論を導くようになっている。

でも、少し考えればわかるが、孔子の時代、君主は大勢いて、どの君主がよい政治をするか競争していた。孔子自身も自分を売り込みに、彼らの間を渡り歩いた。これがもともととの儒学である。朱子学は、これを元に刈り込みと接ぎ木を施した、別な儒学。そして朱子学は、朱子学こそ、孔子の言ったその通りだと主張している。ここにトリックがある。

大澤　なるほど。

橋爪　さて、朱子学のトリックのひとつの例ですが、孔子は聖人だという。孔子廟を建てて、孔子像を祀っている。でももともとの儒学で、孔子が聖人なわけがない。聖人とは、孔子が模範とすべきだと認定した、過去の政治家（王）のこと。尭（ぎょう）、舜（しゅん）、禹（う）、湯王、文王、武王、周公旦、伯夷（はくい）・叔斉（しゅくせい）などですね。孟子になると、三皇五帝とか増えてくるけれど、要は、孔子が尊敬した政治家のことです。孔子は政治家でなくて、ただの教師。しかも、同時代人。これがもとの儒学で、朱子学とはこんなにも違う。

テキスト原理主義

橋爪　経（けい）（儒学の古いテキスト）の解釈も、孔子の読解と、朱子の注釈とは、大きなギャップがある。でも中国では、これは問題にできない。なぜなら朱子学は政府公認の学説で、朱子学に従わないと科挙で合格できないから。

大澤　うん、間違いなくそうですね。

橋爪　日本では科挙がないので、どんな学説でものべられる。経を字義通りに読むなら、朱子の注釈は間違いです、孔子、孟子の原義に則すなら、朱子学は批判すべきです、と大きな声で言える。これを、テキストの根拠を示してはっきり主張したのが、仁斎の古義学である。古義学とは、孔子の原義に戻るという意味ですね。それに、徂徠の古文辞学が続いた。いずれにしても、テキスト原理主義なんです。テキスト原理主義が実際に日本で成立した点は、特筆すべきことです。テキスト原理主義は、近代的な意識の表れだから。

大澤　なるほど。

橋爪　さて、テキスト原理主義によって儒学の古典を読むなら、君主は、複数いる。

大澤　なるほど。

橋爪　幕藩制では、天皇がいて、将軍がいる。ほかにも、さまざまな大名がいる。君主は潜在的に複数いる。こちらのほうがより実際に合っている。

ただし、君主が複数いるという考え方は、幕藩制の平和と矛盾する。これを大きな声で言うことはできない、というのが江戸時代の思想状況だった。

君主が潜在的に複数いるのであれば、誰が本当の君主か、を考える余地が出てくる。

古代にさかのぼる

大澤　なるほどね。

伊藤仁斎や荻生徂徠の、儒学の古いテキストをできるだけ、そのまま読みましょうというスタイルは、学問として、なかなか近代的ですよね。今だって思想史研究は、そういうふうにやる。ちゃんと原テキストにあたって、ラテン語ではそもそも何て言っていたんだろうみたいに読む。ちゃんとした文献学に近づいていると感じます。

でも、それを動機づけていた、本人たちもなかば無意識の層を読み取ってみると、どうか。まず、世界の最先端思想が朱子学らしいので、とにかく導入して研究してみる。ところが、全然ピンと来ない。血肉化できない。ここから、それは朱子学が、本来の儒学と違っているせいじゃないか、と推測することになる。というわけで、孔子まで戻ってみる。社会のこれからを考えようとして、朱子学を援用しようとしてみると、全然考えられない。現状を肯定することもできない。そこで、自分たちのめざす社会のモデルを求めるのに、隣の国の、しかも古代に戻ることになる。二重に疎外された操作になっていると思います。朱子学の腑に落ちない部分を、古義学や古文辞学は、中国の古代を理想化することで埋め合わせようとしている。

橋爪　いや、もっと積極的な意味があると思うんですね。

大澤　そうですか。

橋爪　まず、孔子、孟子の時代には、仏教がまだ中国に来ていない。

そこでひとつの動機はね、文字を読んだり漢字を使ったりするのは、日本の場合、仏教の専門家の守備範囲で、彼らがプロ、武士は素人だった。だけど、漢字はもともと、仏教と関係ないはずだ。だから武士が、仏教と無関係に、漢字を読み書きすることの正当性を主張したいと思えば、孔子、孟子にかえるというのは、正攻法である。しかも、テキストの読みとして、その読解のほうが正しい。

大澤　うーん、なるほどね。ずいぶん武士の儒学に好意的ですね。

橋爪　朱子学は仏教に影響され、汚染されてしまっていると考えるのです。これが第一。

第二は、孔子、孟子の時代の、主たる思想の課題は、戦国時代に決着をつけること。

大澤　それは確かですね。

橋爪　覇権を争う複数の君主がいて、そのうち最も正当なものが、統一政府をつくる。

日本の場合、戦国時代を克服して、統一政府はすでにできているんだけど、これは軍事的な決着なのです。

大澤　なるほど。

橋爪　つまり、覇道。でも、その政府は、道義的・論理的・倫理的にも正当化できるものでなければならない。これ(王道)が、儒学の原則であるはず。もしも覇道であれば、武士は権力の簒奪者ということになり、公共性を体現できない。

もしも、将軍家なり武家の政権なりが、道義的・倫理的に正しいことをしているのであれば、幕藩制とイエ制度のシステム全体を肯定できる。という、まあ、保守的動機ですけれども。そのためにもどうしても、孔子、孟子でなければならない。

以上ふたつの理由によって、真剣に、朱子学を批判して、孔子、孟子のテキストを読む作業が追究されたと思う。

儒学と国学

大澤　なるほど。確かにそうですね。ただ、皇室と将軍家が両方あるような状態が、儒学の王道論的に正当化できるか、やはり疑問が残りますが。

そうすると、橋爪さんの観点では、古義学とか古文辞学は、西欧の人びとが、古代ギリシャの文明について研究してみましょう、みたいな態度ということになりますか。ヨーロッパの思想をさかのぼって、自分たちの社会のあり方を考える。でも、さかのぼっても、キリスト教の影響を受けすぎている。それでは、キリスト教以前の、古代ギリシャのアテネの民主主義や哲学について研究してみよう、みたいな。

いずれにせよ、中国の古典を解釈していった日本の近世儒学は、やはり、ほぼ同時期に現れた国学と並べて、車の両輪のように理解しないといけないと思います。中国の古代に戻るか、日本の古代に戻るか。そういう二つの流れが、ひとつに縒り合わさって、水戸学みたいなものも出てくるのではないか。そんなふうに全体の構図を見ておくべきかと思いますが、いかがでしょうか。

橋爪　おっしゃる通りです。

国学が、儒学に対立しながらも、方法として、儒学とパラレルであるという点が、とても大事ですね。

大澤　ええ。

中国ローカルなコンテキスト

橋爪　江戸儒学のうち、仁斎の古義学、徂徠の古文辞学の系統（いわば、テキスト原理主義の流れ）が、テーマとするのはこういうことです。漢字を、完全に、われわれの概念として骨肉化しよう。仏教の影響なしに一〇〇％、公共性を語り、政府を語り、武士の倫理と道徳を語る、ツールとしよう。そうやって、テキストの運用能力を高めよう。

仏教の影響を排除しているわけです。

さて、国学は何を主張しているかというと、そういうやり方は不徹底である。なぜならば、漢字の概念を骨肉化すると言うけれど、そこにはまだ、中国ローカルな概念が絡み付いている。われわれが必要なのは、日本社会にぴったりあてはまる、公共性であり倫理であり道徳であるはずだ。中国から漢字が渡来する以前に、日本社会はすでに成立しており、天皇も存在していた。だからわれわれの公共性、道徳、日本人としてのアイデンティティを語るために、漢字の概念をそのまま用いるのは問題である。

大澤　うん、なるほど。

橋爪　そこで、漢字を使うとしても、そこから漢意（からごころ）、すなわち、中国ローカルなコンテキストを、すべて除去しなければならない。

儒学者たちは、儒学のテキストの読解にあたって、仏教のコンテキストを除去したのだが、それでは足りない。国学者はもっと徹底して、そもそも漢字に侵入された日本語の意味体系のなかから、中国ローカルな儒学のコンテキストそのものを除去しようと試みた。

これは、かなりぎりぎりの、追い詰められた場所での作業になる。テキストクリティークとして、ちゃんとできているのかという問題がいちおうあるんだが、まあ、真淵と宣長は、巧みなやり方でそれをやっている。そしてそれは、仁斎、徂徠と似ていない？

大澤　似てますね。

二重の除去、二重の還元作用があるわけですね。まず、仏教化された儒学から、仏教部分をカットする。すると、本来の儒学になる。さらに今度は、漢字に侵入された日本語の意味領域から、儒学的部分というか、漢字的部分を取り除いて、純然たる日本の意味空間を再構成しようということですよね。ただ、近世の思想史の全体の過程を見ると、日本の純粋性への遡行が、直接なされたわけではなく、中国（儒学）の純粋性への遡行を一旦経由してからなされている、というところが、ちょっと不思議なところではあります。

橋爪　ああ、それはそうですねえ。

宣長と源氏物語

大澤　宣長というひとの仕事は、もちろん、画期的なものですけれども、いろいろ考えさせられる。特に、歴史について、近世というものについて、考えさせられます。

日本の知識人は、最初、西洋思想を学ぶことから入るわけですが、最後に日本に回帰する場合が多いじゃないですか。回帰する先として、いちばん多いのが、親鸞と宣長なんですね。吉本隆明は親鸞、小林秀雄は宣長です。日本の伝統思想として、人びとを惹きつけるのは、宣長なんです。

橋爪　はい。

大澤　宣長の仕事は幅広いのですが、大きく分けると、源氏物語研究や歌論など、源氏物語系統の仕事と、古事記系統の仕事とがある。その二つの関係が、重要だと思います。

宣長の仕事から、逆に、時代がどういうものだったかもわかるような気がします。

宣長はまず、源氏物語を読むわけじゃないですか。その核心にあるのは、「もののあはれ」論。宣長は、源氏物語を読んだりしているときには、もう政治はいい、天下国家はどうでもいいという考え方だと思う。「もののあはれ」とは、なにか出来事や世界の事象に触れたとき、いたく感じ入るということです。いたく感じるとどうなるか。そのことをひとに伝えたくなる。伝えたいという衝動から、和歌を詠んだり物語をつくったりする。そういうのがいいんだよ、というのが宣長。

で、いちばん「もののあはれ」を感じるのはどんなときかというと、それは恋じゃないの、という。だから源氏物語は、恋をする男の話で、それが素晴らしいんだというふうになってくるんですね。源氏は恋だけしている。政治からはかなり疎外されている。でも、「それがいい」みたいな、なよなよした女っぽい世界なんですよ。そこに男の世界はない。源氏もなよなよしてる。だけど、そのなよなよしているところがいいんだ、人間ってそういうもんじゃない？　と宣長は言うのですね。みんな、本当はなよなよしている。そのなよなよしているのを、女文字で書く、それが素晴らしいんだ、みたいなのが、源氏物語を読む宣長です（歌論『排蘆小船（あしわけおぶね）』等）。

古事記研究

大澤　ところが、古事記研究では、宣長はちょっと違った面を見せる。古事記をわれわれが読めるということ自体が、宣長のお陰です。宣長が注目するまで、古事記はなかば忘れられた書物だった。

古事記で宣長が求めたのは、「もののあはれ」とは違う。「もののあはれ」を言っていたときには、そんなものなくてもいいとしていた空白の部分です。それを、古事記を通じて読んでいくわけです。それまでの、並の学者は、情緒の世界がまずあり、政治の世界になれば、それを論ずる概念を儒学から借りてくる、という作戦だった。宣長は、そのような論の構成を、「漢意(からごころ)はダメ」として封印する。じゃあ、どうなるか。古事記を、「もののあはれ」のプライベートな領域とはちょっと違う、ある種の政治の原理をあらわすものとして読んでいく。でも、朱子学に相当する原理はそこにはない。そこで、原理がないところが原理じゃないか、みたいな逆説に訴える。アクロバットのような論理だと思います。

これが古事記研究だとすると、ちょうど矛盾した命題からはどんな命題も導くのと似て、天皇に関するナショナリスティックな命題が導かれる。

橋爪　ふむふむ。

大澤　宣長の仕事を、それ以前の経緯も含めてまとめると、こんな感じですね。

幕藩体制が始まった当初、日本は政治の原理を持っていなかったので、幕府は、それを中国から直輸入しようと考えた。これが朱子学。そのあと、日本の知識人たちは、直輸入じゃダメなことを自覚し、いろいろカスタマイズしたり、思い切って中国古典に返ることも試みたりした。それに対して宣長は、そんな政治の原理なんかなくていいんだ、みたいなところまで行くわけです。「もののあはれ」でいいではないかと。でも宣長とて、そこに完全には開き直れないんですね。じゃあ、漢字を使って書いたテキストのなかから、儒学ではない制度論を探して来ようと、行けるところまで行って、制度がみつからないのが制度だということにして、それを統治の原理として取り出した。きわめて独特の展開になっていると思うんです。

儒学と宣長

橋爪 なるほど。
宣長の、儒学との位置関係はなかなか微妙ですね。宣長はいろんな点で微妙なひとなのですが、まず、武士でない。

大澤 そうですね。

橋爪 町人の子供に生まれて、家があんまり順調でない。それで商家に奉公に出るが、すぐ帰ってきた。そこで母親が、医者になるように勧めて、松坂から京都に出て勉強をするんだが、医学はそっちのけで芝居や和歌に夢中になった。かなりオタク系の人だな。

大澤　まあ、オタクじゃないと書けないようなものを書いている。

橋爪　自分の興味関心にとても率直な人です。ポピュラーカルチャーにも興味がある。もちろん、徂徠学系統の堀景山についたり、ふつうに勉強もしてますけれども。

郷里に戻ってからは真面目に医者をやりつつ、学問に対する執着心だけは捨てがたく、源氏物語を研究し、それから古事記を研究する。その途中で賀茂真淵に会って、師の衣鉢を継ぐかたちになるのだけれど、真淵とは体質が違って、意見は一致しない。真淵は、万葉調の「ますらおぶり」に理想像を見るのに対し、宣長は、女っぽく弱々しいところに人間の本質があるとするという具合に、すれ違っている点が興味深い。宣長の個性もあるけれど、国学の方法が儒学に対して取った角度に、その源泉があったのかもしれない。

道論争

橋爪　さっき紹介があったのは、いわゆる「道論争」ですね。

中国で道といえば、法制度のように、文字で表されたもの、意図的で作為的なもの、政府が制定するものを意味する。でも、文字で表されなくても、政府が設定しなくても、人びとの間に自生的な道徳規範があるではないか。それは黙示的であって、人びとの感情や心情や生きる現実にぴったり密着している。そこにこそ正統性の根拠がある、とする議論。これは、国学ならではの論理、日本のオリジナルなテキストや日本社会のオリジナルなルールを掘り下げる学問の、究極の到達点だったと思う。

大澤　そうですね。宣長は、「もののあはれ」と言っているときはオタクで、「萌える」みたいな気分で、源氏物語を論じている。しかし、そこだけで終わらなかったのが宣長のスケールの大きいところですね。

『古事記伝』は、学術的な研究としても超一流のものだけれども、それを読んでいくと、あまりにも自民族中心主義的じゃないの、と思うこともずいぶん書いてある。

ここはでも、宣長がやったことを全体としてみて、ある種の教訓をそこに見なくてはならないところです。「もののあはれ」を見いだした宣長の仕事は、美学的な態度として、独特の洗練されたものを持っていると思うのだけれど、そこからさらに前に進まざるをえないという衝迫が宣長にはある。でも、進むと、今度は非常にリスクの大きい問題にも触れる。しかし、進む。進まざるをえない。そういうものだと思うんですね。

だから宣長は、なかなか難しいが、その全体像を享受しなきゃいけないタイプの思想家だと、僕は思いますねえ。

宣長は、もちろん儒学を意識している。水戸学なんかは、儒学とのアマルガム（合わせ技）で勝負するじゃないですか。それに対して宣長の場合は、儒学的なものを排除し続けるということをすごく重要だと思っていて、純粋化の操作を徹底した。これは、やっぱり意味ある仕事だったと思うわけです。

橋爪 その通りで、宣長はむずかしいのですよ。宣長を、自民族中心主義と受け取ったのでは、宣長を理解したことにはならない。ではどう読めばよいのか。それをはっきりのべるのは簡単でない。

実証とフィクション

橋爪 まず、宣長の仕事の大事な特徴は、実証的であるということです。科学的・実証的であるのです。テキストクリティークをきちんとやる。

大澤 そうですね。

橋爪 テキストの意味内容から、漢字にまつわる中国ローカルな要素を抜き去り、純化に純化を重ねると、理想的な純粋状態が見えてくる。そこでは「もののあはれ」の原理が貫徹し、「道なき道」があり、天皇がいて、人びとが真実に生きる社会である。

さてこれは、フィクションなのです。テキスト操作によって結んだ像にすぎず、そんなものが実在した証拠はない。歴史的事実と結びつくものではない。『古事記』という政治的文書の、効果にすぎない。でも、そのテキストに科学的操作を加える限りで、どうしても結んでしまう像なのです。この実在感。これが、人びとに大きな作用をもったと思う。なぜなら、これを疑うことは困難だから。

後期水戸学とか、幕末の思想は、この宣長のテキスト読解をひとつの足がかりにして、その先に進んでいった。そういう意味で、宣長の仕事は、日本のプレ近代思想や、ナショナリティの形成にとって、本質的な仕事だったと言えると思う。

大澤　現代の学者や研究者が、宣長にどう対するかというと、まず、宣長の実証的な文献学者としての側面をとりあげ、高く評価する。そして、天皇とか古きよき日本とかの議論を、全部取り外して読む。ついそうやりたくなりますけれど、でも、橋爪さんの言葉で言えば、フィクションであるようなものをリアルに見据えるぐらいの迫力があるからこそ、宣長に、ああいう実証的な仕事もできた。宣長の手堅い部分と、リスクのあるイデオロギー的な部分とを、分けるのではなくつながったものだと見ていかなくちゃいけない。

彼は、ひとつの極端に行った人ですよね。そこまで行き過ぎずに、もう少し使いやすいかたちで、国学と儒学を妥協的に組み合わせて行ったのが、水戸学なんです。宣長は、フィクションの極致にまで行っていて、ぶっ飛んでいるというか、幻想的なところがあるので、現実の政治に直接的な効果を及ぼすのが難しい。それに比べると、水戸学系のものはもう少し実用的です。それこそ儒学の、日本的カスタマイズじゃないですか。

蘭学というメソッド

橋爪　ちょっとだけ、蘭学の話をするね。

大澤　蘭学ですね。はい。

橋爪　日本の儒学、国学の重要な意味は、テキストを読むとはどういうことか、その技法を日本人が手に入れたことだと思う。

まず、テキストにはテキストの言語、テキストの法則性があり、それを無視して、例えば儒学のテキストを仏教の原理で読むとか、主観的な思い入れや先入見で読むとかは、できない。書き手の概念や語法を十分に踏まえて、ストレートにそれを受け取るのが、まずやるべきことである。そういう、徹底した科学的合理性を、手法として身につけた。テキストの描く世界と、自分の生きる社会との距離が大きいからこそ、これを意識的に行なうことができたのです。

これは、めちゃめちゃに大きいことだった。この態度があれば、テキストを取り替えさえすれば、ヨーロッパのテキストが読めるようになる。しかもその読解を、漢字で表現することができる。ということは、西欧文明とのインターフェースを手に入れたということです。こうして、西欧文明を、偏見や先入見のないまま受け入れ、キャッチアップするための、ツールが手に入ったと思うわけだ。

中国、朝鮮にはこれがなかった。中国、朝鮮には漢字のテキストしかない。それを相対化するテキスト批判の技法が、朱子学には内蔵されていないから。スコラ学のようなものだから。この違いが、江戸時代の日本の知的世界の、生産性の切り札だったんじゃないかなと思うんです。

大澤　なるほどね。日本流の儒学や国学が、蘭学を可能にする条件を整えていて、さらに後の西洋の導入を速やかなものにもした、ということですね。

江戸時代は、鎖国的な状況なので、あまり外部からの影響を受けない。よく、明治維新になって、開国して、それで一挙に近代化するみたいなストーリーが語られるけど、意外と鎖国して、それこそガラパゴス化しているときに、近代につながるものが自生的に準備されていたりする。テキストに対する態度もそうですね。

デリダ的補助線

大澤　それで思い出しました。二〇年以上も前に読んで面白かった、コーネル大学教授の酒井直樹さんの本です。酒井さんが、博士論文だと思うけど、『Voices of the Past』（過去の声）という大著を書きました。英語ですが、邦訳も以文社から出ています。日本近世思想史の研究なんですね。

酒井さんはアメリカで研究して、いわゆる現代思想的な、構造主義やポスト構造主義や、カルチュラル・スタディーズにつながるようなタイプのテキストの読み方を身につけた学者です。簡単に言うと、日本の近世史をデリダ的に読んでいるわけですね。

デリダには、初期の段階から、音声中心主義批判があります。デリダによれば、西洋の思想・哲学は、音声中心主義に貫かれていて、それが、形而上学的な思考の根幹になっている。デリダの音声中心主義批判の出発点は、フッサールの現象学への批判ですから、音声中心主義は、二〇世紀の初頭ぐらいにピークを迎えると考えてよいでしょう。デリダの仕事は、この音声中心主義をどう相対化し、乗り越えるかということにあった。それで、「エクリチュール（文字）」というアレゴリーを使うわけですね。

酒井さんの仕事は、江戸時代の儒学や国学に、デリダ的な音声中心主義批判を適用するというもの。確かに、伊藤仁斎や荻生徂徠は、中国の古典を音声のレベルで復元しようとした。本居宣長は、文字（漢字）以前の音声レベルのやまとことばに回帰しようとした。酒井さんの本は、ナショナリズム批判にもなっています。

僕が驚き、感心したのは、明治以前の、まだ西洋思想が本格的に導入される前のテキストが、デリダの西洋思想批判——とりわけ近代批判——と同じ方法で見事に読めてしまう、ということです。西洋の影響を受けた人のテキストが、そのような批判や読解の対象としてうまくいくのは、あたりまえですが、西洋思想とはほとんど独立のテキストが、そのような批判の枠にきれいにはまる。ということは、江戸時代に、西洋との交流がごくわずかだった段階に、つまり西洋とは独立に、近代へと向かう論理が備わっている、というように理解できる可能性は高い。

ともあれ、音声中心主義はさておいて、ヨーロッパだとルネッサンスのころに、人文主義が出てくる。古代のギリシャやローマのテキストを見いだし、読むことで、キリスト教を相対化するのに役立つわけです。江戸の儒学や国学も、一種の人文主義みたいに感じますね。人文主義と似たようなアプローチが、儒学の古典研究や、『古事記』や『源氏物語』、『万葉集』の研究で使われているように思います。

橋爪　その通りですね。

17 なぜ武士たちは、尊皇思想にとりこまれていくのか

尊皇思想の原点

大澤　尊皇思想がなぜ、焦点となったか。
　幕藩体制は、正統性（レジティマシー）の根拠を、最終的には朝廷に置いているわけです。でも朝廷には、本当にもう実質がない。それが正統性の根拠でよいのか、正統性の根拠たりうるのか。こうした問いから、水戸学が出てきたり、山崎闇斎の流派の儒学が出てきたり、というのが大きな図柄なのではないか。

橋爪　『神皇正統記』は、正統な政府についての議論を、儒学の議論を踏まえて日本に当てはめようとしたものなんだけど、天皇と律令体制が正統なのは当たり前だ、と論じている。では、鎌倉幕府が正統か、足利尊氏はどうか。鎌倉幕府はともかく、足利尊氏につい

ては逆賊であると論定し、記述はそこで終わっている。

足利尊氏が逆賊なら、室町幕府は正統でないことになります。

それなら、徳川幕府は正統化できるものなのか、誰だって疑問になる。水戸学はこの問題をどう考えたかというと、幕府が正統化できるとしたら、それは、尊皇思想を持っている場合に限る。こういう原則を、そこから受け取ったと思うわけです。

では、『神皇正統記』の続き、すなわち『大日本史』が書けないか。こういうプロジェクトが生まれた。その秘めたるこころは、現将軍は必ずしも尊皇家でない、という憂いである。水戸光圀は、自分は尊皇家なんだから、本当は自分が将軍になるべきだという思いもあったかもしれない。もちろん決して、口に出しては言えない。

そういう流れで、『神皇正統記』が、幕府の正統性を測るモノサシになると考えたところが、水戸学の原点じゃないのか。

尊皇思想の問題は、武士が尊皇家になったら、いったい何が起こるのか、なのです。

新井白石と山崎闇斎

大澤　統治の正統性を考える儒学の論理は、もちろん、易姓革命なのですね。ところが、その論理の通りに、なかなか日本の歴史は展開してくれない。前の政権が天命を失って、今の徳川幕府に天命が下った、なら話がわかりやすいんですけれど。そこで、易姓革命の論理をどう変形して、現状をうまく説明するか、みたいなことをみんないろいろ考えた。

ひとつの考え方は、新井白石の議論で、とてもストレートなやり方です。天命はもう、はっきり幕府にあると考えるのです。がすると、問題がのこる。それならば、なぜ朝廷がいるのか。そこで、新井白石は、朝廷は幕府が作った付属機関にすぎない、と順番を逆にしちゃうわけです。これで論理だけは通るのですが、現状に合わない。徳川家は、朝廷から位をもらったり、将軍に任じられたりしているわけですから、明らかに朝廷の権威に依存している。幕府はもともと、自分たちに正統性（レジティマシー）が欠けていると自覚しているから、朝廷の権威に依存しているのです。客観的に見れば、幕府は、それなりに実力をつけて、大事な戦にも勝ったが、自分たちに権威がないことを知っているので、ほんとうはほとんど力がない朝廷に権威があるかのようにふるまい、朝廷を利用している。この状況では、新井白石のようなストレートな論理は通用しない。

そうすると、やっぱり朝廷を前提に置いた、儒学的な論理をこしらえなければならなくなる。それが、山崎闇斎の尊皇論や、水戸学の大義名分論をもたらすのですね。

名分論というのは、要は君臣の関係を、ある意味パーソナルな関係として絶対化するということです。そうすると、ダメな君主でも、それに服従してロイヤリティを尽くすのは、立派だみたいな言い方になる。かなり倒錯した論理になっていく。

橋爪　はい。ここからしばらくの議論は、山本七平『現人神の創作者たち』（文藝春秋、一九八三）を下敷きに、考えていきます。

山崎闇斎はこの問題をどう解決しているか。闇斎は朱子学者だったのですね。徳治主義なんですね。

徳ある人間が、政治を行なうべきである。徳とは、政治的リーダーとしての資質、みたいなものです。

さて、天皇は政治を行なっていたのに、政治を行なえなくなった。それは、徳を失ったからに違いない。

主君が徳を失うと、ふつう、別の政治的リーダーに天命が下り、もとの主君は誰かに殺害されたりするんだけれども……

大澤　その通りですね。

橋爪　生存している。天皇は、こういう盲腸みたいな存在だ。でも盲腸であれ、存在しているから、主君に対する服従義務がある、将軍家は天皇を尊崇しているのが正しい、尊皇家であるということが大事だ、という結論になる。

大澤　かなり苦しい論理ですね。

橋爪　さて、闇斎学派の栗山潜鋒という人がいる。彼は二〇歳前後で優れた歴史の論文を書いた天才なんだが、彼によると、天皇はいつ、どのように徳を失ったか。保元の乱で、源氏も平家もそれぞれが敵味方に分かれ、骨肉の争いを繰り広げた。戦いが終わり、捕らえられた父・源為義の首を刎ねよと、息子の源義朝に後白河天皇（の政権を操る信西）が命じ、その通りになった。これは儒教の原則からしてあり得ないことで、天皇が徳を失った重大事件であると。このように、具体的に、天皇が徳を失った経過を実証していくのです。その論文が優れているので水戸藩に呼ばれ、『大日本史』編纂のメンバーに加えられる。

この議論は、大きな問題を含む。もともと朱子学は、日本の統治システム（幕藩制）の正統性を補強するために、幕府が採用したものだった。でもこの議論が成り立つのなら、では不徳であった天皇が、心を入れ替え、徳を取り戻したらどうなるのか、という問題を考えなければならない。

大澤　その通りです。

朱子学と尊皇論

橋爪　中国の場合、前の皇帝はたいてい殺害されてしまうから、徳を取り戻すことはありえないんだけど、日本の場合、生存しているので、徳を取り戻したらどうなるかという問題が起こる。理屈から考えると、徳を取り戻したら、天皇は統治権も取り戻す。尊皇家である将軍は、政権を、朝廷に返還するという可能性が出てくる。朱子学には、こんなことはひと言も書いていない。中国にはこのケースはゼロだから。

大澤 徳のない皇帝がそれでも君臨しているという、儒学的にはありえない状態を認めてしまったことからくる困難ですね。

橋爪 だけど、日本の朱子学者はこれを考えなきゃいけなくなった。この論理が、明治維新の論拠になるのです。

大澤 そうですね。

橋爪 朱子学を武士たちに教えこんだ結果、この論理を納得せざるを得なくなるように、武士たちを教育してしまったのです。

大澤 そうですねえ。折衷的なんだけど、儒学の論理をつぎはぎしていて、それなりの説得力をもたせる。

朝廷も、幕府も、単独で政権が存在していれば、議論は簡単です。でも、朝幕併存している。そして、天皇-将軍は、君臣関係である。大政委任論みたいに、朝廷から幕府は政治を委託されているから正当だ、と言ってもいいのだが、この場合には、究極的には、天皇を肯定するかたちで自分を正当化するという論法になる。幕府が強いときには、朝廷はお飾りに過ぎないので、この論法は幕府にとって無害です。でも、幕府が揺らぎはじめると、そうはいかない。空虚なお飾りが、最後に効いてくるのが、幕末から明治維新にかけての時期なのですね。

天皇と教皇

橋爪　二つのことを言いたいと思う。

ひとつは、天皇と将軍の関係は、ローマ教皇と国王の関係と同じだろうか。

ローマ教皇は昔、軍事指揮権を持っていた。国王の統治権の上級権だったから、「十字軍に行け」と言えば、国王は束になって、教皇の命令に従わなければならなかった。

でもこの権限は、やがて有名無実化した。国王は、ローマ教皇の命令など聞かず、自立自存しているかのような顔をしていた。でも、教会から戴冠される形式は残っていた。

似ているでしょ。でも、似てるのはここまで。何か違うのです。どこが違うのかと言うと、教会と国王は、そもそも機能が違う。教会は救いに、国王は地上の統治に関わるもので、機能が違うから、両方あってよいのですね。このローマ教皇と国王の共存関係は、永続するものなのです、最後の審判の日まで。教皇さえいればいいのに、なぜか国王も任命されている、というものではない。
天皇と将軍のほうはどうかと言うと、両方とも世俗のものである。そして本来、征夷大将軍はいてもいなくてもいいのに、なにか特別な天皇の事情によって、権限の委任が生じている。この点が違うのです。これがひとつ。

大澤　なるほど。日本の場合には、世俗そのものとは独立の救いはないですからね。

無条件の服従義務

橋爪　もうひとつは、将軍が天皇に従っているとして、これは絶対服従なのか、それとも条件付き服従なのか。
朱子学の原則で言えば、政治的リーダーに対する忠誠は、条件付きです。

大澤　そうですね。

橋爪　条件とは、政治的リーダーに徳があること。実効支配をしていること。天命を受けていること。そういう条件が満たされないなら、従わなくていい。別な皇帝が出てくる。あるいは自分が皇帝になってもいい、のです。
さて、国家が何かの理由で危機的状態になり、将軍が行動不能になったとして、朱子学の原則から言って、天皇に政権が還るかどうかと考えると、よくわからない。

天皇が徳を取り戻せば、政権が還るとも考えられるが、徳は政治的パフォーマンスのことだとすれば、実際に政権を担当してみないと、徳があるかどうかわからない。それなら、まったく新しい政権がどこかから登場して、政府を組織してもかまわないのではないか。朱子学だと、そういう論理になる。

そこで国学が効いてくる。国学が言っていることは、儒学が日本に渡来する以前、すでに天皇は統治権者であった。徳によって天皇なのでなく、天皇であることによって天皇である。あるいは、カミの子孫であるから天皇である。ならば、政治的パフォーマンス（徳があること）を証明しなくていいのだ、と。

カミの子孫であることが天皇の資格を与えているのなら、人びとにとって選択の余地はない。すなわち、天皇に対する服従は絶対的になる。こういう論理を国学は持っている。だから、朱子学で不十分な部分を国学で補えば、統治権者が誰であるべきかを、国学は言うことができる。でも、具体的にどう政府を組織したらいいかという、政治方法論みたいなものはまったくない。それは儒学が持っている。

こうして、儒学と国学の合わせ技によって、絶対服従義務のある天皇に政権を返還すべきである、という論理が生み出された。それを担ったのが、後期水戸学なのです。

忠誠の宛て先

大澤　その通りですよね。後期水戸学こそ、まさにそういう、儒学と国学の組み合わせになっている。

ローマ教皇と国王の場合、たしかに、管轄が違う。だから、両方いても何の問題もない。だけど、朝廷と将軍の場合、管轄が同じなので、何で両方あるのかを言わなくちゃいけなくなる。

でも幕藩体制の大半の時期、人びとは、将軍のことまでしか考えていないんです。最後の最後に、命綱のように天皇とつながるようになっているけど、本来、天皇に対する強いロイヤリティなんて、大名も持つ必要はないし、実際、持ってはいない。まして家臣の武士たちがそんなものを持つ必要もないんですね。そうやって、長い間忘れられていた天皇を、幕末に持ち出す。でも、天皇が実在感をもってくると、将軍の居場所がなくなってくる。天皇が焦点化すると、将軍や大名のレジティマシーが高まるかというと、逆なんですよね。そこが苦しいところだと思います。

それから、もうひとつ、もともと日本人は、何かに対してどういうロイヤリティの持ち方をしているか。キリスト教でも、儒学でもない。超越神でも天でもない。しかし、イエのためになら頑張る。

考えてみると、イエって、何かのイデオロギーによって裏打ちされているわけではない。ただ事実として存続しているということ以外に、アイデンティティの根拠がない。イエは、本来は事業体です。ですが、イエの継承線を担っている当主が、事業を成功裏に進めるほどに有能とは限らない。そこでしばしば有能な側近がいて、実際の決定をしていたりする。そうやって、事業体として存続している事実が、イエの実質です。

だから、イエは、中心に無能な当主という空虚な部分を抱えている。その空虚な部分に帰依するというかたちで、イエはアイデンティティを維持してきたのですね。精神分析でいうところの転移のメカニズムによって、その空虚な中心を天皇に転用してみると、幕末の力学がみえてくる。それまではイエのシステムの中で、直接継承線のあるイエに対するロイヤリティが人びとをつなぎとめていた。空虚へと向かうそのロイヤリティの線を、空虚であるがゆえに、そのまま尊皇思想へと持っていくことができた。実際に起きたのは、そういうことだったのではないか。

尊皇運動の根源

橋爪　イエは、単独で存在しているわけではなくて、主君のイエと家臣のイエというふうに、重層的に存在している。

これは武士のイエの特徴で、農民や町民のイエは必ずしもこうなっていない。武士のイエを基礎にして、幕藩制ができている。まず、天皇もイエである。将軍もイエである。大名もイエである。その家臣もイエである。陪臣もいて、陪臣もイエなんです。というふうに、五段階ぐらいになっている。

封建契約だから服従関係があるんだけど、イエとイエの関係である。ということは、世代にまたがる。父の代の主君と家臣→子どもの代の主君と家臣→孫の代の主君と家臣→……というふうに、イエが継続していくことを通じて、服従関係が再生産されていく。

これが、自動的に再生産されていくのかというと、ちょっと違う。イエ自身は自動的に再生産されていくんだが、代が替わったときに、お目見えとかいって、顔を合わせて主従関係を再設定しなければならない。天皇と将軍の間もそうで、徳川家は自動的に継承されるし、天皇も自動的に継承されるんだが、徳川のイエが将軍として天皇に臣従することは、そのつど再設定される。これが、将軍宣下(せんげ)ですね。

再設定されるんであれば、再設定しないこともできるわけです。再設定しないことができるんであれば、そのときに別な人を主君にすることもできる。イエ制度の論理で言うと、日本中すべての武士や尊皇家が、天皇を主君として再設定することは、可能である。

尊皇運動って、これなんです。

大澤　なるほど。イエは、そのように、同じ原理を再帰的に活用しながら、何段階も重ねられるところに特徴がありますね。同じ手続きが重なっていくので、これを「倣い拡大」と呼んでいる論者もいます。

橋爪　という尊皇運動に連なる論理を、日本のイエ制度と儒学は用意した。

そうすると、天皇を中心とする国民的団結ができあがるわけだ。何でそんなものをつくる必要があるかと言うと、戦争することを念頭に置いたから。戦争を念頭に置けば、戦闘員資格があるのは武士である。武士の大団結が実現しなければならない。そうでないと、外国と戦えない。

外国と戦う場合の先例は、元寇なんです。元寇のときにはオールジャパンで、元の軍隊と戦った。だから、もしロシアとか、イギリスとか、アメリカとかと戦うのであれば、オールジャパンで戦わないと敵わない。向こうは強いから。

そこで大名や将軍を中抜きして、直接に、天皇と結ばなくちゃいけないというアイデアになったと思う。これは軍事的必要から来ている。

大澤　そうですね。特別な危機的状況なんですね。

イエは、今しがた述べたように、入れ子状に何段階にも重なることができます。だから、徳川幕府全体も、武士にとっては最上位の大きなイエです。藩ももちろん、イエ的なシステムです。ですから、幕府も藩も内部にイエをいくつも包摂するイエということになる。

とはいえ、イエというのは、大規模で強力な中央集権的なシステムにはなりにくいところがある。イエを入れ子状に拡大したとしても、内部に組み込んだそれぞれのイエに、かなり強い自立性への指向性があるからです。したがって、包括的なイエは、どうしても分権的なシステムになる。実際、幕藩体制はそうなっていますよね。幕府も、各藩の自治に任せ、内政干渉しない。

ところが、今、外国と戦わなくてはならない状況で、一枚岩のオールジャパンにならなくてはならない。しかし、外国を前にして、その「弱さ」を露呈させてしまった幕府は、求心力を発揮できない。このときずっと休眠していた天皇を叩き起こして、中心として活用した。そのように状況を記述できます。

幕府はなぜ財政難なのか

大澤　ここまで思想のことをずっと話して来ました。現実政治の場面で、徳川幕府は、それなりに機能していた。ただ、今述べたように、幕藩体制は基本的には分権的なシステムが重層化しているわけですから、中央権力は、意外に弱いんですよね。幕府の権力も、また各藩の権力も、たいしたことはない。

その証拠が、たとえば、税の問題です。幕府も藩も、二五〇年間、絶えず財政難に苦しんでいる。そんなに財政難であれば、ふつうに考えられる最も単純な対策は増税なのですが、どうしても増税はできなかった。増税するほどの力は持っていない。幕府の場合、税といっても自分の直轄領から取るだけ。各藩は、幕府に税金を納める必要がない。各藩は今度は、農村から集める。

少し細かいことですが、日本社会の特徴がよくわかることを言っておきます。われわれの観点からみると、年貢の徴収策としてわりとよさそうに思えるのが、検見(けみ)制という方法です。検見制というのは、毎年検査官が収穫量を査定して、年貢の額を決定するやり方で、これなら豊作のときには税収が上がるのでよいように思えるがうまくいかない。むしろ税収が下がる。ムラが検査官を買収して脱税するからです。これは、権力が現場に近いところでは強く作用するけれども、中心からの権力は非常に弱いという日本社会の特徴をよく示す現象です。結局、幕府も藩も、検見制をあきらめ定免(じょうめん)制(一定期間、その年の豊凶に関係なく定額を徴収する方法)にする。

江戸時代は、かなり商業が発達しているので、商人から税金を取れれば、幕府も藩もかなり助かるはずですが、それもできなかった。逆に大名は、御用金とかいって、商人に資金を貸してもらったりした。直接的に税を取れないのは、権力が弱い証拠です。

結局、財政難への対策として、最も一般的な方法は、家臣の俸禄を下げること。つまり減給ですね。直接の家臣だけは忠誠心が高くて、我慢してくれるわけですが、領地全体へは権力は及ばない。

こんなシステムは、規模の限界がある。藩は、だからみなかなり小規模です。それを束ねる幕府は、規模の点では、かなりぎりぎりなんですね。幕府が、オールジャパンを組織するのは、財源もないので、とてもむずかしい。

橋爪　はい。

大澤　ついでに言っておくと、日本の組織って、伝統的に、意思決定が、基本的には全員一致方式によるじゃないですか。多数決による意思決定ではないのです。全員一致方式は、すごくパフォーマンスを上げる場合もありますけれど、規模に限界があるのですね。だから、分権的なイエをモザイク状に組み合わせる、というシステムになる。モザイクの各ピースであるそれぞれのイエの内部で、全員一致を確保しているわけですね。

このシステムを拡張するときの方法は、各イエの代表者がより上位のイエの参加権があるかたちにする。たとえば、藩はひとつのイエですが、藩の代表の大名たちで構成された幕府が、上位のイエになる。このようなかたちで、イエが重層化する。イエの各層で、全員一致の意思決定がなされる。このやり方だと、それぞれの層は、一枚岩ですが、重層する全体を一枚岩にすることは難しい。

しかし、思い切って、列島全体を一瞬ですけど、ひとつの、一枚岩のイエのようにしてしまったのが、幕末だったんですね。そのイデオロギー的根拠として動員されたのが、後期水戸学をはじめとした、儒学と国学の混合物だった。当時の日本には、他のアイデアはなかった。たとえば、論理的には共和制で行こうとかもありえたはずですが、それは当時の日本人には思いもよらないものだった。

18 なぜ攘夷のはずが、開国になるのか

幕府内部の論争

大澤　さて、幕末の過程を通じて、尊皇攘夷派が勝利した。ところが、攘夷ではなく、逆に開国になる。これはどうしたことなのか。

ふつうに日本史の本を読んでも、よくわからない。いろんな説明があると思うんですが、私の説明は、こんな感じです。状況論的なものですが。

まず、攘夷について。ある段階で、もう攘夷なんて不可能だということは、ほとんど誰にもわかった。薩英戦争をやったり、下関に攻められたりして、とても列強には勝ち目がないと思い知らされたはずです。最終的には、まともな人で、攘夷がほんとうに可能だと思っている人はいなかったのではないか。しかし、それでも、戦略的に、攘夷をスローガ

ンに掲げていたのです。どうしてなのか。

それを理解するためには、少しだけ時間を遡る必要がある。ペリーが来て条約の締結を要求されたのでした。要求に応じて開国するならばなんとか平和的に行くかもしれないが、あくまで攘夷を貫けば戦争かもしれない。「和」と「戦」、二つの選択肢があった。

もうひとつ、たまたま、ここに将軍世継ぎ問題が絡まってくる。病弱で後継もいない一三代将軍家定の次の将軍をどうするのか。つまり、第一四代将軍はどうするのか。二人の候補がいた。普通にいけば、紀州藩の徳川慶福（のちの家茂）。しかし、一橋慶喜を擁立する動きもあった。慶福派が、保守派で、この場合には、幕府の意思決定はこれまで通り譜代の実力者に独占される。慶喜派は、改革派で、これまで意思決定から疎外されていた親藩・外様の大きな藩が参加していた。というわけで、将軍世継ぎ問題は、路線対立でもあったわけです。

結局、幕府の井伊直弼らは、従来路線を踏襲し、慶福を一四代将軍にした。ところが幕府は、交渉の不手際もあって、勅許を受けずに条約を結んでしまったんですね。そうすると、反対派は、攘夷を声高に叫ぶようになった。党利党略で、集団的自衛権に反対だから自民党に反対なんじゃなくて、自民党に反対だから集団的自衛権に反対だ、みたいな人がいるでしょう。それと同じです。家茂に反対なので、開国にも反対。つまり、将軍家茂内閣に反対なので、その失策をついて攘夷を唱える、という形式になっている。

加えて、朝廷も攘夷派だった。そこで、朝廷をかついで幕府に反対する者も、とりあえず攘夷を唱えたわけです。政争の中で、本気で攘夷のつもりはないのだけれど、倒幕のために攘夷を叫んだということです。

つまり整理すると、途中でほとんどの人が攘夷に現実味がないことに気づき、本気で攘夷するつもりはなかったのですが、とりあえず、幕府内の守旧派とか幕府そのものとかに反対するために、戦略的に攘夷を主張していただけ。結局、幕府を倒したら、攘夷などするつもりはなく開国した、ということではないでしょうか。

独立を全うできるか

橋爪　歴史の本を見ると、攘夷と開国が、対立する二つのオプションみたいになっている。そんなことは実は、枝葉です。根本は、日本が植民地にされてしまうのか、それとも独立を全うするのか。日本以外のたいていの国は、植民地になってしまっていたんですからね、当時。
その潜在的な危険を、日本人はよく理解していた。阿片戦争の顚末も伝わっていた。いま紹介があったように、政治のかけひきとして、開国だ、いや攘夷だという路線の闘争があったけれども、当時の人びとが本当に追求したかったのは、なんとしても独立を全うすること。そのためには、戦争を覚悟すること。ここまでは一致していたと思う。

攘夷というけど、戦争のことでしょ。

大澤 攘夷ってことは、そういうことになりますね。

橋爪 開国というのは、主権を全うすることでしょ。だから、これ、実は対立軸ではないんだ、と思う。

和親条約の効果

橋爪 さて、大変に幸運なことにアメリカが、日本と条約を結んでくれた。

日本側では、朝廷に断りがなかったと、このあと問題にされたが、そんなことは実はどうでもよい。条約を結ぶとは、日本を、対等な主権国家として認めたということ。このことをよく理解しなければいけない。

日米和親条約には、どこの港を開くとか、水や食糧を提供するとか、書いてあるかもしれないが、そんな中身は、どうでもよい。アメリカにとってこの条約を結んだ意味は、

一、日本は独立国である。

二、アメリカはそれを承認した。

三、ロシア、イギリス、フランス、ドイツ、そのほかは勝手なまねをするな。なんですね。要するに、日本を植民地にしたら承知しないぞ、とアメリカが国際社会に意思表示をしてくれた。日本にとって、これぐらい好都合なことはないのです。条約で、日本の独立が保障された。それなら、戦争をするまでもない。攘夷は必要なくなってしまった。ゆえに開国しても、なんの問題もない。

これは日本の国益にとって大変なプラスで、外交的大勝利だった。日本がそれを意図していたかどうかは別として。

大澤　なるほど。多分、当時の日本人はそのことに気づいていなかったでしょうね。

橋爪　なぜこんなにうまく行ったか。それは、幕府（日本政府）のパフォーマンスがそれなりだったから。加えて、日本の社会秩序が整然としているとか、清潔で勤勉だとか、さまざまな物産や工芸品があるとか、自立できる基礎があり、植民地にしないとどうしようもないひどい状態の国ではないと思ってもらった、ということでしょう。

大澤　何か、第二次世界大戦後の日米安保条約みたいな感じも少しありますね。

サンフランシスコ講和条約が結ばれて、日本は主権国家として、いちおう独立を認められた。でも同時に、無理やり日米安保条約を結ばされた——というのはちょっと言い過ぎですが、日本としては、「やむをえない」という気持ちをもちながらアメリカと安保条約を結んだ。中身的に見ると、「ちょっとこれはかなり不平等じゃないの」みたいなところはあるのだけど、それ以前に、独立の主権国家であることを認めた上でのことではある。

開国のときも、向こうは条約を結んだ以上——条約の中身の上ではかなりこっちを見下している感じはあるんだけれども——建前上は対等になった。いきなりぶん殴られるより全然いい、ということかもしれないですね。結論的に言えば、条約の内容は不平等かもしれないけれども、条約という形式は、両者の対等性を前提にしている。そして、内容よりも形式の方が重要だ、と。

橋爪　今でも意識してないと思うけど、これって世界的に見て、超例外だと思うよ。

大澤　けっこう運のいい展開になったということですねえ。でも、最初の国がアメリカじゃなかった場合に、どうなったのだろうか。

親米感情

橋爪　それは日本の蘭学者らが十分研究に研究を重ねていて、まずアメリカがイギリスと戦争をして、独立国になったという情報は、わりに早く知られている。地理の本がけっこう翻訳されているんだけれども、アメリカ独立前の地理書には、植民地として出ていた。そのあと翻訳された本では、アメリカが独立したと紹介してある。「合衆国」という言葉はまだないので、共和政治とか、けっこう工夫した訳語がしてある。それらを通じて、アメリカはもともと植民地だったけど独立した、という認識はあった。

アメリカと接触するようになってからは、ブリーフィング（情報提供）もいろいろあって、ロシアには注意しなきゃいけないとか、いろんなことを教えてもらった。アメリカに対する好意的な感覚は、だから、日本外交のはじめからあった。

大澤　なるほどね。

橋爪　アメリカが、ヨーロッパ列強と違って、海外に植民地を持たないというポリシーを持っていることは、公然の主張だったから、日本側にも知られていた可能性がある。

戊辰戦争の背景

大澤　さて、結局、徳川幕府が倒れ、一種の「王政復古」ということになります。ただ、論理的には、他にもいくつもの道がありえたと思います。たとえば、今話してきたように、植民地化される可能性だってあったわけですが、橋爪さんが解説されたように、半分の幸運と半分の熟慮のおかげで、これは回避された。他にも、先ほどちらっと言及しましたが、日本には、「一揆」という組織原理があったわけですから、それの拡大ヴァージョン、社会的な一般化としての共和政などという選択肢も、論理的な可能性としてだけでいうならばありえたはずですが、当時の日本人の発想の外です。

当時の日本人の発想の中にありながら、実際には現実化しなかった道としては、「公武合体」という選択肢があります。当時、公武合体論と唱えられていたし、幕府はそれに傾いていた。しかし、現実にはならず、王政復古になった。どうして公武合体にならなかったのか。これについて、少し考えておきたいと思います。

僕は、こう思います。

もともと、朝廷と幕府が両方あること自体が、変則的です。この二つがあることで、正統性問題が生じ、対談でも論じてきたように、江戸時代の知識人は、ずっとこの問題で悩まされてきた。この正統性問題を解決しなくてはならない、ということでは、誰もが一致していた。その解決法として、幕府に一元化する道はありえないわけだから、朝廷と幕府を統合し公武合体とするか、朝廷へと一元化して王政復古するか、どちらかです。

朝廷と幕府の二重の権力が認められていたのは、徳川幕府がずば抜けて強かったからです。というか、厳密には、前に話したように、徳川幕府が強いという想定の空気があったからです。「強さ」についての想定だけが、支配の正統性を与えているところが、武士的な、つまり戦闘者的な論理ですね。ところが、開国に至るプロセスで、幕府が強いということを、空気として維持することすら困難になった。二五〇年も続けてきた伝統を、圧力に屈して変えざるをえなくなったのでは、幕府の強さという幻想を維持することは無理です。加えて、長い間、日本は戦争がなかったので、戦争の技術も立ち遅れていたため、少しお金のある長州藩や薩摩藩が最新の武器を輸入すると、現実にも、幕府がいちばん強いとは必ずしもいえなくなった。「幕府は圧倒的に強い」という空気が成り立たなければ、もはや、幕府の下に結集することの意味はゼロです。

したがって、公武合体——これは実質的には徳川中心の国家システムですから——の芽は完全に摘まれることになる。いいかえれば、徳川政権を排除し、その下にある藩も解体し、朝廷中心の集権化、つまり王政復古が、実際にとられた選択肢になる。こういうことだったと思います。

橋爪　まず軍事的なことを言うと、ペリーが来たのは南北戦争の前だった。その後アメリカは南北戦争があった。

大澤　そうでしたね。

橋爪　大量の兵員が動員された。戦死者が五〇万、一九世紀最大の戦争になった。それで、たくさんの鉄砲が生産される。これはライフル銃で、それなりに最新型なんです。大砲も軽量で破壊力の強いものが使用される。

戦争が終わると、これらの武器や兵器が余るわけです。中古品を売るんだけれど、それを買うのが中国と日本ですね。というので商人が大勢売り込みに来る。長州藩と薩摩藩も買うし、それから幕府方も買うということで、それなりに装備が向上するんです。

こんな最新型の銃が入ってきたら、武士の伝統的な戦闘能力なんてほとんど無意味になる。誰でも銃を持っていさえすれば、相手が武士でもやっつけることができる。武士だけが戦闘資格をもっているという伝統の、基盤がなくなってしまった。

西軍（官軍）と東軍（幕府軍）が戦ったわけだが、東軍はそれでも、武士が戦闘の主体だった。農民を集めるという選択肢もあったが、原則を崩さなかった。会津藩でも武士だけが戦っている。農民に戦闘資格がない、という従来の考えに縛られていた。加えて、農民を戦闘に巻き込んでは気の毒だと考えたのだろう。でも西軍は、奇兵隊をはじめ、農民を動員しているでしょう。

刀か鉄砲か

橋爪　その前に、新撰組っているでしょ。新撰組って剣術の使い手なんだね。それで、武士とは限らない。ごろつきやならず者みたいな得体の知れない連中が、剣術道場で腕がいいところを見込まれて、人殺しを京都でやって。出世して、侍身分にしてやるとか言われて喜んだりしていた。

ライフル銃の時代に、なぜ剣術がうまい人間を機動隊員にしなくちゃいけないのか。幕府の側にも、相当の時代錯誤がある。でも、みんながピストルを持っていないから、新撰組でも京都の警備には役立った。

大澤　新撰組のメンバーは、最底辺の武士か、もしくは武士でさえない者たちなのに、いやそれゆえかもしれませんが、武士の原理に徹底的に執着した人たちです。考えてみると、江戸時代は、一応武士の時代の範囲ということになってはいますが、武士は、すでに武士としては死んでいるんですよね。つまり、武士は、自分がすでに死んでいることに気づかないので、刀なんか差して、武士をやっていた。でも、もしかして俺は死んでいるんじゃないか、という不安も抱いていた。これに対して、新撰組は、幕末になって、「武士はまだ生きている」という抗議をしているわけです。だから、刀を単に腰に差しているだけではなく、実際に人を殺すのに使う。だから時代錯誤です。これに対して、武士はもうとっくに死んでいたという現実に合わせて行動した人たちが、勝者になっていった。新撰組は、歴史の敗者というものを痛烈に感じさせますね。でも日本人は新撰組が好きです。

橋爪　いっぽう、高杉晋作らはその先をみて、鉄砲が政権を生むと確信していたから、農民や町人にも銃を持たせ、部隊を編制している。

さて、ここで大事なのは、フランスが幕府に銃を売り、薩長にイギリスが銃を売り、みたいになって、日本人が大勢死に、武器商人が大儲け、というありがちなシナリオにならなかったことです。

大澤　そうですね。

橋爪　そうなるおそれもあった。でも、勝つために武器を買いさえすればいいと思わなかった。ここにナショナル・アイデンティティが育っていないか？　同じ日本人同士が血を流すのはいけない、という感覚がどこから出てきているかと言うと、やはり尊皇思想だと思う。会津も尊皇で、薩長も尊皇で、両方とも尊皇を掲げて争っているんだから。

大澤　確かに、プリミティブな日本人感覚というか、同胞意識みたいなものがやはり芽生えていますね。

幕藩制と同胞意識

橋爪　ベネディクト・アンダーソン『想像の共同体』は、新聞とか教育とかが国民を作りました、という議論だが、当時は新聞もないし、普通教育もない。でも、ナショナル・アイデンティティが形成されている。

大澤　考えてみると、幕藩体制の中で、「国民」という連帯感へと結びつきうる、いろんな素地があったということですね。尊皇思想も大事でしょうが、それだけじゃなくて、たとえば参勤交代もあった。各藩の大名は、子供のとき全員江戸に住んでるんですよね。共通の文化的背景があったし、互いに、江戸を中心とみなすような、運命的な共同体に属しているという感覚もあったに違いありません。

アンダーソンは、植民地ナショナリズムができていくのに、植民地の役人たちの出世のルートを重視しています。それは、植民地の首都をめざす巡礼のようなものだ、と。つまり、彼らは、同じ頂点をめざすルートを歩む同胞であり、運命共同体の一員だと感ずるわけです。日本の幕藩体制もそれと似ていて、大名たち、その家臣である武士たちが、お互い同じ運命で、同じ山を登り合っていると感じる。将軍なんてもともと、象徴にすぎませんから、その山の頂点にいる人が今度は天皇に替わったとしてもいいわけです。そういう意味で、少なくとも武士を中心としたエリートの間では、かなり強い同胞意識が育っていたと推測できます。

そういう中での戦争ですから、せいぜい兄弟喧嘩なんですね。戊辰戦争があったもののかなり犠牲も少ないし、負けたほうもそれほど厳しい罰を受けていない。過酷な内戦を引き起こさないですんだというのは、そういうことが原因じゃないかと思います。

橋爪 近代化の主役、文明開化の主役が、誰であるべきか。

公武合体は、つなぎの制度として、もし実現していれば、それなりに機能したかもしれない。そのメンバーは大名だから、彼らが地域代表として貴族院か上院のような機関を構成する。と独立に、天皇のもとに中央政府が組織される。その実態は、武士を中心にさまざまな人びとが抜擢され、専制政治型の行政組織ができあがる。薩長が必ずしも中心とはならないだろう。だが、このやり方の場合、武士身分は残るから、四民平等とはならない。それから、上院があるんだから下院を作れという議論にいずれなってくるけれども、下院の開設と選挙の実施はだいぶ先になるはずだ。それから、軍隊を構成するのに、武士で構成するのか、国民で構成するのか、かなり議論があるはずだ。

実際に起こった明治維新を考えてみると、貴族院に当たるものは作らず、身分を廃止した。それから、軍隊は武士と無関係な、国民軍になった。薩長が中心ではあるが、官僚制の中央政府がすぐできた。律令官制の外見をしばらくまとっていたが、実質は近代的官僚制でしたね。結論から言うと、ショートカットで、最短距離を走っていると思う。

公武合体は、もし実現していれば、明治維新の変革のプロセスを、時間のかかる生ぬるいものにしたはずです。

大勢に従う

橋爪　なぜ内戦が激しくならなかったか。

西軍と東軍が争い、薩長軍が進撃しているとき、会津など幕府側は散発的抵抗を見せるだけで、大きな衝突はない。多くの藩は様子を見ていて、戦闘に加わらなかった。

これが南北戦争とまるで異なる。南北戦争の場合は、各州が北軍と南軍のいずれかに加わって、動員をかけ、長期間戦った。戦死者や経済的損失も大きかった。北軍からみれば内乱だが、南軍からみれば独立戦争で、妥協の余地がなかったのです。

戊辰戦争の特徴は、政治的に大きな変革なのにあまり戦闘らしい戦闘がないことです。

大澤　ないですね。

橋爪　これが違う。それは要するに、たいていの人びとは中立を守り、暗黙のうちに、公武合体ではなく、薩長の政権樹立に承認を与えた、ということですね。

大澤　まあ、戦争の帰趨（きすう）を眺めながら、空気を読んでいた感じですね。

もうひとつ、戦争をしている当事者が、一つの国を前提として戦っているのか、場合によっては別の国でもいいと思って戦っているのかで違ってくるんですね。

南北戦争の場合は、場合によっては別の国になってもいいと思って、南軍は戦っていた。結果的には別の国にならなかったからシビル・ウォー（内乱）ですけれど、別の国でもあり得る選択肢を視野に置きながらの戦いなので、死闘になるのです。

ところが、日本の場合は、そういう気持ちはどちらにもなかったと思いますね。別の国になってもいいと思っていなかった。はじめから内戦です。一応、榎本武揚の「蝦夷共和国」なんていうのもありましたが、あまりに小さく弱く、問題外です。

それからもうひとつ、身分の問題です。士農工商をベースにして、大名や武士の代表が政治をすることもありえたんだけれど、そういうふうにはならなかった。速やかに四民平等に進んだ。これは今考えてみると、ちょっと災い転じて福と成すみたいなことです。武士が幕藩体制のもとで、レゾン・デートル（存在理由）が危うくなっていたわけです。武士は、上に立つ何の正統性もないし、権威もない。先ほどのべたように、武士は、江戸時代においては事実上すでに死んでいる。そうすると、武士が商人や農民から尊敬されるのだとか、特別だとかいう意識は、武士にも、商人や農民にも、おおむねなくなっているんですね。ですから、幕藩体制というタガが外れてしまえば、極めて自然に、全員が天皇の臣下である、ということになる。

幕藩体制のもとで、武士や大名の特権の意識と感覚が、完全になくなっていたということが、スムーズな明治政権への移行の背景になったと思います。

四民平等

橋爪　賛成ですけど、少し付け加えます。

中国には武士などないわけで、身分もない。農民しかいない。官僚は、特権があるようだけれど、有能な農民が任命されているだけで、身分ではない。士大夫というのがあるけれども、これは、字は「士」なんだが、武士ではない。全然違ったものである。

朱子学を、武士がまじめに勉強した。「士大夫」とテキストに出てくるから、武士が統治者であるという意味かなと、最初は思う。でもよく勉強してみると、まるで違うということがわかる。朱子学では、武士が正当化されていないのみならず、そもそも武士というカテゴリーがない。これが常識になる。朱子学の中では、とっくに身分は撤廃されていたわけだ。そういう意味では近代的。

だから日本人が朱子学を勉強するというのは、そういう意味で、近代の方向に向かって進みなさいという意味が、伴っていた。

大澤　なるほどね。

日本は近代以前の段階で、かなり識字率が高いじゃないですか。どうしてそんなに高いのか。

ロバート・ベラーという社会学者がいます。タルコット・パーソンズの弟子で、アメリカの個人主義について論じた『心の習慣』という本で最も知られていますが、彼は、実は、日本近代化の研究から、学者としてのキャリアを始めているのですね。彼の日本論の本を読むと、私はあまり説得力を感じなかったのですが、石門心学をすごく重視している。石門心学は、商人道徳みたいなもので、商人たちを勤勉にしてどうのこうのみたいな説明です。ベラーは日本が非西欧社会では圧倒的に速やかに近代化したので、きっと、「プロテスタンティズムのエートス」の代替物になるものが日本の近世にあったはずだという見通しをもち、探したのです。すると、石門心学がそれにちょっと似ている、と思ったのでしょう。

しかし、われわれから見れば、石門心学にそれほどの力はなかった。日本の近代化に少しは貢献したかもしれないけれども、そこまで石門心学は、影響力があったわけじゃない。一般庶民までが文字を勉強したことの理由は、そこにはないと思う。

流動性が高かった

大澤　じゃあ、どこにあったのかというと、僕は単純に、近世の日本社会は、けっこう流動的な社会だったということが大きいと思うんです。もちろん、商人が武士になったりはしないですけれど、別に商人だって武士になりたいわけじゃないのでいいのです。商人は、商人として成功したい。その範囲では、日本社会は、けっこう流動的なんですよね。才覚があればそれなりに儲けることもできるし、江戸に行くこともできるし。農民は農民で、それなりに成功が望めるような社会だった。

階層的な移動だけではなく、空間的な移動でみてもかなり流動的です。江戸時代の農民がどのくらい実際に移動していたかという研究を読んだことがあります。それによると、一般に想像されていたよりもかなり、農民は移動しているのです。たとえば、大抵の人が一度は江戸に行ったことがある。もちろん、完全に移住するということはなくて、出稼ぎみたいなことなんですけど、いずれにしても、非常に移動性が高い。少なくともヨーロッパの中世よりもずっと高い。

こうしてみると、日本の近世社会は、職業の流動性がかなり高くて、社会学用語で言えば、社会移動の可能性がけっこうあるんですね。身分制のわりには。そもそも士農工商で商が一番下なのですが、商人が軽蔑されたり、自己卑下していたかといえば全然そんなことはない。商人こそ、むしろ、成功するチャンスもかなりあった。

だからこそ、文字を学ぶことに意味があるわけです。文字を学んでいれば、成功し、裕福になる可能性が高まる。識字率の高さは、近世の幕藩体制がいかに社会移動の可能性を内蔵していたかを、証明していると思うんですね。

橋爪　なるほど。

大澤　そういう中では、わりに国民意識が育ちやすかった。ナショナリズムの研究家で、アンダーソンの次に有名な人で、アーネスト・ゲルナーという学者がいます。ゲルナーは、産業化がいかにナショナリズムにつながるかという話をしている。なぜ彼が産業化に目をつけたかというと、産業化すると社会移動の可能性が高まり、社会が流動化するからです。産業化以前の社会だと、たとえば、文字を使える政治的・文化的なエリート層と大多数の農民層とで、社会が階層化してしまう。階層の間を移動する人の比率は小さいし、またそのような移動の必要もない。

さて、日本の場合は、江戸時代、産業化していたとは言えないかもしれないけれど、しかし、流動性はすでにそうとう高くなっている。身分があるにもかかわらず、やがてみんなが国民同胞だと考えることができる下準備ができていた。

橋爪　日本がすんなり近代化できたのは、江戸時代があったおかげだ。ここから、近代化を進める途上で、苦労しつつある世界の国々は、学ぶことが多いと思います。

長時間の対談、本当に楽しかったです。

大澤　楽しかったですね〜。こちらこそ、ありがとうございました。

あとがき

この対談は、普通の対談とは違う。たいていの対談では、お互いがすでに知っていることを、かわりばんこに言い合っているだけだ。しかし、この対談は違う。
二人でその場で探究している。橋爪さんが設定された一八個の問いをめぐって、お互いに仮説を出し合い、相手の仮説に触発されてさらに論点を加え、そうすることで、ふたりでひとつの明晰な回答へと向かっていく。これこそ、生きた「弁証法」である。だから、ここには悦びがある。どんどん分かっていく、という快楽がある。疑問に対してはっきりとした回答が与えられ、霧が晴れたようになる、あの「分かった!」というときの小躍りしたくなるような気分。語りあっている二人が味わったこの愉悦を、読者も共有したことだろう。

大澤真幸

出典・写真提供

24、122ページ図：笹山晴生・佐藤信・五味文彦・高埜利彦ほか『詳説日本史』山川出版社、39ページ写真：毎日新聞社、51ページ写真：時事通信フォト、273ページ図：内藤昌『復元 安土城』講談社学術文庫

講談社現代新書　2391

げんきな日本論

二〇一六年一〇月二〇日第一刷発行

著者　橋爪大三郎＋大澤真幸

発行者　鈴木　哲
発行所　株式会社講談社
東京都文京区音羽二丁目一二―二一　郵便番号一一二―八〇〇一
電話　〇三―五三九五―三五二一　編集（現代新書）
〇三―五三九五―四四一五　販売
〇三―五三九五―三六一五　業務
装幀者　中島英樹
印刷所　凸版印刷株式会社
製本所　株式会社大進堂
定価はカバーに表示してあります　Printed in Japan

N.D.C. 210　414p　18cm
ISBN978-4-06-288391-7

「講談社現代新書」の刊行にあたって

教養は万人が身をもって養い創造すべきものであって、一部の専門家の占有物として、ただ一方的に人々の手もとに配布され伝達されうるものではありません。

しかし、不幸にしてわが国の現状では、教養の重要な養いとなるべき書物は、ほとんど講壇からの天下りや単なる解説に終始し、知識技術を真剣に希求する青少年・学生・一般民衆の根本的な疑問や興味は、けっして十分に答えられ、解きほぐされ、手引きされることがありません。万人の内奥から発した真正の教養への芽ばえが、こうして放置され、むなしく滅びさる運命にゆだねられているのです。

このことは、中・高校だけで教育をおわる人々の成長をはばんでいるだけでなく、大学に進んだり、インテリと目されたりする人々の精神力の健康さえもむしばみ、わが国の文化の実質をまことに脆弱なものにしています。単なる博識以上の根強い思索力・判断力、および確かな技術にささえられた教養を必要とする日本の将来にとって、これは真剣に憂慮されなければならない事態であるといわなければなりません。

わたしたちの「講談社現代新書」は、この事態の克服を意図して計画されたものです。これによってわたしたちは、講壇からの天下りでもなく、単なる解説書でもない、もっぱら万人の魂に生ずる初発的かつ根本的な問題をとらえ、掘り起こし、手引きし、しかも最新の知識への展望を万人に確立させる書物を、新しく世の中に送り出したいと念願しています。

わたしたちは、創業以来民衆を対象とする啓蒙の仕事に専心してきた講談社にとって、これこそもっともふさわしい課題であり、伝統ある出版社としての義務でもあると考えているのです。

一九六四年四月　野間省一